权威·前沿·原创

皮书系列为

“十二五”“十三五”国家重点图书出版规划项目

滨海新区金融发展报告（2017）

ANNUAL REPORT ON THE DEVELOPMENT OF FINANCE IN BINHAI NEW AREA (2017)

主　编／王爱俭　李向前

图书在版编目(CIP)数据

滨海新区金融发展报告.2017／王爱俭，李向前主编.--北京：社会科学文献出版社，2017.12
（滨海金融蓝皮书）
ISBN 978-7-5201-1972-6

Ⅰ.①滨… Ⅱ.①王… ②李… Ⅲ.①地方金融事业-经济发展-研究报告-滨海新区-2017 Ⅳ.①F832.721.3

中国版本图书馆CIP数据核字（2017）第314539号

滨海金融蓝皮书
滨海新区金融发展报告（2017）

主　　编／王爱俭　李向前

出 版 人／谢寿光
项目统筹／恽　薇　王婧怡
责任编辑／陈　欣　吕　颖

出　　版／社会科学文献出版社·经济与管理分社（010）59367226
地址：北京市北三环中路甲29号院华龙大厦　邮编：100029
网址：www.ssap.com.cn
发　　行／市场营销中心（010）59367081　59367018
印　　装／北京季蜂印刷有限公司

规　　格／开　本：787mm×1092mm　1/16
印　张：16　字　数：223千字
版　　次／2017年12月第1版　2017年12月第1次印刷
书　　号／ISBN 978-7-5201-1972-6
定　　价／79.00元

皮书序列号／PSN B-2014-424-1/1

本书如有印装质量问题，请与读者服务中心（010-59367028）联系

版权所有 翻印必究

《滨海新区金融发展报告（2017）》学术指导委员会

主　任　宗国英　李维安　张嘉兴　杜　强　郭庆平
王广谦　孔德昌　佟家栋　高正平　王国刚

副主任　史建平　周振海　陆　磊　向世文　张海文
江先学　梁　琪　庞　镭　宗　良　姚余栋

委　员　王小宁　文洪武　巴曙松　付　钢　兰　莉
任海东　刘东海　刘宝凤　刘通午　刘锡良
李　健　李宗唐　李建军　杨兆廷　肖红叶
邱书民　宋　刚　张　杰　张　健　武义青
范小云　周立群　庞金华　赵　峰　赵世刚
姚　峰　姚晓峰　袁福华　徐红霞　高德高
郭　林　唐云崧　崔炳文　游　勤　蔡　东
谭万刚　戴金平

《滨海新区金融发展报告（2017）》
编　委　会

主　　编　王爱俭　李向前

副 主 编　郭　强　陈志强　安志勇　王文刚

参编人员　（按姓氏笔画排序）

李天歌　李炳念　杨　帆　杨　旸　张琦琦

武石桥　苑小静　周胜强　孟娅乔　贺瑞瑞

袁艺家　夏江山

主要作者简介

王爱俭 （1954～），女，汉族，山东烟台人。博士、教授、博士生导师，现任天津市政府参事、中国滨海金融协同创新中心主任、国家社会科学基金和国家自然科学基金同行评议专家、教育部国家特色专业负责人、国家级精品课程《国际金融》负责人。主要研究领域为汇率体制改革、开放经济货币政策调控与国际金融创新。近年来已主持完成国家社科基金重大项目1项、国家自然科学基金项目2项、教育部人文社科基金等省部级项目7项，省部级及以上获奖项目7项，现主持国家社科基金重大项目1项；在《经济研究》《金融研究》《经济学动态》《国际金融研究》等国内外重要刊物发表论文80余篇，出版专著10余部。

李向前 （1972～），经济学博士、教授、博士生导师，现任天津财经大学学科办副主任、中国滨海金融协同创新中心副主任。主要研究领域为货币政策、金融监管、金融创新。近年来主持完成省部级项目3项，在《金融研究》《经济学动态》《财贸经济》等发表论文10余篇。

摘　要

《滨海新区金融发展报告（2017）》是中国滨海金融协同创新中心组织编写的系列年度报告的第六期。报告旨在概括和分析2016年滨海新区金融创新的主要情况，研讨和评论重要金融事件，展望2017年滨海金融发展前景。报告由总报告、分报告和专题报告三个部分组成。总报告是“2016年滨海新区经济金融形势分析”。分报告从金融创新的角度分析滨海金融2016年取得的重大成果，包括“滨海金融产品创新”、“滨海金融机构创新”、“滨海金融市场创新”、“滨海金融对外开放创新”与“2016年天津自贸区经济形势分析”等五个报告。专题报告主要是围绕滨海金融创新开展前瞻性研究，主要包括“PPP融资模式的国内外经验及其对天津的启示”、“海洋金融支持天津海洋经济发展策略研究”、“产业基金运营的经验及其启示”、“新常态下天津信托业资产证券化业务研究”与“天津市科技型中小企业自主创新与金融支持体系研究”等五个报告。本报告可供相关研究领域的学者、业界人士和政策部门参考，也有助于国际学术界了解滨海金融发展和创新的最新动态。

关键词： 金融创新　金融改革　自贸区

Abstract

Binhai Financial Development Report 2017 is the 6th issue of a series of annual reports compiled by Coordinated Innovation Center for Binhai Finance in China. The Report aims to summarize and analyze the financial innovation in Binhai New Area in 2016, to discuss and comment on important financial events, and to look into the prospects of Binhai financial development in 2017. The report is composed of three parts: The general reports, the sub reports and the special reports: The general report is "Binhai Economic and financial situation analysis in 2016". The sub reports analysis major achievements made in 2016 from the perspective of financial innovation, including "Binhai financial institution innovation", "Binhai financial market innovation" and "Binhai financial product innovation", "Binhai financial open innovation" and "Economic situation analysis of Tianjin pilot free trade zone in 2016". The special reports are prospective researches focus on Binhai finance innovation to carry out, mainly including "The PPP financing model experienced at home and abroad and its revelation for Tianjin", "The research on strategy of ocean financial supporting Tianjin ocean economic development", "The experience and its enlightenment on industrial fund operating", "The research on securitization of trust industry of Tianjin under the new normal" and "The research on the independent innovation enterprises and financial support system of Tianjin science and technology small and medium-sized enterprise". This report can be a reference for scholars, industry participant and policy departments in the field of research, and also help the international academia understand the latest developments in coastal financial development and innovation.

Keywords: Financial Innovation; Financial Reform; Free Trade Zone

目　录

Ⅰ　总报告

Ⅱ　分报告

Ⅲ　专题报告

Ⅳ 附 录

皮书数据库阅读使用指南

总 报 告

General Report

B.1

2016年滨海新区经济金融形势分析

摘　要：天津滨海新区的发展不仅对天津市的长远发展具有重大意义，而且对于促进区域经济协调发展，如期全面建成小康社会都具有重大意义。2016年，天津滨海新区贯彻落实京津冀协同发展等重大国家战略，推动实施开发开放攻坚，积极融入“一带一路”倡议，在全面深化改革、引领区域发展的道路上继续奋勇前进，形成了自贸区集聚效应显现、经济运行总体平稳增长、产业转型加快升级、金融运行稳中有进的新局面。报告从滨海新区经济运行、金融运行、货币信贷运行、贷款利率执行以及货币政策工具使用情况五大方面分析其发展概况及问题，并提出相关建议。

关键词：经济金融形势　信贷情况　货币政策工具　创新驱动　风险监控

2016 年，滨海新区贯彻落实京津冀协同发展等重大国家战略，推动实施开发开放攻坚，积极应对各种风险挑战，发展动力不断增强，金融运行稳中有进。

一　经济运行基本情况和特点①

2016 年，滨海新区主动适应经济发展新常态，稳步推进供给侧结构性改革，优化产业结构和布局，经济呈现稳中向好发展态势。

（一）经济运行总体平稳向好，生产总值突破万亿元

2016 年，滨海新区实现地区生产总值 10002 亿元，同比增长 10.8%，在我国国家级新区中，地区生产总值率先突破万亿元。全年累计实现规模以上工业总产值 15597.58 亿元，同比增长 1.4%；完成固定资产投资 4609 亿元，同比增长 9.6%；外贸进出口总额 716.36 亿美元，同比下降 9.5%；直接利用外资合同金额 274.11 亿美元，同比下降 1.5%；实际利用外资 71.13 亿美元，同比增长 12%；实际利用内资 1165.08 亿元，同比增长 16.4%；一般公共预算收入 1338.05 亿元，同比增长 13.1%；城乡居民人均可支配收入分别增长 9.2% 和 8.8%；新增就业 12 万人。

（二）贯彻落实国家重大战略，京津冀协同发展继续推进

滨海新区始终坚持把落实京津冀协同发展等重大国家战略贯穿于加快开发开放全过程，主动对接非首都功能疏解，与北京市、河北省等兄弟省、自治区、直辖市深入开展合作。引进来自北京的重点项目近 2000 个，实际到位资金 2300 亿元；充分利用北京中关村和天津滨海新区创新政策叠加优势，积极承接高新技术企业转移和重大科技成果转化，共建天津滨海－中关村科技园；与河北省合作组建渤海津冀港口投资发展有限公司；与唐山市签署

① 资料来源：滨海新区统计局、滨海新区发改委、滨海新区政府工作报告、滨海新区政务网。

《关于进一步深化区域合作的框架协议》，推动自贸政策共享，加强港口、产业、交通等全面合作。积极融入“一带一路”倡议，京津冀首个海铁联运综合性集装箱铁路枢纽开通运营，启动天津港“一港八区”管理体制改革，促进天津口岸与25个内陆无水港一体化发展。自贸试验区效应释放，共有151项制度创新举措落地实施，自贸试验区的三个片区新增市场主体13570户，注册资金6297亿元，增长59.2%。

（三）经济结构持续优化，产业转型加快升级

一是工业结构调整优化。汽车及装备制造、石油化工、电子信息、粮油轻纺成为千亿级产业，航空航天、粮油轻纺、生物医药等优势产业产值增长10%以上。战略性新兴产业和先进制造业集聚发展，建成6个国家新型工业化产业示范基地，形成4个千亿级产业集群。此外，新能源汽车产业逐步壮大，聚集了动力电池、整车研发与制造、关键零部件、新材料等多个高端项目。二是服务业比重持续提高。第三产业占经济总量的40.5%，比2015年提高3.1个百分点。营利性服务业快速增长，营业收入增长38%。金融业增长较快，增加值增长9.4%。房地产市场良性发展，新建商品住宅成交面积增长74%，二手住宅成交面积增长41%。航运物流平稳运行，天津港货物吞吐量和集装箱吞吐量分别增长1.9%和2.9%。楼宇经济、总部经济发展迅速，新增亿元楼宇7座，总部企业达400余家。三是各类新型业务试点取得积极成效。融资租赁合同余额约占全国的四分之一，尤其是东疆保税港区租赁产业优势突出，飞机、船舶业务占全国的80%以上，海工装备业务占比为100%；平行进口汽车业务约占全国的80%；国家级进口贸易促进创新示范区和航运物流全产业链基地建设取得成效；创新跨境人民币双向资金池业务，打通了企业境外募集低成本资金的渠道。

（四）投资结构不断优化，重大项目持续攻坚

投资结构进一步优化，第三产业投资增长30%左右，占总投资的八

成以上。一汽大众华北生产基地、统一生产基地、万达广场等 364 个项目开工建设；东疆金融贸易中心、海星广场等 200 个项目竣工；在建项目约 900 个，总投资规模近 8000 亿元。中国能源工程、宝能控股、比亚迪新能源等 1300 个项目签约落户，投资规模达到 1 万亿元。基础设施建设加快。津港高速二期、津汉高速、塘汉路拓宽改造、进港三线等工程完工，西外环高速、疏港联络线等项目按计划推进。北海路地道、第二大街桥等交通节点工程取得阶段性成果。轨道交通 B1、Z4 线启建，轻轨 9 号线修复工程完工。

（五）创新驱动发展战略深入实施，创新创业有序推进

推进创新创业是适应经济发展新常态、促进经济转型升级和培育新经济增长点的战略举措，滨海新区制定出台了《关于加快落实创新驱动发展战略五年实施方案》等多项政策，不断推进企业创新发展。截至 2016 年末，新增市级及以上研发中心 30 家，累计达 429 家；新认定市级高新技术企业 676 家；建成各类众创空间 48 家，其中国家级 19 家；聚集 1424 个创业团队、1234 个创业企业，累计获得创业投融资总额 32.32 亿元；建成产学研用创新联盟 16 家，占全市的 53%，在引领技术创新、带动产业集群发展等方面发挥了积极作用；在沪深交易所上市企业累计达 29 家，占全市的 64%；在新三板挂牌企业累计达 90 家，占全市的 53%；启动百亿亿次超级计算机样机研制，飞腾 ARM 系列 CPU 世界领先，滨海新区制造的长征五号、七号运载火箭首发成功。

二　金融运行基本情况和特点

2016 年，滨海新区金融机构认真贯彻落实稳健的货币政策，积极支持供给侧结构性改革，不断提升服务实体经济的能力，总体实现了金融平稳有序运行，为经济持续健康发展提供了重要的资金支持。

（一）金融机构层级继续提升，自贸区集聚效应显现

2016 年，滨海新区新增渤海钢铁集团财务有限公司、华运金融租赁有限公司、中铁建金融租赁有限公司、天津市医药集团财务公司、天银金融租赁五家法人非银行金融机构[①]。截至 2016 年末，滨海新区银行业金融机构共 62 家，其中包含法人 21 家，下设了一级分行 9 家、二级分行 26 家、网点 603 家。随着自贸区集聚效应的显现，坐落在自贸区内的银行业金融机构中包含了 13 家法人、5 家一级分行、15 家二级分行，聚集了六成二级分行以上级别的金融机构。

（二）金融机构资产规模持续扩大，盈利情况有所回暖

2016 年，滨海新区银行业金融机构积极应对经济发展和金融改革中面临的诸多困难，主动调整布局，优化产品结构，资产规模持续扩大，经营状况不断好转。截至 2016 年末，滨海新区金融机构人民币资产总额达 15117.74 亿元，同比增长 9%，负债总额达 14142.76 亿元，同比增长 8.5%。同时，受各项存款利息支出和金融机构往来利息支出回落影响，滨海新区金融机构利息净收入出现较快增长，营业利润创历史新高。全年实现营业收入 351.26 亿元，同比增长 8%，营业支出 140.29 亿元，同比下降 0.1%，营业利润 210.97 亿元，同比增长 14.2%，较上年同期提高 13.7 个百分点，利润总额 220.14 亿元，同比增长 10.1%，较上年同期提高 7.2 个百分点。

（三）存款余额稳中有增，增速增量有所回落

1. 总体趋势

2016 年，本外币存款余额实现稳中有增，同比增速有所下滑，与 2015 年增速走势相反。截至 2016 年末，滨海新区金融机构本外币各项存款余额达 5559.43 亿元（含非在地本外币各项存款余额 6054.89 亿元，占天津市比

① 天银金融租赁暂未纳入统计范围。

重为20.1%），全年新增267.29亿元，较上年同期少增620.04亿元，同比增长5.1%，增速较上年回落14.9个百分点（见图1）。

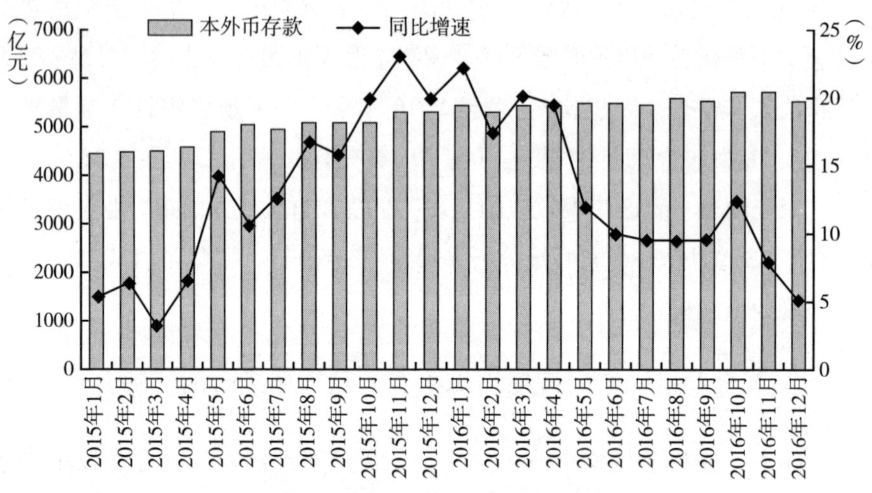

图1　滨海新区本外币各项存款变动趋势

资料来源：中国人民银行天津分行。

2. 结构特点

分机构看，新增存款的机构分布较为集中。全年出现存款增加的金融机构不足半数，且新增存款超过10亿元的机构仅11家。进一步调查显示，新增存款的主要来源仍是地方政府融资平台公司及电子信息、交通运输、商贸、租赁类企业。分期限看，全年住户活期存款较定期及其他存款多增54.07亿元，企业活期存款较定期及其他存款少增34.56亿元。

3. 存款增速增量有所回落的原因

一是企业存款增幅下降。随着基建投资的陆续开展、企业生产经营的不断扩大，加之宏观经济下行背景下企业收入增长有所放缓等因素影响，企业活期存款、定期存款、保证金存款、结构性存款增幅出现全面下降，分别较上年同期少增196.90亿元、62.36亿元、163.39亿元、88亿元。其中保证金存款的下降是由于多家金融机构出于控风险的角度，提高了票据业务的审批标准和准入门槛，同时企业对承兑汇票的偏好有所减弱，共同导致了银行承兑汇票同比少签发很多。结构性存款的下降主要受房地产上涨、汇率贬值、资产价格趋稳等因素影响，表内理财产品的吸引力明显下降。

二是同业存款增幅下降。随着资产价格不断走高，同业存款吸引力明显下降。截至2016年末，滨海新区境内银行业存款类金融机构存放和拆入[①]全年分别新增37.69亿元、34.46亿元，较上年同期分别少增265.53亿元、612.78亿元。

三是派生存款有所下降。2016年滨海新区金融机构新增贷款较2015年回落364.27亿元，尤其是企业及机关团体新增贷款较2015年回落527.22亿元，导致派生存款出现下降。此外，贷款的非常规提前还款、钢贸等产能过剩企业的贷款大幅缩减、大量银行承兑汇票到期不续做等都对派生存款产生了较大影响。

四是跨境资金流出增多。2016年，滨海新区货物贸易逆差和收益项下利润汇出等因素导致存款资金外流较为严重。2016年全年跨境收支逆差合计286.1亿美元，比上年增长1.8倍，其中货物贸易逆差142.7亿美元，利润汇出94.06亿美元。

（四）贷款余额稳步增长，有效推动供给侧结构性改革

1. 总体趋势

2016年以来，本外币贷款余额稳步增长，同比增速缓慢回落，趋于平稳。截至2016年末，滨海新区金融机构本外币各项贷款余额达9680.68亿元（含非在地本外币各项贷款余额11019.57亿元，占天津市比重为38.3%），全年新增1174.42亿元，较上年同期少增364.27亿元，同比增长13.8%，增速较上年回落8.1个百分点，较天津市高出3.2个百分点（见图2）。

2. 结构特点

一是经济结构转型升级支持作用明显。分产业看，滨海新区第三产业2016年新增贷款706.77亿元，在人民币新增信贷总额中的占比超六成，第

---

① 各机构累加数，未进行轧差。

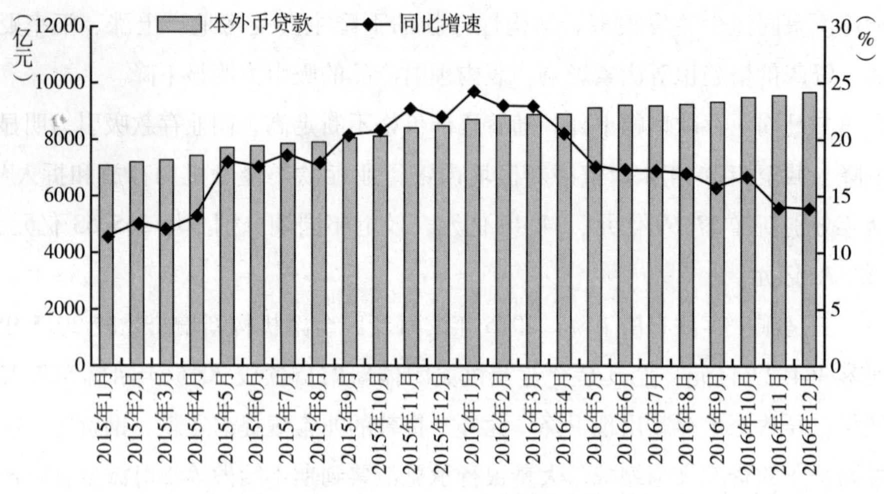

图2　滨海新区本外币各项贷款变动趋势

资料来源：中国人民银行天津分行。

二产业 2016 年新增贷款 36.14 亿元。分行业看，在 2016 年滨海新区金融机构人民币贷款投向中，新增贷款最多的两大行业是租赁和商务服务业，水利、环境和公共设施管理业，分别新增 460.48 亿元、371.73 亿元，在人民币新增信贷总额中的占比超七成。增速最快的三大行业是文化、体育和娱乐业，信息传输、软件和信息技术服务业，科学研究和技术服务业，增速分别为 115.4%、112.3%、70.5%。这些都为滨海新区补齐基础设施和科技创新的短板，实现滨海新区经济发展新旧动能转换提供了重要的资金支持。

二是小微企业发展支持力度加大。截至 2016 年末，滨海新区金融机构投向小型、微型企业的贷款增速分别为 24.9%、31.6%；小微企业贷款余额 2296.82 亿元，在企业贷款余额中的占比为 27.7%，较上年同期提高 3.3 个百分点；新增量占全市小微企业贷款新增量的逾五成，占滨海新区企业贷款新增量的逾六成。

三是金融租赁有力支持实体经济。作为全国最具代表性的融资租赁聚集地，2016 年，滨海新区吸引了华运金融租赁、中铁建金融租赁、天银金融租赁相继落户，金融租赁公司数量达到了 9 家。同时，滨海新区正式发布了

《关于支持企业通过融资租赁加快装备改造升级工作实施方案》，鼓励企业通过融资租赁实现装备改造升级。截至2016年末，滨海新区金融机构融资租赁余额达3798.92亿元，同比增长18.8%，占全国的比重达23.3%。新增租赁贷款中近九成支持了水利、环境和公共设施管理业，租赁和商务服务业的企业装备改造升级和发展。

四是房地产贷款“一降一增”助力去库存。2016年，滨海新区房地产开发贷款出现明显回落，购房贷款呈现快速增长，为推动房地产市场去库存发挥了重要作用。截至2016年末，滨海新区房地产开发贷款余额达193.47亿元，较年初减少123.78亿元，同比下降39%。其中房产开发贷款同比下降42.5%；购房贷款余额达676.75亿元，较年初增加204.37亿元，同比增长43.3%，其中个人购房贷款增长46.7%。

3. 信贷增量下降的主要原因

一是对产能过剩行业的信贷压缩。部分金融机构不断压缩煤贸、钢铁行业、化工行业等产能过剩行业的风险敞口和信贷规模。如中国工商银行不断压缩产能过剩行业的风险敞口，仅某支行就对钢铁行业整体融资压降近2亿元。招商银行对于煤贸、钢铁行业的信贷不断压缩退出。中国银行不再为钢贸、煤贸类企业发放贷款。北京银行对于钢贸、煤贸、化工等行业把控较严格，基本不再准入。

二是银行信贷审批标准趋紧。部分银行为加强风险防控，适度上收了分支机构的信贷审批权限。如韩亚银行将钢铁、水泥、煤炭、造船等产能过剩行业或重点企业信贷业务审批权上收到总行，分行只保留了100%担保类低风险贷款权限。北京银行对于过剩产能行业及民营企业信贷审批标准收紧。招商银行进一步提高融资租赁企业的相关信贷审批标准。中国银行、新韩银行等机构进一步提高贴现企业客户的准入门槛，并将企业的盈利能力、偿债能力、现金流等因素均纳入对其贴现准入的考量。

三是企业信贷需求不足。一方面，部分央企和优质企业主动调整债务结构，积极寻找低成本融资置换原有贷款。如天津滨海新区建设投资集团发行公司债80亿元并通过银行间同业拆借市场发行中期票据20亿元置换贷款，

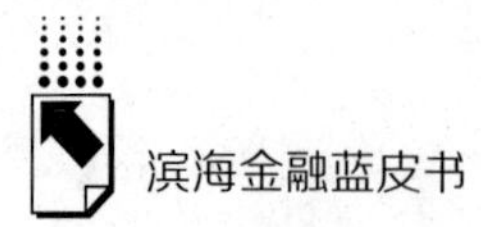

天保投资控股集团和天津天保租赁有限公司分别发行超短期融资债券 25 亿元、15 亿元，中交第一航务工程局有限公司、中交天津航道局有限公司发行公司债融资。此外，诸多优质企业还存在着非常规还款增加、贷款后提款意愿下降等情况。如天津市滨海新区土地发展中心压缩贷款近 13 亿元、中沙石化提前还款 3.3 亿元且未续作、天津港集团贷款后提款意愿下降等。另一方面，由于整体经济形势较为低迷、经济预期尚不明朗，为应对经营效益下滑，部分企业主动收缩产能、缩减生产规模，贷款意愿、贷款能力和用款需求都明显下降。如天津天保热电有限公司、天津天保国际物流集团有限公司等经营规模趋于萎缩。

（五）跨境收支逆差快速增长，结售汇逆差增速放缓

跨境收支逆差快速增长。2016 年，滨海新区跨境收支总额（本外币合计）达 1215.7 亿美元（等值 8044.5 亿元），同比下降 9.9%。其中，跨境收入 464.8 亿美元（等值 3075.4 亿元），同比下降 25.5%；跨境支出 750.9 亿美元（等值 4969.1 亿元），同比增长 3.7%；收支逆差 286.1 亿美元（等值 1893.7 亿元），比上年增长 1.8 倍。

结售汇逆差呈“前高后低”的增长态势。2016 年，滨海新区结售汇总额达 238.6 亿美元，同比下降 2.9%，占全市结售汇总量的 25.3%；结售汇逆差达 117.8 亿美元，同比增长 105.9%，占全市逆差的 34.5%。在美联储加息预期不断增强、人民币快速贬值等因素的影响下，结售汇逆差上涨压力较大，尤其在 2016 年前半年出现了快速增长，随着国家外汇管理局“扩流入、控流出”工作引导的不断深入，滨海新区结售汇逆差从第三季度开始下降，年底虽有所反弹但第四季度整体保持基本稳定，年内结售汇逆差总体呈现“前高后低”的增长态势，资金流出压力减弱。

（六）妥善应对汇率波动，各经济主体合理避险

在人民币对美元持续贬值的背景下，中国人民银行和国家外汇管理局加强引导，各金融机构加大汇率避险意识的宣传，积极向企业推广远期结售

汇、外汇期权等避险产品，并加大外汇衍生品的创新开发力度，帮助企业对冲外汇风险，效果较好。如出口企业收汇后不再急于结汇，而是根据自身用款需求安排结汇时间，持有美元意愿增强；进口企业倾向于尽早完成购汇，锁定成本。此外，各企业对期权、远期业务，尤其是对能够锁定人民币波动一定下限和上限的组合期权业务关注度提高。同时，个人客户对外汇挂钩理财产品的需求上涨。

（七）积极推进金融创新，多渠道服务实体经济

一是积极探索投贷联动业务。中国银行、上海银行、浦发银行、天津银行、哈尔滨银行、大连银行等多家金融机构通过跟投模式、选择权（认股期权）模式、产业投资基金模式等方式探索投贷联动，对初创期、种子期、成长期的科技型企业提供资金支持。

二是跨境投融资业务开展顺利。兴业银行滨海分行同渤化（香港）股份有限公司合作，成功落地1亿欧元境外发债业务，成为天津市首笔境外发债业务。渤海银行滨海分行承办了该行首笔境外银团贷款，为中兴能源境外子公司克雷斯能源（巴基斯坦）有限公司发放美元贷款，用于支持巴基斯坦旁遮普省900兆瓦太阳能光伏电站项目一期三区建设。

三是电子金融业务发展迅速。平安银行提出物联网金融战略，并结合天津特色平行进口车行业，通过物联网设备推出了面向平行进口车行业动产抵质押业务的物联网金融解决方案，契合了产业金融需求和客户实际需求。天津滨海农商行大力推广电子银行承兑汇票业务，依托电子商业汇票期限长、票面金额大、操作便捷、假票风险低等优势，对传统纸质银行承兑汇票产生了明显替代效应。

四是积极承销各类债券，发展资产证券化产品。中国建设银行、天津银行、金城银行、招商银行等多家金融机构积极承销各类债券业务，如短期融资券、超短融、中期票据、非公开定向债务融资工具等，并积极探索资产证券化业务，如资产支持票据、资产支持证券、应收账款债权融资计划以及其他私募资产证券化产品等，为优质企业提供低成本的融资工具。

三　2016年滨海新区货币信贷运行分析

截至 2016 年 12 月末，滨海新区银行业金融机构本外币各项存款余额达 5559.43 亿元，同比增长 5.05%，较上年同期下降 14.88 个百分点，占天津市各项存款余额的 18.49%；本外币各项贷款余额达 9680.68 亿元，同比增长 13.81%，较上年同期下降 8.09 个百分点，占天津市各项贷款余额的 33.67%。

（一）各项存款增速回落，非金融企业存款少增较多

1. 人民币存款增速回落，外汇存款大幅下降

截至 2016 年 12 月末，滨海新区银行业金融机构人民币各项存款余额达 5223.96 亿元，同比增长 6.5%，增幅下降 9.97 个百分点；外汇存款余额达 48.36 亿美元，同比下降 18.89%，降幅较上年同期扩大 99.87 个百分点，近 3 年来首次出现同比下降。人民币存款增速回落的原因为活期存款新增同比下降较多，截至 2016 年 12 月末，人民币活期存款较年初新增 163.56 亿元，比上年同期少增 219.37 亿元。外汇存款降幅较大的主要原因为非金融类企业外汇存款下降明显，主要是由于自 2015 年底以来，跨境收入持续减少而对外投资增长迅速。截至 2016 年 12 月末，滨海新区外汇存款较年初下降 11.26 亿美元，其中非金融类企业外汇存款较年初下降 14.17 亿美元。

2. 中小型金融机构人民币存款新增占比最高，村镇银行增速最快

截至 2016 年 12 月末，滨海新区银行业金融机构人民币各项存款较年初增加 318.98 亿元，其中全国中小型金融机构新增 183.95 亿元，占各项存款新增总额的 57.67%。村镇银行发展较快，吸储能力不断增强。截至 2016 年 12 月末，3 家村镇银行本外币存款余额达 36.22 亿元，同比增长 60.91%，高于滨海新区人民币各项存款余额增幅 54.41 个百分点。

3. 人民币存款季节性变化趋势较为显著

从各月环比增速看，第一季度人民币存款波动性相对较大，其中 2 月环

比下降 3.13%。第二、第三季度变化相对平稳，环比幅度在 -0.66% ~ 2.18% 范围内波动。自 2016 年 11 月起，人民币存款持续下降，12 月出现全年最低增速 -3.46%（见图 3）。

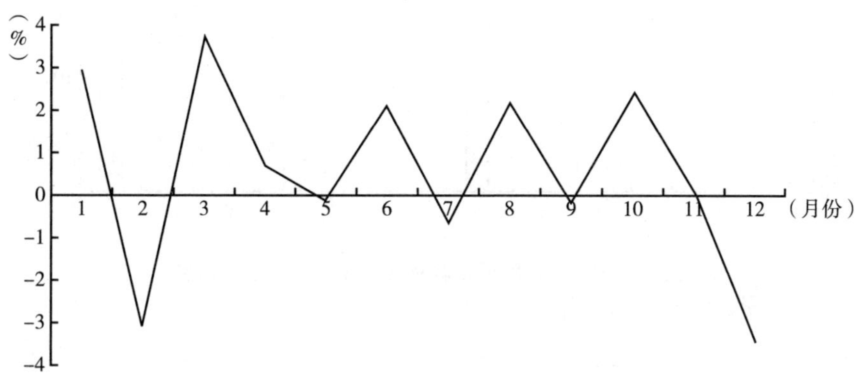

图 3　2016 年人民币存款月度环比增速

资料来源：中国人民银行天津分行。

（二）各项贷款平稳增长，支持实体经济对接供给侧改革

1. 人民币贷款投放趋缓，外汇贷款跌幅逐月收窄

2016 年，滨海新区新增人民币贷款 1174.9 亿元，同比少增 342.92 亿元。受实体经济贷款需求变化影响，人民币贷款投放节奏有所放缓，各月人民币贷款余额同比增速逐渐趋缓，4 个季度新增人民币贷款逐步下降（见图 4）。人民币贷款增长趋缓主要与经济下行抑制贷款有效需求、企业融资渠道市场化、商业银行强化信贷审慎管理、加大不良贷款剥离力度等因素有关。2016 年，滨海新区外汇各项贷款余额达 68.76 亿美元，同比下降 6.48%，降幅较上年缩小 3.9 个百分点，全年降幅呈现逐月回落趋势。

2. 非金融企业信贷结构有所调整，融资租赁贷款新增较多

2016 年，滨海新区新增本外币非金融企业贷款 902.77 亿元，同比少增

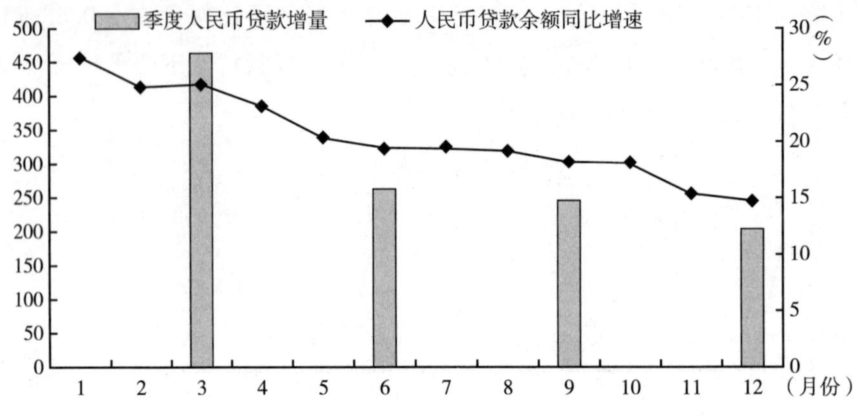

图 4　2016 年人民币贷款月度同比增速、季度增量

资料来源：中国人民银行天津分行。

527.22 亿元。从贷款种类分，非金融企业贷款呈“两多三少”的变化特征。其中，新增贷款同比减少的贷款种类为短期贷款、中长期贷款和各项垫款，分别少增 198.14 亿元、411.24 亿元和 27.67 亿元。受滨海新区金融租赁主体增多、行业快速发展的影响，融资租赁贷款新增较多，较 2016 年初新增 601.72 亿元，同比多增 75.29 亿元。票据融资规模有所上涨，新增票据融资 25.14 亿元，占新增贷款总额的 2.78%，同比多增 34.54 亿元。

3. 贷款投向更加集中，关键领域和薄弱环节得到有力支持

从产业投向看，受供给侧改革、经济转型发展和地区行业景气度影响，2016 年滨海新区新增贷款投向着力支持第三产业发展，其中租赁和商贸服务业以及水利、环境和公共设施管理业两大行业，分别较年初增加 460.48 亿元和 371.73 亿元，新增额占到新增各项贷款总额的 81.76%，占比较上年提高 34.76 个百分点。与 2015 年贷款投向相比，制造业和房地产业新增贷款变化较大，较 2016 年初分别少增 216.36 亿元和 177.82 亿元。从企业投向看，小微企业信贷投放量增长较多。截至 2016 年 12 月末，小微企业贷款余额达 2296.85 亿元，同比增长 25.77%，比年初新增 464.75 亿元，同比多增 35.19 亿元，新增量占全市小微企业贷款新增量的 55.41%，占滨海新区企业贷款新增总额的 60.49%。

4. 房地产开发贷款大幅下降，保障性住房开发贷款有所回升

截至2016年12月末，滨海新区人民币房地产开发贷款余额达193.47亿元，同比下降39.01%，降幅较全市高23.21个百分点，较年初下降123.78亿元，同比多减215.3亿元。其中，地产开发贷款较年初下降38.27亿元，同比多减90.17亿元，主要为政府土地储备机构贷款大幅减少；房产开发贷款较年初下降85.51亿元，同比多降125.13亿元。值得注意的是，在各项房地产开发贷款投放全面下降的情况下，保障性住房开发贷款实现恢复性增长，较年初增长3.1亿元，同比多增13.9亿元。

5. 购房贷款保持高增长态势，个人住房贷款拉动作用明显

截至2016年12月末，滨海新区人民币购房贷款余额达676.75亿元，同比增长43.27%，较年初新增204.37亿元，同比多增90.69亿元。2016年，滨海新区住房成交量价不断刷新纪录，大幅拉升个人住房贷款需求，全年金融机构投放个人住房贷款293.13亿元，同比增长翻番。从投放节奏看，个人住房贷款投放持续加速。4个季度个人住房贷款分别投放41.6亿元、75.27亿元、89.4亿元和86.86亿元（见图5）。

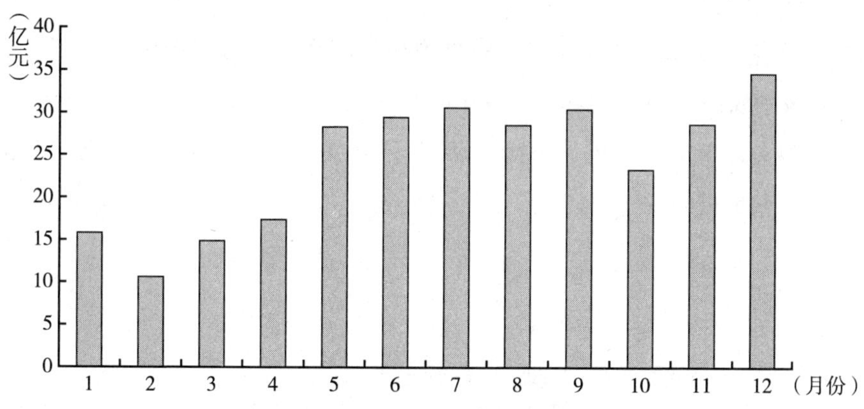

图5　2016年个人住房贷款月度投放

资料来源：中国人民银行天津分行。

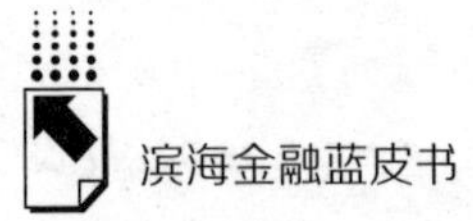

6. 政府融资平台贷款规模有所回收

截至2016年12月末，滨海新区地方政府融资平台贷款余额达573.71亿元，同比下降6.41%，扭转了2015年大幅上涨的趋势。其中项目贷款降幅最大，截至2016年12月末余额为380.82亿元，同比下降23.94%。从贷款用途看，用于道路桥梁和开发区、园区建设的资金占比最高，贷款余额合计占比达41.51%。从贷款方式看，信用类贷款余额达297.64亿元，同比增长30.08%，占比55.35%。截至2016年12月末，政府融资平台贷款质量较高，全部为正常类贷款，未发生不良贷款。

7. 贷款质量下降明显，不良贷款呈上升趋势

截至2016年12月末，滨海新区银行业金融机构非正常类贷款[①]余额达253.36亿元，同比增长37.4%，占全部贷款总额的2.62%，占比较2015年同期提高0.45个百分点。银行业金融机构不良贷款余额达85.6亿元，同比增长63.88%，不良贷款率为1.66%，较2015年升高0.54个百分点，不良贷款呈现“双升”态势。

四　贷款利率执行情况分析

2016年，滨海新区银行业金融机构贷款利率和企业融资成本呈下行态势，新发放贷款加权平均利率为5.13%，同比下降0.65个百分点；贴现加权平均利率为3.46%，同比下降1.05个百分点，金融机构对实体经济的支持作用进一步增强。[②]

① 不良贷款相关资料来源于滨海新区银行业监督委员会。

② 资料来源：各金融机构信贷监测报表，范围涉及滨海新区的50家金融机构，包括天津港财务公司、天津天保财务公司、天津医药集团财务有限公司、渤海钢铁集团财务有限公司、中国金融租赁公司、邦银金融租赁公司、天银金融租赁有限公司、华运金融租赁有限公司、天津长城滨银汽车金融有限公司、华泰汽车金融有限公司、滨海惠民村镇银行、滨海江淮村镇银行、滨海德商村镇银行等13家法人金融机构。

（一）贷款利率总体趋稳，利率下浮贷款占比提高

2016 年，商业银行新发放贷款加权平均利率为 5.13%，同比下降 0.65 个百分点。4 个季度新发放贷款加权平均利率分别为 4.97%、4.88%、5.5% 和 5.29%，第三季度贷款利率出现增高，第四季度有所回稳。从利率浮动情况看，2016 年新增利率下浮贷款占比为 14.45%，同比提高 4.1 个百分点；1.1 倍（不含）基准利率以上贷款占比为 30.67%，同比下降 2.51 个百分点（见图 6）。

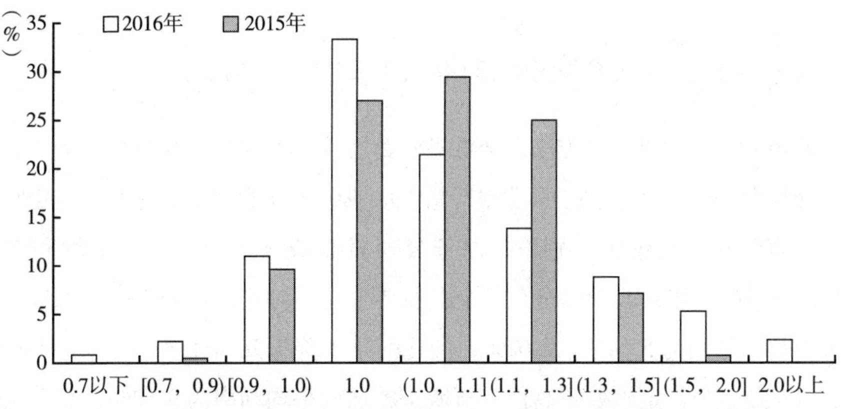

图 6　滨海新区新增贷款浮动利率区间占比情况

资料来源：中国人民银行天津分行。

（二）小微企业融资成本有所下降，但贷款利率仍以基准上浮为主

从各企业类型贷款定价情况看，2016 年小微企业新发放贷款加权平均利率为 5.51%，分别比大型企业和中型企业高 0.9 个和 0.05 个百分点，小微企业融资成本与大中型企业的差距在逐渐缩小。从各企业类型贷款利率浮动区间分布看，小微企业贷款利率下浮占比逐渐提高，利率上浮占比持续下降。第四季度小微企业新增贷款利率下浮占比为 11.52%，较第一季度提高 9.55 个百分点；上浮利率贷款占比为 63.67%，较第一季度下降 8.55 个百分点（见表 1）。

表 1　滨海新区商业银行分企业类型人民币贷款利率浮动区间分布

单位：%

项目	大型企业				中型企业				小微型企业			
	第一季度	第二季度	第三季度	第四季度	第一季度	第二季度	第三季度	第四季度	第一季度	第二季度	第三季度	第四季度
下浮	16.89	30.02	9.95	32.31	3.35	18.57	5.44	17.27	1.97	14.24	9.37	11.52
基准	53.97	46.00	42.28	35.06	27.47	24.27	32.99	29.88	25.81	13.17	18.96	24.81
上浮	29.14	23.98	47.77	32.63	69.18	57.16	61.57	52.85	72.22	72.59	71.67	63.67
合计	100	100	100	100	100	100	100	100	100	100	100	100

资料来源：中国人民银行天津分行。

（三）地方法人金融机构利率水平呈现下行趋势

2016 年，滨海新区地方法人金融机构新增贷款加权平均利率为 5.49%，同比下降 0.85 个百分点，高于商业银行总体水平 0.36 个百分点，差距较上年收窄 0.25 个百分点。从机构类别看，财务公司贷款成本最低，加权平均利率为 4.36%，同比下降 1.03 个百分点；金融租赁公司、村镇银行处于中位，贷款加权平均利率分别为 5.54%、7.62%，同比分别下降 1.78 个百分点、0.5 个百分点；汽车金融公司定价处于高位，新增贷款加权平均利率为 9.62%，高于法人机构平均贷款利率 4.13 个百分点。从投放趋势看，滨海新区法人金融机构全年新增贷款加权平均利率趋势呈现“倒 U”形，第三季度加权平均利率达到 5.65%，成为全年最高水平，第四季度回落为 5.26%，环比下降 0.39 个百分点（见图 7）。

以 2016 年 12 月新增贷款利率情况为数据基础，比较滨海新区法人金融机构与天津市平均水平的贷款成本，除财务公司贷款利率相对较低外，村镇银行和金融租赁公司贷款成本均高于天津市平均水平①。从分企业类型的贷款成本角度分析，滨海新区村镇银行对小微企业的贷款利率水平最高，且与天津市平均水平差距最大，小型企业和微型企业贷款利率分别相差 1.8164 个和 1.56 个百分点（见表 2）。

① 天津市仅有 2 家汽车金融公司，均位于滨海新区，因此此处不再比较汽车金融公司。

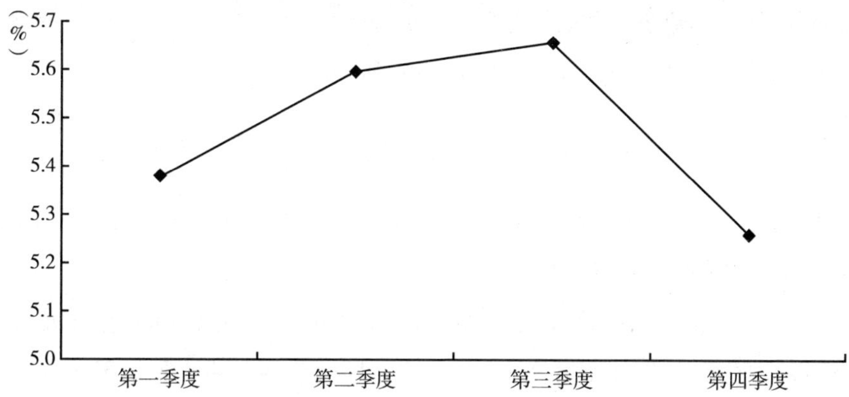

图7　2016 年滨海新区法人金融机构新增贷款利率趋势

资料来源：中国人民银行天津分行。

表 2　天津市与滨海新区法人机构分企业类型贷款利率对比

单位：%

项目	村镇银行		财务公司		金融租赁	
	天津市	滨海新区	天津市	滨海新区	天津市	滨海新区
大型企业	6. 525	6. 525	4. 1756	—	4. 7682	4. 0736
中型企业	6. 5466	—	5. 1549	3. 9419	4. 9445	5. 0114
小型企业	6. 3535	8. 1699	3. 8728	3. 7332	5. 0626	5. 5166
微型企业	6. 5717	8. 1317	4. 2299	4. 2299	4. 4278	—
加权平均	6. 3715	7. 8902	4. 8261	4. 0975	4. 8957	5. 2127

资料来源：中国人民银行天津分行。

五　2016年滨海新区外汇形势分析

2016 年，滨海新区涉外经济总体运行平稳，自贸试验区金融改革创新成效显著，境外投资规模增加，全年呈现较强的资金流出压力。在外汇管理加强跨境资金平衡管理、本外币协同监管作用下，资金流出在边际上得到有效遏制。但受境内外经济金融复杂形势影响，跨境资金流动形势仍然脆弱，滨海新区外汇形势仍面临较大挑战，今后需要通过扩流入、控流出、增强自贸区改革等措施助力滨海新区外汇形势的利好发展。

（一）跨境收入较快下降推动跨境收支逆差快速增长

1. 跨境收入较快下降推动跨境收支逆差快速增长，货物贸易和收益项下利润汇出是逆差增长的主要来源

2016 年，滨海新区跨境收支总额（本外币合计）达 1215.7 亿美元（等值 8044.5 亿元），同比下降 9.9%。其中，跨境收入为 464.8 亿美元（等值 3075.4 亿元），同比下降 25.5%；跨境支出为 750.9 亿美元（等值 4969.1 亿元），同比增长 3.7%；收支逆差为 286.1 亿美元（等值 1893.7 亿元），比上年增长 1.8 倍（见表 3、表 4）。

表 3　2016 年滨海新区跨境收支情况（一）

单位：亿美元，%

项目	收入		支出		累计差额
	累计额	累计同比增速	累计额	累计同比增速	
合计	464.79	-25.52	750.87	3.65	-286.08
经常账户	359.89	-19.25	613.92	-2.17	-254.03
货物贸易	328.98	-19.65	471.69	-12.92	-142.71
服务贸易	27.32	-12.91	27.09	-10.73	0.23
收益	0.76	-63.90	114.88	107.84	-114.12
经常转移	2.83	3.17	0.26	19.59	2.57
资本和金融账户	104.90	-41.19	136.95	41.29	-32.05
直接投资	58.55	-49.13	82.90	78.48	-24.35

资料来源：中国人民银行天津分行。

表 4　2016 年滨海新区跨境收支情况（二）

单位：亿元，%

项目	收入		支出		累计差额
	累计额	累计同比增速	累计额	累计同比增速	
合计	3075.38	-25.52	4969.10	3.65	-1893.73
经常账户	2381.14	-19.25	4064.23	-2.17	-1683.10
货物贸易	2176.47	-19.65	3124.26	-12.92	-947.79
服务贸易	180.90	-12.91	179.43	-10.73	1.47

续表

项目	收入		支出		累计差额
	累计额	累计同比增速	累计额	累计同比增速	
收益	5.10	-63.90	758.83	107.84	-753.73
经常转移	18.66	3.17	1.71	6.48	16.95
资本和金融账户	694.24	-41.19	904.87	41.29	-210.63
直接投资	387.79	-49.13	549.46	78.48	-161.67

资料来源：中国人民银行天津分行。

从近4年的数据看，滨海新区2016年收支形势较为严峻，主要是收入规模相比2014年、2015年下降较快，但支出规模与前3年基本持平，收入下降成为逆差增大的主要原因。

具体来看，主要项目收入规模均呈下降趋势。如图8所示，2016年货物贸易收入为329亿美元，同比下降19.7%，为近4年的最低水平，货物贸易逆差为142.7亿美元，占新区总逆差的49.9%。收益项目收入同比下降63.9%，支出同比增长107.8%，逆差为114.1亿美元，占总逆差的39.9%。直接投资收入同比下降49.1%，支出同比增长78.5%，逆差为24.4亿美元，占总逆差的8.5%。以上3项逆差的合计占比达98.3%。

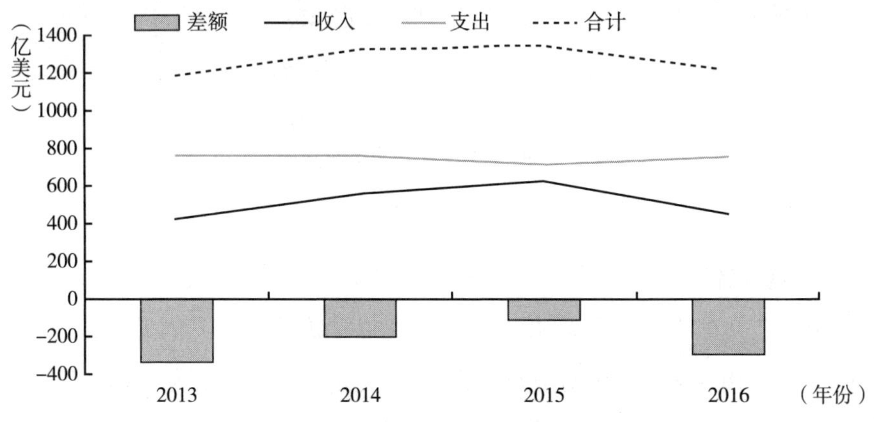

图8　2013~2016年跨境收支逆差走势

资料来源：中国人民银行天津分行。

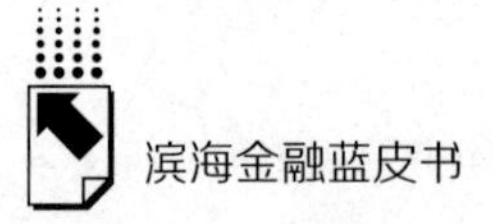

2. 从年内各月情况看，上下半年均呈现流出压力“前高后低”的态势，流出压力的缓解与“控流出”工作力度的强化高度重合，控制效果明显

从月度数据看，如图9所示，2016年月度跨境收支逆差呈现较大波动。1月，离岸市场人民币汇率波动加大，离、在岸汇差加大，资金流出形势较为严峻，在加大“控流出”管理力度后，2～6月收支逆差平稳下降。第三季度，管理的方式更为柔和，更加强调满足实需，逆差波动幅度扩大。11月，随着特朗普当选美国总统及美联储加息信号增强，美元走强预期不断升温，资本流出趋势骤然增大，11月收支逆差达年内峰值。12月，虽然美联储如期加息，但由于加息预期已部分提前消化，且中国人民银行和国家外汇管理局联合加强窗口指导，资金流出压力在当月未升反降。

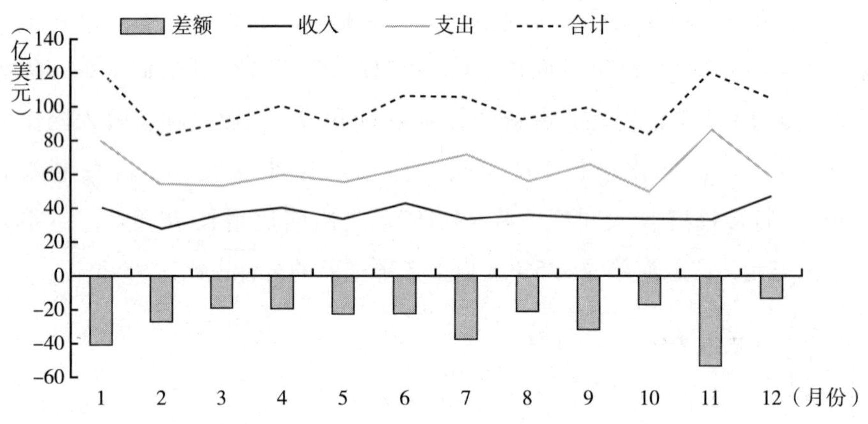

图9　2016年月度收支逆差走势

资料来源：中国人民银行天津分行。

3. 融资租赁行业收支逆差占比较高，对逆差态势影响较大

2016年，滨海新区融资租赁行业跨境收支合计224.1亿美元，占新区跨境收支的18.4%，其中跨境收入为65亿美元，跨境支出为159.1亿美元，收支逆差为94.1亿美元，占全辖逆差的32.9%。即融资租赁行业以不到新区五分之一的跨境收支贡献了近三分之一的逆差。滨海新区融资租赁企业主要经营飞机租赁等业务，实际上是汇聚了全国的飞机进口需求。如果剔除融资租赁行业收支数据，辖区跨境收入为399.8亿美元，跨境支出为591.9亿美元，收支逆差为192.1亿美元，逆差增幅快速回落。

4.进出口贸易乏力，跨境收支总额在货物贸易收支下降的拖累下同比下滑；剔除特殊形式出口报关数据后，滨海新区货物贸易呈现流入态势

受到加工贸易进出口疲软和货物贸易收支乏力的影响，跨境收支总额同比出现明显下滑。2016年，滨海新区货物贸易收支总额达800.67亿美元，同比下降15.96%，对跨境收支总额的贡献度高达113.3%，显示跨境收支的下滑完全来自于货物贸易项下。

货物贸易进出口下滑，主要原因在于加工贸易进出口大幅降低，其中剔除非传统出口的“5100成品进出区”项下数据，加工贸易进出口均出现明显下降，这与国内经济结构转型及人力成本上升造成的产业经营压力和转移趋势密切相关。出口型通信设备制造业最为典型，较有代表性的个案有伟创力天津工厂由于大客户调整采购渠道而失去订单，进而关闭。

剔除“5100成品进出区”形式出口报关数据后，滨海新区货物贸易呈现进口少付汇的流入态势。剔除“5100成品进出区”出口数据后[①]（见专栏1），辖区总量差额为71.55亿美元，资金货物比为86.71%，整体表现为进口少付汇的净流入态势；剔除其影响后，出口项下净流出缩减至23.88亿美元；进口项下净流入，进口少付汇95.43亿美元。

从贸易方式看，一般贸易进口多付汇，净流出56.43亿美元；加工贸易进口少付汇，净流入55.40亿美元；保税物流进口少付汇，净流入75.67亿美元；离岸转手买卖收大于支，净流入4.82亿美元，数据表现首次符合贸易特点。

从企业所属区域看，特殊监管区域和非特殊监管区域均表现为进口少付汇，分别净流入71.10亿美元和0.45亿美元，特殊监管区域净流入表现明显。

① 贸易方式“5100成品进出区”出口数据对辖区数据影响巨大，且该贸易方式完全不收汇。

专栏 1　“5100 成品进出区”

基本情况　货物贸易外汇监测系统显示，2016 年，加工贸易项下的“5100 成品进出区”出口额为 137 亿美元，是 2015 年该项目数据的 3 倍多。经询问海关人员得知，2016 年年中海关报关方式调整，对在部分特殊监管区域注册的企业实行“H 账册管理”。对加工贸易和保税物流的货物从保税监管区域转移至境内区外时，要求以“5100”方式报出境备案清单。该种报关方式实际为形式报关，用以抵消进境备案清单 H 账册数据。此贸易方式出口的运抵国全部为中国境内，且全部不产生收汇数据。

存在问题　1. 虚增辖区出口数据。由于“5100”贸易方式为形式报关，并不产生收汇数据，因此在进行基础数据分析时，系统加工贸易项下包含此部分出口数据，造成整体出口数据虚增。由于飞机租赁企业将飞机从境外购买至保税区，再租赁给区外航空公司时，需要以此贸易方式报关，而飞机货值巨大，造成此项目出口数据成倍增长。虽然系统在总量核查时剔除该项数据，不会影响辖区资金流动状态，但对基础数据分析会产生较大影响。

2. 造成企业出口少收汇假象。通过基础数据对企业进行监测时，由于系统无法自动剔除“5100 成品进出区”出口数据，造成此方式报关的企业出口数据无法与收汇数据匹配，形成出口少收汇甚至不收汇的假象，影响对企业主体的监测分析。

相关建议　一是进行数据监测分析时，应剔除“5100 成品进出区”出口数据，以免影响传统加工贸易数据以及辖区进出口数据，对准确判断辖区形势造成干扰。同时，在对企业进行非现场监测时，应人工剥离“5100”出口数据后再进行资金流和货物流的匹配。二是对此类贸易方式企业进行专项数据监测和核查，摸清不同行业的运营和资金流转特点，对企业货物贸易和服务贸易数据进行综合核查。

5. 外资注册数量下滑，外商直接投资项下资本金流入明显放缓

2016 年，滨海新区新设外商投资企业外汇登记业务共计 219 笔，同比减少 41. 12%，累计注册资本达 132. 2 亿美元，同比减少 28. 06%，外方所占注册资本达 85. 01 亿美元，同比减少 28. 24%。行业属性涵盖批发业、租赁业、商务服务业、其他金融业等 10 多种类型。资本金流入达 33. 92 亿美元，同比减少 47. 49%。

6. 境外投资登记数量减少，但投资规模增加

2016 年，滨海新区企业对外投资业务共计 61 笔，中方协议投资额共计 190. 45 亿美元，同比增加 1. 39 倍。其中，对外投资资金汇出共计 121. 74 亿美元，同比增加 728. 43%。对外投资激增的主要原因：一是英国脱欧、美联储加息步伐加快、人民币汇率持续看贬等多重因素影响，一定程度对境内企业境外投资计划起到加速催化的作用；二是当前国内经济下行压力较大，部分境内企业转战国际市场寻找优势项目；三是随着自贸区建设逐渐成熟、“一带一路”战略地位日益突出以及中韩和中澳自贸区的开发开放，将有更多企业主动开拓国外市场，预计对外直接投资规模会进一步扩大。

7. 境外放款登记快速扩大，人民币资金流出大幅增长

2016 年，滨海新区企业共办理境外放款登记 34 笔，额度金额达 16. 35 亿美元，同比增长 88. 88%。其中，额度币种以美元、人民币、澳大利亚元为主，登记金额折合成美元分别为 12 亿美元、4. 34 亿美元、0. 01 亿美元。从实际资金流出数据看，2016 年境外放款项下资金流出金额较大，达 12. 5 亿美元（包含跨境双向人民币资金池数据 1. 17 亿美元），同比增长 48. 27%。其中，人民币境外放款业务出现大幅增长，（见专栏 2）金额合计 12 亿美元，相比 2015 年扩大 7. 57 倍，涉及 21 家境内企业。在这之中，12 家企业未在国家外汇管理局办理境外放款登记手续，金额共计 9. 96 亿美元，行业类型包括国际贸易、加工制造、投资管理、信息技术等。

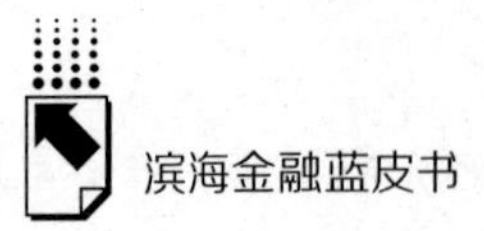

专栏2　天津自贸试验区人民币境外放款

2016年，自贸区境外放款项下流出同比增长近14倍，且几乎全部以跨境人民币形式集中在第四季度流出，资金最终流入中国香港、新加坡。人民币境外放款流出规模排名前4位的均为贸易类公司，且具有较多疑点：一是公司成立时间较短，设立均在2016年8、9月；二是公司均为自然人出资，但注册资本均达1亿元；三是工商登记系统中未查询到对外投资相关信息，交易附言却均为对境外子公司贷款支出；四是对外放款总额在8000万~2.4亿美元不等，远超企业注册资本，境外放款资金来源存疑；五是境外放款在2016年10月~11月拆分多笔汇出，金额多在3000万~9000万元。2016年11月29日，中国人民银行发布《关于进一步明确境内企业人民币境外放款业务有关事项的通知》（银发〔2016〕306号），人民币境外放款业务得到有效控制，自文件发布之日起至今，尚未发生新业务。

（二）结售汇逆差呈“前高后低”态势，资金流出压力减小

1. 结售汇总额同比下降，逆差同比上升，年内结售汇逆差总体呈现“前高后低”的态势，资金流出压力呈减弱态势

如表5所示，2016年，滨海新区结售汇总额达238.6亿美元，同比下降2.9%，占全市结售汇总量的25.3%；结售汇逆差达117.8亿美元，同比增长105.9%，占全市逆差的34.5%。其中，结汇为60.4亿美元，同比下降35.9%。售汇为178.2亿美元，同比增长17.6%。在国家外汇管理局“扩流入、控流出”工作引导及年底人民币快速贬值、美联储加息等因素影响下，滨海新区结售汇逆差在2016年前半年快速增长后从第三季度开始下降，年底虽有所反弹但第四季度整体保持基本稳定，年内结售汇逆差总体呈现“前高后低”的态势，资金流出压力减弱。

表 5　2016 年滨海新区银行结售汇情况

单位：亿美元，%

项目	结汇		售汇		累计差额
	累计额	累计同比	累计额	累计同比	
合计	60.4	-36.0	178.2	17.6	-117.8
经常项目	47.6	-23.1	129.7	19.4	-82.1
货物贸易	37.6	-22.6	97.2	9.2	-59.6
服务贸易	7.0	-10.1	13.6	23.6	-6.6
收益和经常转移	3.0	-46.1	18.8	120.4	-15.8
资本和金融项目	12.7	-60.6	48.5	13.2	-35.7
直接投资	12.0	-39.5	16.5	12.8	-4.5
其他投资	0.7	-94.3	7.8	-31.5	-7.1
国内外汇贷款	—	—	23.0	37.5	-23.0

资料来源：中国人民银行天津分行。

2. 结售汇逆差高峰集中在上半年，除1、4、5月处于峰值外，其余月份总体平稳，“控流出”工作效果显著

从 2016 年各月时间序列数据看，滨海新区结售汇逆差呈波动态势，结汇相对稳定，逆差主要受售汇形势影响。1、4、5 月处于购汇高峰，结售汇逆差高点屡现。其中，美联储在 2015 年底宣布加息后，1 月人民币兑美元汇率波动较大，受恐慌性流出因素影响，主要项目结售汇逆差均扩大，带动当月结售汇逆差升高至 2008 年以来的单月第三高点。4、5 月结售汇逆差在部分企业境外投资汇出、利润汇出及国内外汇贷款实需性购汇大幅增长带动下再次走高，其中 4 月为 2008 年以来单月购汇第四高点、结售汇逆差单月第二高点。从 6 月开始，结售汇逆差形势好转。其中，7、10 月为年内售汇及结售汇逆差低点，12 月美联储再次加息后，售汇及结售汇逆差有所反弹，但整体仍保持平稳。6 ~ 12 月月均售汇、结售汇逆差分别为 12.4 亿美元、7.7 亿美元，较 1 ~ 5 月月平均水平分别下降 32.2%、39.7%，表明“控流出”工作取得良好效果，资金流出压力减弱。

3. 结售汇逆差的主要来源为货物贸易和国内外汇贷款，下半年逆差收窄主要受资本与金融项下直接投资和国内外汇贷款购汇减少影响

从结售汇逆差项目构成看，2016 年经常项目逆差合计 82.1 亿美元，占全年逆差总额的 69.7%。资本与金融项目逆差合计 35.7 亿美元，占全年逆差总额的 30.3%。其中经常项下货物贸易逆差和资本与金融项下国内外汇贷款逆差分别占全年逆差总额的 50.6%、19.6%，是结售汇逆差的主要来源。

从结售汇逆差变动情况看，资本与金融项下 2016 年上半年主要逆差项目下半年均呈现回落态势，整体回落幅度更大，对结售汇整体逆差收窄作用更为明显，“控流出”成果更为显著。2016 年下半年，滨海新区结售汇逆差达 47.7 亿美元，较上半年下降 32%。其中经常项目、资本与金融项目逆差分别较上半年下降 18.7%、56.2%。

经常项目购汇与逆差的下降主要受投资收益项下利润汇出影响。其中，中海油（中国）有限公司大额利润汇出购汇受影响明显。2016 年，受国际油价持续低迷、境外油田运营成本居高等因素影响，该公司持续汇出境内利润用于支持境外油田运转，在 4、5 月大额购汇 5.8 亿美元和 5 亿美元，推动投资收益结售汇逆差快速扩大。2016 年下半年，该公司利润汇出币种由美元转为人民币，汇出利润折合 33.1 亿美元，投资收益结售汇逆差随之下降，较上半年下降 90.9%。

资本与金融项目购汇与逆差的下降主要受国内外汇贷款和直接投资购汇影响。从 2015 年下半年开始，以融资租赁企业为代表的新区企业调整资产负债结构，大额购汇归还外币债务，带动直接投资、其他投资和国内外汇贷款结售汇逆差大幅增长，其中国内外汇贷款售汇在 2016 年第二季度创下历史新高。此外，资产管理类企业境外并购大额购汇进一步推升直接投资结售汇逆差。2016 年下半年，在国家外汇管理局“扩流入、控流出”工作引导下，银行加强购付汇业务真实性审核，企业调整境外投资汇出币种及计划，外币债务归还节奏放缓，直接投资结售汇差额恢复顺差，跨境贷款、国内外汇贷款结售汇逆差迅速回落，较上半年分别下降 66.7% 和 40%。

4. 外汇衍生品业务呈结汇签约不足、售汇快速增长态势，显示人民币贬值预期仍未降低

虽然受银发〔2015〕173号文件保证金政策影响，2016年全年远期售汇下降1.4%，但由于涉汇主体已逐渐接受并在交易中充分考虑相关成本，及英国脱欧后企业避险需求加大，在高成本与锁风险之间更倾向于后者，政策对远期售汇影响逐渐减弱。此外，受人民币汇率贬值及贬值预期影响，滨海新区企业结汇意愿较低，叙做远期结汇业务动力不足，导致远期结汇签约快速回落，新区远期结售汇逆差仍出现同比增长。2016年，远期结售汇逆差达13.1亿美元，较上年同期增长15.9%。

掉期业务方面，受“扩流入、控流出”政策导向、全口径跨境融资宏观审慎管理、资本项目结汇改革新政影响，银行为企业办理“外债+掉期”（即结远购）模式业务快速增长。自2016年5月起，滨海新区近结远购交易首次超过近购远结，6月开始掉期签约均为近结远购交易，其中“外债+掉期”模式占比达53.3%。2016年，滨海新区掉期签约6.5亿美元。从交易结构看，近结远购掉期占比达88.7%，较2015年提高88.6个百分点。

2016年，滨海新区期权签约大幅上扬，同比增长3.6倍，其中86.7%为售汇方向期权买卖组合。主要模式是企业通过期权买卖组合，即买入一个美元看涨期权，同时卖出一个美元看跌期权，在买入期权的期权费支出与卖出期权的期权费收入相互抵消后，最终以零手续费、零成本将换汇价格锁定在某一汇率区间或某一汇率。因银行收益相对较高，收取保证金比例低（一般不超过6%），价格多优于远期，在人民币汇率呈贬值预期现状下企业承担的合约汇率差于即期市场汇率并造成损失的风险较低，该产品呈快速增长态势。

5. 融资去外币化进程有所减缓，外币存贷款较上年底双降，但受美联储加息、人民币快速贬值等因素影响，年底外汇存贷款较年中有所反弹

受整体经营形势影响，涉外企业营业收入和利润下滑，银行对企业授信额度和融资收紧，导致企业在外汇收入减少的情况下更多使用自有资金进行支付，外汇存款沉淀减少。2016年底，滨海新区外汇存款余额为48.4亿美元，较上年底下降 18.8%。外汇贷款经过企业一段时间的债务去外币化调整，2016 年底余额为 68.8 亿美元，较上年底下降 6.4%。但从 2016 年度看，特别是进入第四季度人民币快速贬值短期内突破 6.7、6.8 和 6.9 三大关口，美联储在 12 月宣布加息后，市场主体持汇意愿增强，外汇存款余额较年中和第三季度末有所反弹，分别增长了 3.9% 和 15%。外汇贷款余额较年中和第三季度末分别增长了 10.8% 和 12.8%，表明企业外币负债偿还压力先期释放较为充分，融资需求有所反弹。

（三）应关注的问题

1. 扩流入：资本与金融项下流入后劲不足；结汇不振，后续手段待开发

一是受到土地、人力成本提升等因素的影响，外商直接投资项下流入呈现下降趋势。二是境内外融资成本趋同，企业从境外融资的需求下降。一方面，随着人民币融资成本下行，市场资金较为充裕，美元 LIBOR 大幅上涨，拉升美元融资成本。另一方面，由于国际市场原材料价格变化巨大，加工型企业生产经营受到影响，传统货物贸易萎缩，大宗商品价格低迷，企业融资经营风险加大，境外融资需求随之减少。三是结汇持续下降，结汇意愿较低，外汇有效供给依然不足。2016 年，滨海新区结汇率不足 50%，仅为 47.2%，同比下降 10.9 个百分点。结合外汇存贷款持续下降和结汇率较低来看，外汇收入既没及时结汇也未形成外汇存款，说明部分外汇收入未沉淀在国内，加剧了境内有效外汇供给的不足。

2. 控流出：关注新的潜在流出渠道和方式

一是关注资金借道经常项下实现跨境流出。前期的“控流出”工作更多集中在资本项下，并取得了良好成效且积累了丰富的经验。虽然截至目前经常项目未显现大额流出苗头，但随着资本项目“控流出”的从严管理，资金可能另寻经常项目实现跨境流出，如转口贸易、大额利润汇出等。二是关注跨境人民币替代购汇。与新区售汇和结售汇逆差下降同步，新区跨境人民币支出呈快速增长之势，显示出刚需以及投机资金在外汇流出管控力度加大情况下，力图通过跨境人民币形式实现资金流出，这一态势可能继续。三是关注个人购汇。相比对企业购汇的引导和管控措施，外汇管理对个人外汇预期的引导、购汇行为的管控手段较少，且难度较高，需要进一步研究行之有效的管理方法。（见专栏3）

专栏3 滨海新区个人结售汇形势分析

基本情况 2012～2016年，个人外汇收入稳中有降，支出显著增长，收支合计持续攀升，收支差额不断扩大；个人结汇基本持平，售汇大幅增长，售汇增速明显高于结汇增速。2016年，个人外汇跨境收入基本平稳、支出持续扩大，导致收支合计和差额持续攀升；个人结汇平稳、售汇激增，结汇同比下降0.55%，售汇同比增长39.43%。其中，第四季度售汇同比增长68.24%，达2012年以来各季度的峰值。从月份看，10、11、12月售汇分别环比增长10.26%、15.08%、34.09%。

主要特点 一是个人用汇持续攀升，旅游留学等个人用汇需求高位运行。二是“8·11”汇改、英国脱欧、特朗普当选、美联储加息等大事件后，个人购汇增幅显著。三是个人持汇以确保资产增值保值的意愿增强。数据显示，滨海新区个人外汇存款账户月均余额同比增长46.51%。四是电子银行购汇增速较快。从业务办理渠道看，个人项下购汇主要集中在柜台渠道和电子银行，柜台业务占比逐年递减，电子银行业务逐年递增，2016年第四季度占比已达85.85%。

存在问题 一是境内个人缺乏对外汇知识的了解，购汇呈现“羊群效应”。境内个人多通过银行或新闻媒体了解外汇知识，对外汇形势尤其是人民币汇率变化缺乏理性判断，且结售汇行为多受亲友影响，往往在不了解汇率风险的情况下，盲目跟风购汇。二是境内个人利用“见证开户”和分拆购付汇相结合的方式逃避外汇监管，进行境外投资。境内个人可在境内银行见证开户指定网点开立境外银行个人账户，通过分拆购付汇将资金划至境外账户进行境外投资，逃避分拆结售汇监管，突破个人境外投资的管制限制，实现分拆后的资金汇出，放大了资金流出规模和风险。三是银行配合个人外汇政策落实效果不佳。各银行对分拆结售汇推送信息的反馈不及时、反馈数据不准确；对分拆结售汇现象把控不严，对购汇资金来源审查不到位；对个人外汇政策的宣传、结售汇方向引导不够充分。

对策建议 一是加大外汇知识宣传力度。加强窗口指导，对前来办理咨询外汇业务的个人介绍外汇管理规定及惩罚措施；把政策宣传情况纳入对银行的考核体系，以银行为抓手向个人宣传结售汇或存在的风险等；携手地方政府宣传部门开展对公众的联合宣传，避免从众性购汇行为的发生。二是严防“见证开户”引起的异常资金流出现象。联合银监、证监等机构对“见证开户”业务开展情况进行统计监控，在形势需要时对该业务进行限制管控；进一步完善个人外汇监测系统功能，增强分拆购汇的资金链条可追溯性；加大个人大额提钞资金用途审查力度。三是加大对银行个人外汇业务的规范力度。敦促银行及时反馈分拆结售汇推送信息，确保反馈数据的准确性；鼓励银行将结售汇纳入工作人员考核机制之中，或加大考核权重，将外汇政策规定内化为本职工作要求。

3. 推改革：关注自贸区创新优势逐渐减弱

2016 年第三、第四季度天津自贸区新增企业情况同比、环比双降，传递了自贸区吸引力逐渐降低的信号。主要原因：一是自贸区吸引力较强的金融改革政策如限额内可兑换等，受经济形势等诸多因素影响不能落地实施，在一定程度上限制了自贸区创新优势的发挥；二是在自贸区政策试点经验的基础上，很多创新制度在全国范围内得到了有效的复制推广，如外债宏观审慎管理、资本金及外债意愿结汇等，自贸区政策的相对优势逐渐弱化；三是自贸区特有的且已落地的政策中，如部分扩大人民币跨境使用政策、融资租赁收取外币租金等，也将遵循边际效用递减规律，红利效应逐渐减弱；四是未来新增7大自贸区将进一步稀释现有自贸区的吸引力，未来可结合天津实际尝试在自贸账户改革创新等层面进行政策突破。（见专栏4）

专栏4　自贸区金融改革创新——NRA账户需求

由于除了上海自贸区之外的几个自贸区都没有FT账户体系，所以极大限制了这几个自贸区的业务创新，现有的NRA账户体系与天津自贸区特点相结合是目前可行性高、较易实施的措施。关于NRA账户的创新需求，前提是把NRA账户作为一个账户体系，其中发生的业务进行单独统计，在系统没有实现的前提下通过手工统计，以方便监管部门进行监管。

一、增加NRA账户结汇功能

NRA账户目前只允许购汇，不允许结汇，这与当前“扩流入、控流出”的宏观政策要求也不符，因此为了增加境内市场外汇的供应量，建议增加NRA账户的结汇功能，这样有利于将一部分境外的结汇引流到境内，也完善了NRA账户的功能。

二、增加NRA账户掉期功能

由于FT账户不仅可以结汇，也可以做掉期业务，为了能完善NRA账户的功能，建议增加其可以做掉期的功能。

三、建议政策明确自贸区内的金融机构可以对境外机构发放外币贷款（包括外币贸易融资）

为了凸显自贸区的特点，发挥自贸区的优势，吸引更多的境外机构到自贸区设立企业，建议政策明确自贸区内的金融机构可以对境外机构发放外币贷款（包括外币贸易融资），信用风险由银行自己把握。

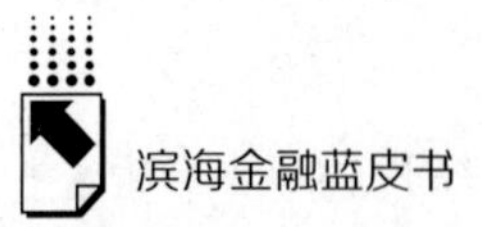

四、建议政策明确自贸区内的金融机构可以到境外市场吸收存款以及投资于境外的债券市场

自“跨境融资风险余额”政策实施以来，银行的跨境融资风险余额指标得到极大的提高，许多银行吸收了大量的NRA账户存款，各行目前是无法运用这些存款的，只能上存到总行，那么能否允许自贸区内的金融机构利用自有的外币资金投资于境外债券市场，需要明确。为了方便监管，自贸区内的金融机构每月把资产、负债表上报监管部门，方便监管部门及时调整政策。

六　金融业与金融稳定

2016年，滨海新区稳步推进供给侧结构性改革，优化产业结构和布局，金融机构存贷款保持平稳增长，信贷投放结构持续优化，金融基础设施建设稳步推进，金融业运行总体稳定。

（一）银行业金融机构发展情况

1. 银行业金融机构数量持续增加

截至2016年末，滨海新区共有银行业金融机构61家①，较上年同期增加4家，其中存款类金融机构50家，包括中资全国性大型银行6家、中资全国性中小型银行23家、农村商业银行2家、村镇银行3家、其他中资小型银行2家、外资银行10家、财务公司2家；非存款类金融机构11家，包括信托公司1家、金融租赁公司8家、汽车金融公司2家。法人金融机构、一级分行、二级分行分别为20家、9家、26家，较上年同期分别新增4

① 本报告统计口径与《天津滨海新区金融统计月报》保持一致。

家、5 家、1 家，滨海新区金融机构层级逐年提升。

2. 存贷款规模稳步增长

如图 10 所示，截至 2016 年末，滨海新区金融机构本外币各项存款余额为 5559. 4 亿元。其中，非在地本外币各项存款余额为 6054. 9 亿元，占天津市的 20. 1% ，同比增长 5. 1% 。各项贷款余额为 9680. 7 亿元。非在地本外币各项贷款余额为 11019. 6 亿元，占天津市的 38. 3% ，同比增长 13. 8% ，增速较天津市高出 3. 2 个百分点。

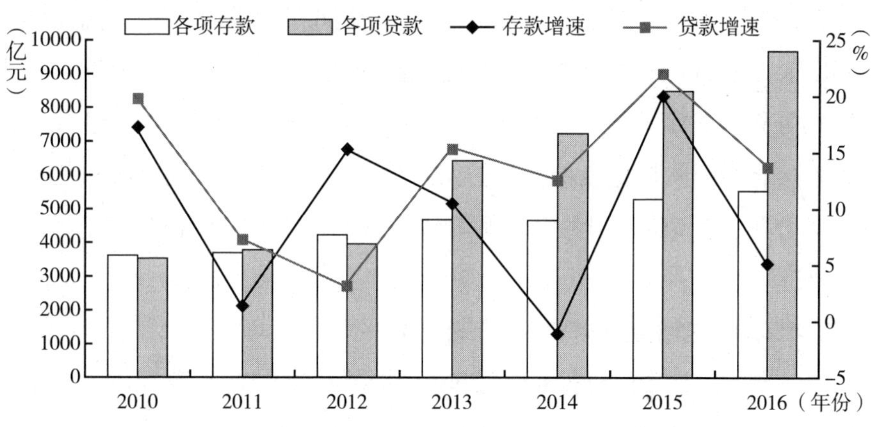

图 10　2010 ~ 2016 年滨海新区存贷款及其增速

资料来源：中国人民银行天津分行。

3. 经营效益有所提升

2016 年，滨海新区金融机构实现营业利润 194. 7 亿元，较上年增加 20. 3 亿元，实现净利润 163. 8 亿元，较上年增加 7. 6 亿元。从机构类型看，金融租赁公司营业利润占比最高，达 32. 5% ；汽车金融公司利润同比增长最快，涨幅超过 1. 5 倍。从利润结构看，银行业金融机构实现利息净收入 111. 7 亿元，较上年增加 16. 1 亿元，占营业收入的 34. 7% ，占比提高 3. 6 个百分点；实现中间业务收入 17. 6 亿元，较上年减少 6. 1 亿元，降幅达 25. 6% 。据银行家调查问卷显示，第四季度新区银行的盈利状况指数为 62. 8% ，较前 3 季度分别高出 9. 0 个、10. 3 个、6. 4 个百分点，较天津市高出4.9个百分点。第四季度新区银行的经营状况指数为62.8%，较前3季度分别高出7.7个、2.6个、9.0个百分点，较天津市高出1.7个百分点。

4.地方法人经营稳健

2016年，滨海新区20家①地方法人金融机构运行平稳，流动性总体较为充裕。截至2016年末，除中信金融租赁公司之外的19家法人机构流动性比率均在20%以上。从变化趋势看，天津滨海德商村镇银行、天津滨海江淮村镇银行和天津滨海惠民村镇银行3家村镇银行流动性比率下降明显，其中天津滨海江淮村镇银行由于活期存款吸收较快，流动性比率同比下降近300个百分点。除兴业金融租赁公司之外的19家地方法人金融机构资本充足率均高于10%，其中3家村镇银行和金城银行超过20%。除北方国际信托股份有限公司之外的19家地方法人金融机构拨备覆盖率均高于150%，财务公司和村镇银行不良较低，拨备覆盖率远高于监管指标。

5.平均利率和企业融资成本呈下降态势

2016年，滨海新区银行业金融机构②贷款利率和企业融资成本呈下行态势，新发放贷款加权平均利率为5.1%，同比下降0.7个百分点；贴现加权平均利率为3.5%，同比下降1.1个百分点，金融机构对实体经济支持作用进一步增强。4个季度新发放贷款加权平均利率分别为5%、4.9%、5.5%和5.3%，第三季度贷款利率出现增高，第四季度有所回稳。从利率浮动情况看，新增利率下浮贷款占比14.5%，同比提高4.1个百分点；1.1倍（不含）基准利率以上贷款占比30.7%，同比下降2.5个百分点。

---

① 本报告统计口径与《天津滨海新区金融统计月报》保持一致。

② 资料来源：各金融机构信贷监测报表，范围涉及滨海新区50家金融机构，包括天津港财务公司、天津天保财务公司、天津医药集团财务有限公司、渤海钢铁集团财务有限公司、中国金融租赁公司、邦银金融租赁公司、天银金融租赁有限公司、华运金融租赁有限公司、天津长城滨银汽车金融有限公司、华泰汽车金融有限公司、滨海惠民村镇银行、滨海江淮村镇银行、滨海德商村镇银行等13家法人金融机构。

（二）资本市场发展情况

1. 证券、期货和上市公司情况①

截至2016年末，在沪、深交易所上市的滨海新区企业累计达到29家，占全市上市企业（45家）的64%；新增沪、深交易所上市及新三板挂牌企业40家，累计达到90家，占全市挂牌企业的53%。滨海新区累计新增启动股改企业96家，累计新增完成股改企业80家，累计培训有股改上市意愿企业450家。另外，利安隆新材料于2016年12月16日获得IPO批复文件，于2017年1月中旬在深交所创业板正式上市。目前，滨海新区内共有3家期货和10家证券机构在反洗钱监管的范围内。

2. 债券发行情况②

截至2016年末，滨海新区各类债券发行金额共计258.8亿元，其中短期融资券、中期票据、企业债、公司债发债金额分别为 -59.9亿元、127.2亿元、0亿元、191.5亿元。

（三）跨境收支与结售汇情况

1. 跨境收支逆差快速增长

2016年，滨海新区跨境收支总额（本外币合计）为1215.7亿美元（等值8044.5亿元人民币），同比下降9.9%。其中，跨境收入为464.8亿美元（等值3075.4亿元人民币），同比下降25.5%；跨境支出为750.9亿美元（等值4969.1亿元人民币），同比增长3.7%；收支逆差为286.1亿美元（等值1893.7亿元人民币），比上年增长1.8倍。滨海新区2016年收支形势较为严峻，主要是收入规模相比2014年、2015年下降较快，支出规模与前三年基本持平，收入下降成为导致逆差增大的主要原因。

2. 结售汇逆差总体呈现“前高后低”的态势

2016年，滨海新区结售汇总额为238.6亿美元，同比下降2.9%，占全市

---

① 资料来源：滨海新区金融服务局网站。

② 资料来源：万德数据库。

结售汇总量的25.3%；结售汇逆差为117.8亿美元，同比增长105.9%，占全市逆差的34.5%。其中，结汇为60.4亿美元，同比下降35.9%。售汇为178.2亿美元，同比增长17.6%。在国家外汇管理局“扩流入、控流出”工作引导及年底人民币快速贬值、美联储加息等因素影响下，滨海新区结售汇逆差在前半年快速增长后从第三季度开始下降，年底虽有所反弹但第四季度整体保持基本稳定，年内结售汇逆差总体呈现“前高后低”的态势，资金流出压力减弱。

3. 密切关注跨境资金流出新的潜在渠道和方式

一是关注资金借道经常项下实现跨境流出。2016年，国家外汇管理局“控流出”工作更多集中在资本项下，经常项目尚未显现大额流出苗头，但随着资本项目“控流出”的从严管理，资金可能另寻经常项目实现跨境流出，如转口贸易、大额利润汇出等。二是关注跨境人民币替代购汇。与售汇和结售汇逆差下降同步，滨海新区跨境人民币支出呈快速增长之势，显示出刚需以及投机资金在外汇流出管控力度加大的情况下，力图通过跨境人民币形式实现资金流出，这一态势可能继续。三是关注个人购汇。相比对企业购汇的引导和管控措施，外汇管理对个人外汇预期的引导、购汇行为的管控手段较少，难度较高，需要进一步研究行之有效的管理方法。

（四）金融改革与创新情况

1. 有序推进京津冀协同发展战略

充分利用北京中关村和滨海新区创新政策叠加优势，积极承接高新技术企业转移和重大科技成果转化，共建天津滨海—中关村科技园；与河北省合作组建渤海津冀港口投资发展有限公司；与唐山市签署《关于进一步深化区域合作的框架协议》；在京津冀协同发展中，滨海新区已与30多家央企签署全面合作协议，引进来自北京的重点项目近2000个，实际到位资金达2300亿元。

2. 自贸区改革创新成果显现

自贸区效应释放。截至2016年末，自贸试验区金融改革创新核心政策54项具体措施中，已落实和部分落实37项。3个片区新增市场主体13570户，注册资金达6297亿元，增长59.2%。一是跨境双向人民币资金池业务发展迅速。自天津自贸区挂牌至2016年末，人民币资金池结算量达238.2亿元。二是自贸区内银行加强同海外分行联动，向境外发放人民币贷款业务规模不断扩大。自天津自贸区挂牌至2016年末，共发放人民币贷款255笔，累计金额达134.6亿元。三是直接投资外汇登记业务由区内外汇指定银行办理。自2015年6月至2016年12月末，全市金融机构累计为区内企业办理外商直接投资（FDI）和境外投资（ODI）项下外汇登记551笔，累计金额达441.5亿美元，企业投资便利化程度明显提升。四是货物贸易A类企业贸易外汇收入无须开立待核查账户。自天津自贸区挂牌至2016年末，区内货物贸易A类企业共计54149笔、122.9亿美元的贸易收入直接进入企业结算账户。五是资本金、外债实行意愿结汇。自2015年6月至2016年末，共办理资本金、外债意愿结汇业务83笔，累计金额达10.6亿美元。六是外债宏观审慎管理政策。自政策下放至2016年末，共办理全口径宏观审慎外债签约登记15笔，签约金额共计2.7亿美元。

（五）金融基础设施建设情况

1.支付体系平稳运行

2016年，滨海新区累计核准各类银行结算账户25825笔（含自贸区结算账户3768笔），其中账户开立11009笔、账户变更12610笔、账户撤销2206笔；因资料不全等原因退回的账户业务3415笔。银行结算账户核准业务总量同比增长29%。对空白开户许可证及业务印章重要物品开展专项检查12次，加大“账户管理申报业务专用证”核对核查，实行申报人员备案制度，督导辖区银行机构完成2015年度账户年检工作。依法履行行政执法职责，共收到银行报送的违法签发支票报告书705笔，累计下发行政处罚告知书477笔，结案206笔，收缴罚金21.45万元。

2.信用体系建设不断深入

2016年，累计办理征信查询业务72282笔。先后在本行和部分功能区投放个人信用报告自助查询机4台，有效缓解了柜台业务压力，提升了服务便利性。联合东疆保税港区管委会召开“征信助力融资租赁产业发展”研

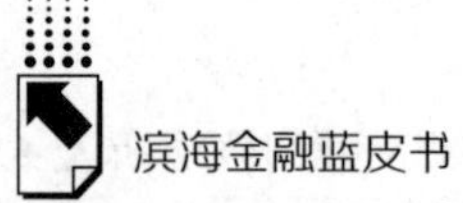

讨会，与东疆保税港区管委会签署《融资租赁业信用体系建设合作备忘录》，积极推广应收账款融资服务平台和动产融资统一登记平台，推动新区相关机构接入征信系统。会同滨海新区工信委联合推动公共信用信息共享（交换）平台建设，联合新区发改委、教体委，探索“诚信文化”宣传工作，不断强化“守信受益、失信惩戒”的信用约束机制。

3. 反洗钱工作高效开展

2016 年，对滨海新区 5 类 7 家反洗钱报告机构进行监管走访，对 2 家机构进行约见和政策辅导。配合分行完成对天津金城银行反洗钱风险评估。制定发布《关于规范反洗钱有关信息报送工作的通知》，有序开展反洗钱日常监测，提高非现场监管效率。对 56 家反洗钱报告机构反洗钱工作开展情况进行考评。建立反洗钱义务主体工作档案 33 户，完善业务系统监管信息 94 份。加大反洗钱宣传力度，组织开展《反洗钱法》颁布实施十周年宣传活动，增强辖区公众反洗钱意识。

4. 现金供应和反假币工作有序开展

2016 年，滨海新区发行基金净投放共 192.13 亿元，同比下降 15.3%，占天津市的 44.5%。全面推进 15 家银行的 17 家“小面额人民币兑换服务示范点”建设，开辟残缺、污损人民币兑换便民通道，取得了良好的社会效益。积极推进辅币硬币化宣传，督促商业银行按照硬币自循环相关要求加快硬币自动处理设备的购置、配备进程。配合新区落实社会治安综合治理中反假币相关工作任务。推动反假货币工作联席会议制度落实，开展反假货币知识校园行、社区行、企业行“三行”行动，联合公安、工商、金融机构开展反假宣传，提升辖区民众反假币能力。

分 报 告

Sub - Reports

B.2

滨海金融产品创新

摘 要: 为了更好地服务经济发展需要，完善金融市场体系，天津市滨海新区在2016年对金融产品进行了大幅的改革和创新。积极开展跨区域金融协同创新与合作，改进资金供给方式和贷款形式，提供更加灵活便捷的信贷服务，拓宽企业融资渠道。开创了首笔无形资产融资租赁业务，建立了国家级知识产权质押处置平台，进一步优化产业升级。建立了大众创业万众创新示范基地，创新融资风险补偿专项资金信用贷，促进融资租赁机构与小微企业合作，帮助小微企业发展，落实普惠金融政策，更好地为滨海新区融资租赁业务服务。

关键词: 滨海新区 金融产品 金融创新

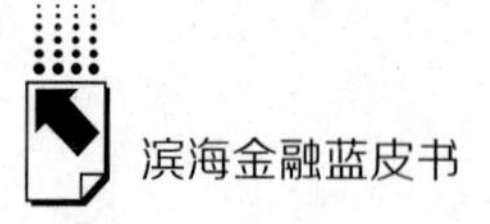

一　滨海金融创新产品的基本情况

（一）支持京津冀协同发展的金融产品创新

一是加大京津冀金融协同发展的合作和创新力度。华夏银行滨海分行通过联席会议制度，加强三地公司的合作，提供平台共享各分行间布局、规划、政策信息；天津农商银行滨海分行联合北京农商银行与河北省农信联社，达成《京津冀金融服务一体化战略合作协议》，从战略层面确定农村金融机构间的合作关系，在金融方面加快京津冀一体化进程。二是强化同城化综合金融服务。华夏银行推出京津冀协同卡，使三地的客户享受多层次、一体化的综合金融服务，优惠便利地办理财富管理、贷款融资、贵宾服务等各项金融业务；包括浦发银行自贸区分行在内的多家银行开始推广“银行电子保函区域通用”业务，实现了京津冀三地通用一份保函，为区域内快速便捷的物流和贸易创造了条件。

提供灵活便捷的信贷服务，满足多样化资金需求。一是创新信贷资金供给方式。中国工商银行总行推出“北京市非首都城市功能疏解贷款”，实现了三大创新：首先，以非首都城市功能疏解为背景，区域内各分行有权开展投行类业务，进行重做并购、债权代理投资、融资租赁业务；其次，分行可以与集团内子公司进行协作，表内与表外结合，商行与投行联动，境内与境外对接，共同开展整体业务；最后，以整体收益为基础进行项目定价，避免单一产品定价政策以及风险收益的影响。二是采用银团贷款和联合贷款相结合的形式提供资金支持。作为承接产业转移的主要载体，天津临港经济区开发建设需要大量资金，中国建设银行天津分行、天津银行滨海分行联合发放2亿元贷款用于临港经济区围海造陆项目。三是针对基础设施建设项目期限长、现金流具有时滞性等特点，提供项目贷款并给予还款优惠。中信银行唐山分行为曹妃甸煤码头三期项目提供10亿元项目贷款，期限15年，其中含宽限期18个月，即从2018年开始还款。四是创新担保方式，解决迁入企业抵押物不足问题。中国银行河北分行推出“冀业通达”创新产品，由省内承接京津冀产业转移项目的开发区、工业园等园区管委会、开发商提供前期担保，用于园区中小企业创业、置业及固定资产投资等。

提供其他综合性金融服务，拓宽企业融资渠道。一是辅导迁入企业挂牌上市。河北华茂伟业科技有限公司2015年迁入河北省沧州市的高新技术企业，中国银行渤海新区支行发挥中国银行集团化的优势，联合中银证券辅助该公司在新三板挂牌上市。二是承销区域内产业转移相关企业的债券融资计划。河北银行廊坊分行以主承销商的身份，计划为负责产业转移园区建设的企业——荣盛房地产发展股份有限公司和中信国安集团有限公司承销债权融资25.5亿元。三是凭借融资租赁业务优势，对负责产业园区建设的企业提供可持续融资。天银金融租赁公司以承租人提供的道路管网以及配套设施为租赁物，与天津滨海创意投资发展有限公司签订融资租赁合同，提供2亿元资金用于支持天津空港经济区交通及基础设施建设，承接京津走廊高技术和生产性服务业产业转移。

加强多方协作联动，加快京津冀产业转移。一是建立跨区域信贷授权一体化机制，提高异地信贷效率。中国农业银行三地的分行实行“统一授信、三地共用”模式，建立评级、分类、准入互认、授信额度统一管理机制，针对京津冀区域内产业转移客户，实际经营地分行按照本地客户的授信标准进行审批，开展异地信贷业务；河北省分行还建立了省、市、县3级服务保障团队，集中优势资源，对重点转移项目直接进行评估审查，贷款平均审批时间由45天缩短至30天。二是积极与地方政府合作。2015年以来，187家金融机构累计参与地方政府组织的京津冀对接会287次，成功对接项目414个，推进了中石化、一汽大众生产基地、丰田新一线、修正药业、大秦旗舰、国信中远等1000余个重大项目迁入滨海新区，兵装、中船重工等78个项目迁入河北省，以及其他一系列重点项目的转移。2017年2月，中国银行天津市分行与滨海新区政府签署合作协议，承诺未来5年提供不低于1200亿元的意向性融资，支持“滨海—中关村科技园”

“中欧高端装备制造园”建设。三是加强与深化中小型金融机构之间的合作。27.3%的中小型金融机构通过建立长期合作关系提高了在承接京津冀产业转移中的参与度。渤海银行以托管业务为依托建立金融同业生态协作平台，与河北银行、廊坊银行、沧州银行、唐山银行等8家中小银行开展合作，提供同业合作信息。天津银行联合天津滨海农商银行、廊坊银行等15家中小金融机构成立环渤海银银合作平台，联合对地区产业承接提供金融支持。

（二）无形资产投融资

1. 完成天津首笔无形资产租赁业务

2016年12月，芯鑫融资租赁（天津）有限责任公司与江苏长电科技股份有限公司在东疆完成了天津首笔无形资产租赁业务，租赁资产共计3.8亿元。此业务以该公司自主发明专利和新型实用专利的组合为标的，应用于国内集成电路和芯片生产制造领域，发展信息保密技术，维护国家安全。芯鑫融资租赁（天津）有限责任公司与江苏长电科技股份有限公司的无形资产租赁业务成为科技产业和金融产业融合发展的成功案例。

2. 推进知识产权投融资试点，助力产业转型升级

滨海新区积极开展知识产权运用模式的探索，加快知识产权资本化进程，制定政策促进银企对接，搭建平台对国家知识产权质押进行处置，关注科技金融，深化科技与金融的融合。2015年，滨海新区有41家科技型企业获得金融机构贷款56笔，主要涉及生物医药、节能环保等产业领域，贷款金额8.2亿元，总贷款金额占全市的一半。其中有3家企业专利质押贷款额度超过5000万元，拓宽创新型中小企业的融资渠道，助力产业转型升级与滨海新区的经济结构调整。

（三）普惠金融产品创新

1. 大众创业，万众创新，创立示范基地

2016年5月，经国务院批准，滨海新区中心商务区于家堡成为全国首批大众创业万众创新示范基地，并设立基金引导投资，探索“创业险”和“投贷联动业务”，推进股权众筹中心和知识产权运营中心建设。另外，在中心商务区，已有30余家央企设立金融机构，共90家，投资额共计469亿元。

2. 创新融资风险补偿专项资金信用贷款，持续发力助力小微企业

天津开发区管委会对优势资源进行整合，充分发挥科技金融的优势，加强立体化辅导，坚持后续跟进，兼顾企业融资的数量与质量。创新融资风险补偿专项资金信用贷款作为“先行军”，在科技金融创新融资服务中发挥了不可替代的作用。截至2016年8月，该项目年内共考察项目51个，经评估、筛选后向合作银行推荐项目32个，审批通过18个，通过率为56.25%；实现风险补偿3425万元，并成功引导10倍的社会资本进行投资，撬动作用显著。

3. 融资租赁机构与中小企业开展合作

2016年3月，中国融资租赁、滨海科技融资租赁滨海新区各家融资租赁机构陆续与中小企业签约，达成合作协议。其中，瑞恒茂科技公司和中国融资租赁公司在工业污水处理设备项目上达成合作协议，总投资达到3亿元。通过融资租赁引进大型设备，减轻融资压力，为企业创新创造条件。

4. 完成首家自主创业企业的小额担保贷款

2016年4月，上海浦东发展银行天津浦江支行与天津明谦物流有限公司签署了《自主创业小额担保贷款合同》，在该企业战略升级中发挥了重要作用。同时，这也是天津自贸区东疆片区首家自主创业企业的小额担保贷款。

（四）融资租赁产品创新

1. 中国人民银行滨海中心支行推动租赁业相关政策快速落地

中国人民银行滨海中心支行推动“天津金改30条”，促进租赁业发展相关政策快速落地。支持自贸试验区租赁公司借用人民币外债和境外发行人民币债券，支持其境外母公司在境内发行人民币债券和中资租赁公司借用外债。同时，放宽了自贸试验区金融租赁公司外币资金池准入条件，支持租赁公司、跨国企业集团开展跨境双向人民币资金池业务，允许自贸试验区符合条件的融资租赁收取外币租金。

争取经营性租赁收取外币租金试点政策落地东疆保税港区。2015 年 8 月，国家外汇管理局批准东疆保税港区为全国唯一经营性租赁收取外币租金试点，允许经营性租赁收取外币租金，解决了企业租赁款与租金收入币种错配风险问题，对降低企业财务成本、支持租赁资产全球流转、巩固天津融资租赁比较优势发挥了积极作用。截至 2016 年 9 月末，共有 162 家租赁企业参与经营性租赁收取外币租金试点，收入租金 9.7 亿美元。

简政放权，优化租赁业发展环境。加强“一个窗口”建设，在天津自贸区实行前台“一站式”综合服务，集中办理经常、资本项下业务。推行特色服务，外债登记、境外放款等行政许可项目实行网上“预受理、预审查”。推进政务公开，将 9 大项 11 个子项的行政审批有关材料在网站、服务大厅、自贸区外派窗口公开。加强依法监督，设立举报投诉电话及意见箱，发放申请人满意度评价表，召开义务监督员座谈会，保障申请人的参与权、评议权和监督权。

2. 中谷海运集团从事集团内部融资租赁业务

2016 年 7 月，东疆保税港区管委会与中谷海运集团有限公司举行了项目合作备忘录签字仪式，标志着该集团在天津的首个项目正式落户东疆。天津中融恒泰国际租赁有限公司是中谷海运集团的全资子公司，从事集团内部集装箱、沿海船舶的融资租赁业务。该项目利用东疆作为北方国际航运中心核心功能区、位于天津自贸试验区、身为国家租赁创新示范区等多重优势，延伸产业链服务，扩大自身在行业内的领先优势和地位。该项目的落户对东疆乃至天津市都具有重要意义。项目将创新租赁模式，实现国内首单融资租赁进口沿海集装箱船舶业务。

3. 光大金融租赁首架租用飞机完成交付，未来5年将达超百架机队规模

2016 年 12 月 21 日，光大金融租赁股份有限公司首架自主采购的波音 B737－800 飞机在美国西雅图波音公司顺利交付，并通过旗下设立在东疆保税港区的光大鸿贯（天津）航空租赁有限公司租赁给最终用户扬子江快运航空有限公司开展运营。该飞机采用两舱布局，除天空内饰外，还配有全舱个人娱乐系统及真皮座椅，在国内窄体客机当中属于超豪华配置。这是光大金融租赁公司与波音公司签订批量采购订单当中交付的首架飞机，该批订单的其他飞机将在5年之内陆续交付。本架飞机的顺利引进标志着光大金融租赁公司已经具备了为客户及时、高效地提供飞机并开展经营租赁业务的专业能力，预计在未来5年将达到百架以上的机队规模。

（五）积极承销各类债券，发展资产证券化产品

中国建设银行、天津银行、金城银行、招商银行等多家金融机构积极承销各类债券业务，如短期融资券、超短融、中期票据、非公开定向债务融资工具等，并积极探索资产证券化业务，如资产支持票据、资产支持证券、应收账款债权融资计划以及其他私募资产证券化产品等，为优质企业提供低成本的融资工具。

二　滨海金融产品创新的成因分析

（一）服从服务经济发展需要

从本质上讲，金融体系动员家庭储蓄和企业储蓄，并把这些储蓄分配到各个经济主体的生产之中。此外，金融体系在现代经济中还必须提供所需的其他金融服务，如支付和保险服务。储蓄是发展中经济体的稀缺资源，因此，金融业的主要任务是动员社会储蓄，管理和分配这些储蓄资源，把这些储蓄高效地匹配生产性的投资机会，把这些储蓄转化为实实在在的有效投资。有效分配储蓄的过程至关重要。作投资资金需求远超过供应，金融部门的任务是确保这些稀缺资源仅分配给具有生产能力的企业和家庭。在此过程中，提供资金的储蓄者可以以利息的形式获得收入。在审慎监管之下，适当的金融创新有效地分配储蓄，以维护储户和金融体系其他用户的利益。

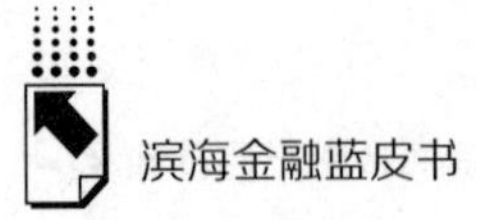

随着滨海新区的经济结构转型升级，无形资产投资在加速经济结构转型中的作用越来越关键。为了防范风险，银行通常要求以有形资产提供贷款担保，如房地产、机器设备等作为抵押品，这会促进依赖银行融资的企业投资更多的有形资产。但是从经济发展方式的转变角度看，拥有更多的无形资产与创造和吸收新技术的能力有关。国际经验表明，在经济下行期间，与财务实力较强的企业相比，这导致财务实力较弱的企业削弱了它们在无形资产方面的投资。在信贷条件收紧时期，这种影响更大。滨海新区通过无形资产租赁业务与推进知识产权投融资试点等金融产品创新，拓宽创新型企业的融资渠道，降低实体经济成本，提高资源配置效率，保障风险可控，促进企业健康发展。

（二）促进科技金融发展

滨海新区充分发挥市场在科技资源配置中的决定性作用和财政资金的引导激励作用，积极探索科技金融深度融合的新模式、新产品，构建科技金融工作服务体系，促进科技、金融与产业融合发展，培育更多高新技术企业和科技型中小企业，为构建自主创新体系、促进创新驱动发展提供支撑。滨海新区推出一系列集合科技和金融资源的金融创新产品，为不同发展阶段科技企业提供全过程、全链条投融资服务的科技金融服务平台。

（三）完善滨海新区的金融市场

融资租赁市场是金融体系的重要组成部分，融资租赁资本市场与银行业、证券业等金融业态在金融服务方面、满足不同的需求方面是互补的。特别是，有效的融资租赁市场比商业银行更适合向企业和公众提供长期融资。融资租赁市场也能够更好地适应机构投资者持有长期资产的需求。通过融资租赁市场金融产品的创新，滨海新区可以把更多的金融资源配置到京津冀协同发展的领域和薄弱环节，更好地满足人民群众和实体经济多样化的金融需求，提高金融资源配置效率，促进滨海新区供给侧的存量重组、增量优化、动能转换。

三　滨海金融产品创新的前景展望

滨海新区将进一步加大力量支持促进区内企业以融资租赁的方式加快装备改造升级，拓宽企业融资渠道，支持实体经济发展，让金融机构和中小企业互惠互赢。同时，加快供给侧结构性改革，创新中小企业融资方式，出台更加细化并富有针对性的配套政策，为实现打造全国先进制造业研发基地的目标不断努力。

滨海新区将继续推进科技及知识产权和金融的深度融合，提升知识产权金融服务对创新创业发展的促进作用，优化知识产权金融发展环境，形成新区知识产权投融资便利化服务体系。

滨海新区除继续增进与银行等机构、渠道的沟通、协调，并为企业提供更加全面、细致的融资顾问等服务外，还将综合利用津京互联众创空间种子资金委托贷款、天使之翼投资人俱乐部、新三板高管加油站等多种途径与措施扩大对专项资金信用贷款的支撑，为经济新常态下的科技型中小微企业融资探索更多创新型的金融产品。

滨海新区将有步骤推进境内银行为境外机构开立境内外汇账户的扩展及管理制度改革，并进一步探索适合天津自贸区发展特色的账户管理体系。结合当前“扩流入”政策方向，允许境内银行为境外机构开立境内外汇账户结汇，将境外结汇转化为境内结汇；允许利用境内银行为境外机构开立境内外汇账户开展掉期业务，强化账户风险管理属性；允许境内银行为境外机构开立境内外汇账户存款余额不纳入银行短期外债指标管理，鼓励银行在风险可控的前提下，利用境内银行为境外机构开立境内外汇账户，账户存款自主投资。

B.3
滨海金融机构创新

摘　要：　金融机构创新促进了非银行金融机构的发展，增加了中间业务与间接融资，大幅度提升了金融机构经营效率，增加了经营效益，拓宽了服务范围，扩大了金融服务品种和服务质量。另外，使货币政策传导机制市场化程度更高、更灵敏。本报告从融资租赁机构、保险公司、投资公司、财务有限公司等四个方面具体描述了滨海金融机构创新的具体发展状况，以融资租赁为代表，对滨海金融机构创新的成因进行了分析，并对滨海金融机构创新的前景作出展望。

关键词：　金融机构创新　融资租赁　保险产业园

一　滨海金融机构创新的基本情况

（一）融资租赁机构的创新

1. 鲁西（天津）国际融资租赁落户东疆

2016年初，鲁西（天津）国际融资租赁有限公司落户东疆保税港区。该融资租赁公司在京津冀协同发展的历史机遇中，借助天津自贸区东疆片区先行先试的发展优势以及众多优惠政策支持，将母公司鲁西集团的上下游产业建立相关联系，积极通过联合租赁、离岸租赁、保税租赁、特殊目的载体（SPV）等创新模式，促进租赁业与其他行业蓬勃发展，并积极拓宽行业经营范围和业务种类，探索新的发展机会。

2. 航天租赁企业落户自贸区

2016 年 9 月，航天融资租赁有限公司和东疆保税港区管理委员会正式签约，成为东疆保税港区首家将租赁业务扩展到航空产品的融资租赁公司。航天融资租赁有限公司在东疆保税港区开展航天航空产品以及新能源新材料、高端装备制造等的租赁业务，为中国航天科技集团及鞍钢集团提供融资渠道，并将业务范围推往国际市场。除此之外，为了拓宽业务范围，公司还承揽租赁资产的残值处理及租赁交易的咨询和担保业务。与航天租赁企业的战略签约促进了东疆区域经济发展，拓宽了业务模式，为租赁行业注入了新鲜血液，同时也吸引了航天航空租赁上下游产业落户东疆。

3. 中铁建金融租赁有限公司在东疆保税港区投入运营

首家由建筑行业发起的租赁公司——中铁建金融租赁有限公司于 2016 年 7 月入驻东疆保税港区，并开始营业。该公司也是天津自贸区挂牌后落户东疆保税港区的首个金融租赁总部。中铁建金融租赁有限公司由中国铁建股份有限公司主导发起，注册在天津自贸区东疆保税港区，注资为 100 亿元。中铁建金融租赁有限公司的工作重心在于布局工程装备、基础设施、医疗教育环保等现代消费业务领域，并在“一带一路”的发展战略中，充分发挥我国建筑企业的团队优势以及大型工程装备制造企业的技术优势，将我国的高端装备产品推向海外市场，让世界感受到：中国不再是仅能制造低档品，我们的高端产品也能走出中国，走向世界。

4. 国家级租赁和新金融产业园投入使用

2016 年 4 月，国家级租赁和新金融产业园起步区在东疆保税港区建成投用，62 家租赁、新金融企业、第三方中介服务机构进入。产业园起步区毗邻东疆保税港区东部海岸线，距离天津自贸试验区管委会 350 米，规划建筑面积 22300 平方米。截至 2016 年 4 月底，产业园起步区的 4 栋平层和 LOFT 写字楼已具备进驻条件。东疆保税港区也协调相关部门进一步对产业园周边交通、餐饮、住宿等条件进行优化，旨在吸引大型企业和专业人才在东疆落户，为其以后的发展提供动力。

中国东疆租赁产业发展促进会[①]落户产业园，租赁融资中心、租赁融资研究院、新金融创新研究中心、租赁法律研究院等专业研究院所机构相继入驻产业园，促进了租赁行业和新金融产业迈向更高层次的发展。

5. 首批金融租赁博士后工作站成立

2016 年 4 月，东疆保税港区管理委员会、工银金融租赁有限公司、民生金融租赁股份有限公司 3 个博士后科研工作站被全国博士后管委会办公室批准成立，并正式授牌，成为国内首批金融租赁领域博士后工作站。东疆保税港区申请建立的博士后科研工作站也在工银租赁、民生租赁设立博士后分站，构建“1 +2”的博士后建站体系。

6. 联想融资租赁有限公司在东疆保税港区成立

2016 年 3 月，联想融资租赁有限公司在东疆保税港区正式成立，并开始运营。该公司的经营业务包括融资租赁、经营租赁、信息技术方面的 IT 硬件租赁解决方案及服务，充分利用天津自贸区与国际接轨的金融发展环境，拓宽业务范围，提升市场份额和竞争力水平。

最近几年，受到信息技术支出增长、采购模式转变、信息技术产品更新换代速度增快以及“互联网 +”快速发展等动力拉动，信息技术租赁业作为一种新型朝阳产业，迅速进入成长期。有分析机构预测，截至 2017 年，中国信息技术租赁市场新增合同规模将高达 389 亿元，租赁渗透率为 5. 1%，上升最快的是个人电脑及服务器租赁业务，其合同规模升至 87 亿元。联想融资租赁有限公司抓住时机，开展此业务。在众多融资渠道中，融资租赁算是发展较为成熟的金融服务模式，通过此方式协助客户降低一次性信息技术采购成本，同时帮助客户从购置信息技术资产的高成本模式向拥有信息技术服务的低成本模式转换。

---

① 中国东疆租赁产业发展促进会是中国东疆租赁发展促进会下设机构，旨在与业内同仁共同探讨租赁税务现状，探索税务与金融前沿，推动租赁行业税务进展，每年定期举办相关财税活动。

（二）保险公司的创新

在京津冀协同发展战略下和自贸区提供优越的金融环境中，2015 年以来，空港经济区各项经济指标均得到了明显提升，金融产业发展迅速，发挥了一定的集聚效应。随着各类金融机构快速集聚，金融业务不断创新，为了进一步拓宽经营范围，形成了具有区域特色的金融产业集群。2016 年初，空港经济区开始打造保险产业园。

2016 年 10 月 31 日，滨海新区政府、天津市金融局和天津市保监局联合发布了《关于推动天津空港经济区保险产业园创新发展的实施意见》，旨在促进以空港商务园为核心载体的保险产业园建设，这是落实中国保监会建设“保险产业园”部署要求的重要举措。根据《关于推动天津空港经济区保险产业园创新发展的实施意见》，空港保险产业园今后主要朝着两方面发展：一是服务国家战略、完善保险市场体系方面；二是开展产品创新、促进经济社会发展方面。

（三）投资机构的创新

1. 鼎典资本进驻天津空港经济区

2016 年 10 月，鼎典资本在空港经济区成立鼎典资本控股集团，并将北京总部迁至空港经济区，总投资额达 200 亿元，打造全方面金融发展新平台。其主要经营基金管理，但随着业务范围的不断扩大，已经遍及保险、银行、信托、证券等各个行业，并且在积极筹建融资租赁、商业保理、小额贷款等专项公司，成为具有产业集群效应的大型金融集团。在鼎典资本看来，天津空港保税区是天津自贸区的核心部分，同时也是我国拥有开放形态最多、优惠政策力度较大的综合经济区，希望双方融合合作领域，实现互利共赢。

2. 空港经济区与紫光集团签署战略合作（4 个项目落户）

2016 年 7 月，空港经济区与紫光集团签署战略合作协议，双方将在供应链金融业务板块开展合作。紫光集团融资租赁、供应链贸易结算总部、商业保理等4个项目落户空港经济区。紫光集团供应链金融业务的开展，进一步完善了区域金融产业链条，促进相关企业在区域快速聚集。

3. 中万投资（天津）有限公司落户东疆保税港区

2016年8月，中万投资（天津）有限公司落户东疆，注册资本金为2亿元，公司投资方为万科置业（香港）有限公司与中信资本控股有限公司，落户项目是万科北京区域长租公寓业务的投资性总部，其主要业务集聚在长租公寓等新型生活服务业上。

4. 华能投资管理有限公司落户东疆保税港区

2016年11月，华能集团、中国石油集团和三峡集团所属资本板块合资的华能投资管理有限公司成立，三大能源公司产融结合项目落户东疆保税港区，标志着国有能源企业在新形势下的产融结合发展路径迈出了新步伐。

（四）财务有限公司的创新

2016年，注册资本为20亿元的渤海钢铁集团财务有限公司在天津自贸区投入运营。该公司由渤海钢铁集团、渤海钢铁集团（天津）投资有限公司、天津天钢集团有限公司、天津冶金集团隆盛达钢业有限公司与天津市天铁轧二制钢有限公司五家股东共同出资设立。注册资本为5亿元的天津医药集团财务有限公司在天津自贸区投入运营，该公司由天津市医药集团有限公司、天津中新药业集团股份有限公司、天津力生制药股份有限公司（出资0.75亿元，持股比例为15%）、天津药业集团有限公司与天津金益投资担保有限责任公司五家股东共同出资设立。

二　滨海金融机构创新的成因分析

以融资租赁为代表的滨海新区金融机构的创新反映出功能政策优势和产业集聚效应。融资租赁是与实体经济紧密结合的金融工具，在推动产业创新升级、促进社会投资和调整经济结构等方面发挥着重要作用。融资租赁作为集融资与融物、贸易与技术更新于一体的新型金融手段，具有首期支付少、付款方式较灵活、资信审查务实等优点，可以弥补传统间接融资体系覆盖范围的不足，是促进金融服务实体经济、实现产融结合的有效手段，具有能够直接服务经济转型升级的独特优势，融资租赁已成为仅次于传统信贷和资本市场的第三大融资渠道。

作为我国融资租赁发展非常发达的地区，滨海新区租赁服务覆盖面不断扩大。租赁标的物呈现多元化发展，不但包括飞机、船舶、海工等大型设备，还覆盖计算机等中小型设备。金融租赁服务覆盖面的不断拓宽，有效提升了企业金融服务的可获得性。

滨海新区依托天津自贸区与国际接轨的金融发展环境，为客户提供包括融资租赁、经营租赁、信息技术资产管理服务在内的全面信息技术硬件租赁解决方案及服务，协助客户提升市场竞争力，促进业务增长。

进一步推动落实《关于金融支持中国（天津）自由贸易试验区建设的指导意见》，促进租赁业发展相关政策快速落地。支持自贸试验区租赁公司借用人民币外债和境外发行人民币债券，支持其境外母公司在境内发行人民币债券和中资租赁公司借用外债。同时，放宽了自贸试验区金融租赁公司外币资金池准入条件，支持租赁公司跨国企业集团开展跨境双向人民币资金池业务，允许自贸试验区符合条件的融资租赁收取外币租金。

争取经营性租赁收取外币租金试点政策落地东疆保税港区。2015 年 8 月，国家外汇管理局批准东疆保税港区为全国唯一经营性租赁收取外币租金试点，允许经营性租赁收取外币租金，解决了企业租赁款与租金收入币种错配风险问题，对降低企业财务成本、支持租赁资产全球流转、巩固天津融资租赁比较优势发挥了积极作用。截至 2016 年 9 月末，共有 162 家租赁企业参与经营性租赁收取外币租金试点，收入租金达 9.7 亿美元。

简政放权，优化租赁业发展环境。加强“一个窗口”建设，在天津自贸区实行前台“一站式”综合服务，集中办理经常、资本项下业务。推行特色服务，外债登记、境外放款等行政许可项目实行网上“预受理、预审查”。推进政务公开，将 9 大项 11 个子项的行政审批有关材料在网站、服务大厅、自贸区外派窗口公开。加强依法监督，设立举报投诉电话及意见箱，发放申请人满意度评价表，召开义务监督员座谈会，保障申请人的参与权、评议权和监督权。

三 滨海金融机构创新的前景展望

天津是我国重要的融资租赁聚集区，目前，全国融资租赁业的资产规模已经突破4万亿，天津占比高达三成以上。近年来，以中国人民银行出台的《关于金融支持中国（天津）自由贸易试验区建设的指导意见》为代表的一系列金融支持融资租赁发展政策，对促进天津融资租赁的健康快速发展起到了积极作用。为了促进滨海金融机构创新、健全滨海金融服务体系，滨海新区将继续推进租赁业政策创新，形成与国际接轨的租赁业营商环境。加快建设国家租赁创新示范区，建成以飞机租赁为品牌，以船舶、海洋工程结构物、大型装备设备等为特色的走在国际前列的租赁创新基地，打造“东方爱尔兰”。持续提升服务品质，充分发挥天津“专家+管家”式服务创新。加强人文交流环境、金融环境、司法环境等软基础设施建设，营造与国际接轨的租赁生态体系。

继续深化租赁业务创新，建设租赁资产流转平台，加快国家租赁创新示范区建设，巩固租赁产业在全国的领跑优势。牢牢抓住“一带一路”倡议的战略机遇，将租赁、贸易和航运物流等滨海新区的优势产业与国家战略紧密结合，吸引企业以东疆保税港区为平台，参与“一带一路”倡议的国际产能合作。

继续深入推动“天津金改30条”融资租赁相关未落地政策尽快落地，继续扩大已落地政策影响面和受益面，推动租赁收取外币租金试点等具有天津特色的金融支持政策持续深入，形成第二批、第三批特色政策储备。鼓励天津融资租赁企业抓住有利时间窗口期，利用境外低成本资金收购境内外高标准资产，提升资金池管理水平，引导全行业充分利用自贸政策先行先试优势向纵深发展。

滨海新区将积极搭建全国性的租赁资产流转平台，开展租赁物权属登记查询和司法保障、融资租赁公司兼营保理试点等10余项政策试点和业务模式创新，进一步打造与国际接轨的租赁业发展环境，迎接租赁业发展新浪潮。

建立融资租赁行业风险指数，加强对全行业风险的监测、分析、评估和预警，切实守住不发生系统性风险的底线。引导租赁公司合理匹配资产和负债期限，综合考虑资产处置能力，有效控制流动性风险。探索建立租赁信用保险体制，增加租赁公司抵抗风险手段。建立融资租赁行业金融监管指标体系和分类评级制度，加强对融资租赁公司、金融租赁公司违法违规行为的微观监管。加强对售后回租跨境资金流动风险管理，在宏观审慎框架下通过系数调节适度控制售后回租企业外债额度，提升公开市场发债门槛条件等。

推动建立租赁资产交易市场。根据标的物差异分类，探索完善租赁物所有权登记体系。建立大容量的租赁合同和租赁物信息数据库，进行数据统计、加工，建立数据统计体系，逐步提升统计口径的标准化程度和外部数据的可得性。引导租赁企业充分利用ABS完善资产管理，加速资金流转。在证券化产品设计中细化优先、次级、劣后级别，并引入政府引导基金或政府参股评级机构买入次级或劣后份额作为增信。探索建立天津租赁资产交易所，建立做市商制度，鼓励达到一定条件、符合资质的租赁企业入场交易，推动租赁资产交易有形市场发展壮大。

设立互联网金融企业的准入门槛，金融业务实行牌照准入制度。对不同条件企业适当区分，设立分类分级、由易到难的业务范围。必须有一定规模比例的持续的自有资本金，客户资金必须严格实行第三方存管制度。完善互联网金融监管政策，加强互联网金融行业的进入和退出管理，引导互联网金融朝着最低管理风险、最大社会福利的方向发展，创造良好的政策和市场环境。

B.4
滨海金融市场创新

摘　要：　2016年，滨海新区各类型金融市场发展有序。国家自创区投贷联动试点落地，天津科技金融中心升级改造完成，股权交易所设立专项投资基金并打造“产学研”转化平台，天津高新技术产业开发区与天津滨海柜台交易市场开展全面战略合作，滨海新区采取13项措施支持企业上市融资，融资租赁市场取得新进展。另外，本报告对滨海金融市场创新的成因进行了分析。中小企业与新企业对股权融资的需求，相关交易平台的建立和完善，滨海新区自身的区域性定位与优势，以及天津股权交易所设立以来取得的长足进展，为滨海金融市场的创新提供了条件。最后，对滨海金融市场创新的前景进行了展望：继续支持投贷联动试点，贯彻落实京津冀协同发展重大国家战略，探索构建具有天津自贸区特色的全新生态模式，深入推动“天津金改30条”融资租赁相关未落地政策尽快落地，引导行业融资模式不断完善，加强融资租赁行业风险监管，推进完善融资租赁行业发展配套体系，推动建立租赁资产交易市场，加强互联网金融企业自身信用建设。

关键词：　金融市场　投贷联动　融资租赁

一　滨海金融创新的基本情况

（一）天津国家自创区投贷联动试点落地

为了积极鼓励银行业金融机构在投贷联动业务上进行创新，为科技创新企业注入连续的资金支持，2016年9月，天津高新技术产业开发区出台了《天津国家自主创新示范区支持投贷联动试点的六条政策（试行)》，于是天津市成为我国5个投贷联动试点区域中，第一个正式实现政策落地的地区。

投贷联动指的是银行运用设立类似风险投资公司或风险投资基金的方法，为创新企业提供资金上的支持，并建立在严格的风险隔离机制的基础上，来达到银行业的资本性资金及早参与的目的。在恰当时候，还运用信贷投放等方法对企业给予信贷资金支持。

天津高新技术产业开发区是国家自主创新示范区，也是第一批投贷联动试点区域之一。此次投贷联动六条政策涉及六方面内容：信息平台、鼓励落户、投资奖励、风险分担、信贷奖励、企业贴息，这在实际上是降低了科创企业融资标准，意味着天津国家自主创新示范区投贷联动试点总体步入落地实施时期。

（二）天津科技金融中心升级改造完成

2016年6月，天津科技金融中心举办了升级启动及进驻机构签约仪式。该中心是天津实力最强的新三板全产业链服务机构，拟建立4大平台12子系统，主要进行资源梳理整合，目标是破解新三板拟（已）挂牌企业的融资难题，促进天津多层次资本市场的成长和发展，在将来继续奋力促进越来越多的新三板企业走向达沃斯论坛。

（三）天津股权交易所设立专项投资基金

滨海新区开发开放提升到国家级层面后，形成了以市场为主导，充分发挥要素市场作用的市场体制，寻找金融市场建设的新路径，为我国金融改革提供经验和发挥模范效应。天津股权交易所设立全国首个市场专项投资基金，开创了我国场外交易市场用“交易所 + 基金”的模式来为企业提供投融资服务的新局面。

天津股权交易所具有滨海新区开发开放和金融改革创新先行先试的地区优势，奋力建设中国多层次资本市场体制的基础层级和努力成为最迎合中小微企业需要的交易所，为中小企业和成长型企业给予效速质优的股权投融资服务。

截至2016年6月末，天津股权交易所已筛选出第一批达到投资要求的13家天津企业，将会给企业提供100万到1000万不等的专项投资基金。这项投资基金将成为企业新的融资渠道，成为实现企业跨越式成长的重大动力，让优质的中小微企业得到快步成长。目前，该基金在天津市场进行试点，会在2017年底推广到全国市场。

（四）天津自贸区打造“互联网＋金融＋产业＋港口”新生态

2016年3月，天津中合圣达供应链服务有限公司在天津自贸区天津港东疆片区正式成立。该公司由中合圣达投资控股（大连）股份有限公司与天津港国际物流发展有限公司合资设立，利用天津自贸区特色和天津港优势，将建立“互联网＋金融＋产业＋港口”的全新生态模式。

天津中合圣达的投资方中合圣达投资控股（大连）股份有限公司与天津港国际物流发展有限公司，分别是中国供销集团大连再生资源交易所和天津港（集团）有限公司所属的控股子公司。天津中合圣达和天津国际物流园有限公司、天津天元伟业有限公司签订了战略合作协议，三方将集中优势资源，利用金融、物流、贸易等资源优势共同搭建服务于平行进口汽车产业的供应链综合服务平台，进一步为天津口岸中小车商的融资与贸易提供便利。

（五）天津股权交易所打造“产学研”转化平台

2016年11月，天津股权交易所同南开大学、天津城建大学以及天津职业技术师范大学3所高校签订合作协议，将共同在天交所市场打造一个科研成果和技术专利的展示、交流、转让平台，共同促进“产学研”结合与转化，从而为中小微企业提供资本市场的增值服务。

高等院校是科研技术成果转化的重要平台，也是促进高新技术产业进一步成长的重大动力。知名大学与交易所共同推动对中小微企业的增值服务，是科技与金融相结合的又一大创新举动。在此之前，天津中医药大学、天津科技大学和天津农业大学也和天津股权交易所签订了合约。到目前为止，这个平台已经和6大高校形成合作关系。

（六）天津高新技术产业开发区与天津滨海柜台交易市场开展全面战略合作

2016年11月，在天津市高新区的海泰大厦举行了天津高新技术产业开发区管委会与天津滨海柜台交易市场（简称“天津OTC”）战略合作协议签约仪式和“天津OTC高新区运营中心”成立仪式。高新区打算投入5000万元专项资金来鼓励企业参与到多层次资本市场的建设中。一期建设“天津OTC高新区运营中心”，采用政府支持、市场运营、开放服务的形式，打造兼具政策宣传、市场推广、中介评价、企业辅导、融资对接的全方位服务场所，促进OTC市场服务的落地实施。

（七）滨海新区13项措施支持企业上市融资

为了进一步抓紧国家大力促进多层次资本市场发展的有利时机，推动滨海新区资本市场稳健成长，提升直接融资占比和资产证券化比率，天津市滨海新区于2016年2月制定了有关促进滨海新区企业上市融资的快速发展相关政策，通过成立专项资金、推动企业股份制改革、减免相关税费、建设企业上市后备资源库等13项方法来促进新区企业进行上市融资。

为鼓励滨海新区的企业实行改制、挂牌、报备、上市、重组等活动，滨海新区成立了支持企业上市融资专项资金，主要用于对改制补贴、挂牌补贴、上市补贴、重组补贴等进行专门补助，以及团队奖励、培训活动补贴和支付中介费等。同时会一次性给予在上海、深圳证券交易所和境外证券交易所进行IPO并上市的企业300万元的补助。

（八）融资租赁市场取得新进展

近年来，金融支持天津融资租赁规模持续增长，行业龙头企业、产业链核心企业加速聚集，天津渤海租赁有限公司、工银金融租赁有限公司注册资

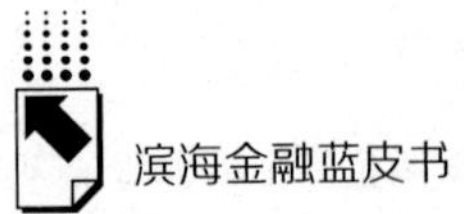

金分别居全国融资租赁企业、金融租赁公司注册资金首位，租赁创新业务出现境内外币租赁资产证券化、境内外币支付售后回租设备价款业务等多个全国首单。截至2016年9月末，天津市注册融资租赁公司1111家，较2015年末增加414家，注册资本达4329亿元，较2015年末增加61.3%。天津市融资租赁合同余额约为16700亿元，占全国的33.74%[①]。

融资租赁行业形态及业务领域日趋多样。为适应不同类型业务开展需要，融资租赁公司在天津布局成立了项目公司、总部公司等多种形态机构。同时，天津融资租赁逐步形成飞机租赁、船舶海工租赁、基础设施和大型设备租赁、汽车租赁四大板块。截至2016年9月末，作为天津融资租赁产业发展高地的天津自贸试验区共完成近780架飞机、90台发动机、近90艘国际航运船舶、8座海上石油钻井平台的租赁业务，租赁资产累计总额超440亿美元，约占全国租赁资产总量的10%。

融资租赁业务创新潜力加速释放。天津东疆保税港区先后对单机单船公司、保税租赁模式等多种创新型租赁模式进行试点，在开发出30余种创新结构的基础上，形成了“融资租赁+金融租赁+金融机构”多方联合的业务模式，并积极探索“互联网+融资租赁”新模式，实现了多项创新业务的突破。如工银金融租赁有限公司以经营租赁方式与尼泊尔喜马拉雅航空公司完成国内首单飞机离岸租赁业务，华融金融租赁有限公司通过东疆的SPV公司与境外公司完成了国内首单船舶售后直租业务。

融资租赁行业融资模式持续丰富。受当前国际资本市场影响，境外资金成本持续攀升，融资租赁企业逐步探索以创新融资方式、增加营运资金及提高资产流动性为目标，积极开拓创新多元化的融资渠道。如中航纽威（天津）融资租赁公司开创了中国境内租赁公司与EDC这一境外国家级出口信贷机构直接融资的先河。中飞租融资租赁有限公司联合中诚信国际信用评级有限公司和浦发银行天津分行，发行了5年期、金额为3.4亿元的中期票据，成为天津自贸区乃至国内第一家发行中期票据的飞机租赁

① 资料来源：中国租赁联盟官网 www.zgzllm.com。

公司。

融资租赁行业发展环境不断优化。在行业规划方面，天津市政府于2016年先后出台了《关于支持企业通过融资租赁加快装备改造升级的实施方案》《天津市融资租赁业发展“十三五”规划》，对推动天津形成融资租赁业先行先试政策高地、打造与国际接轨发展环境提出了纲领性要求。在自贸试验区建设层面，天津自贸试验区在扩大融资租赁企业经营范围、降低融资租赁市场准入门槛等方面出台了多项优惠政策。此外，法律、税务等中介服务、专业化产业发展基金等其他配套服务体系不断得到完善。

二　滨海金融市场创新的成因分析

对中小企业与新企业而言，股权融资的可得性至关重要，这是因为企业研发资金主要依靠外源融资，更广泛地说，股权融资与经济增长密切相关。而债务融资超过一定的门槛值，会导致经济增长速度下降，而股权可以通过降低杠杆率来提高企业和经济系统的稳定性。这些经济特征表明，需要发展多层次资本市场，而取消有利于债务融资的税收偏向等政策措施（Heil，2017）[①]。金融市场不仅通过影响生产成本的外部融资而影响实体经济，而且其对初始成本的外部融资影响对于宏观经济的波动也非常重要，同时，企业进入（新企业数目）的变换是金融市场向实体经济传递的一个重要渠道（Bergin et al，2014）[②]。

近年来，我国金融产品的数量和品种不断增加，建设和完善有关交易平台越来越变为我国金融基础设施建设的迫切任务，也是金融市场体制改革创新与积极发展的必需内容。稳健促进滨海金融市场改革和发展，更大程度上用市场力量来引导利率和信贷资源的合理分配，能够丰富滨海金融市场与中

① Heil，M.，“Finance and productivity：A literature review”，*OECD Economics Department Working Papers*（2017）：1374.

② Bergin Paul，Ling Feng，Ching-Yi Lin（2014），“Financial Frictions and Firm Dynamics”，*NBER Working Paper*（2014）：20099.

国金融市场的流动性和可交易金融工具的多样性。滨海金融市场创新发展，不但要促进市场效率的提高，进一步实现价格发现功能，更好地配置金融资源，促进实体经济发展，为推动供给侧结构性改革打下坚实的基础；而且要健全各种法规和交易制度，进一步加强市场纪律约束，着实防范和降低金融风险，促进宏观金融体系的稳健与健康发展。

区域金融市场功能的发挥取决于其自身的区域性定位与优势。天津被国务院定位为全国先进制造研发基地、北方国际航运核心区、金融创新运营示范区、改革开放先行区。天津的制造业实力比较强，在产业链条方面，天津目前主要着力于加工制造，上游和下游产业都相对比较落后。从产权看，在天津发展较好的制造业大多是央企、国企，或国有控股和外企，民营企业发展较差，阻碍了技术创新与扩散创新的潜在发展，因此，应大力推动民营企业的改革和创新发展。然而，只有在金融市场交易中的交易双方进行相互博弈才能实现民营企业资产内在价值的厘定，也就是必须以该企业有关的金融资产由市场交易所形成的价格作为依据来估价。但在一定程度上，金融市场的定价功能也由市场的完善程度和效率来决定，金融市场的定价功能促进市场资源配置功能的更好发挥。区域金融市场在定价机制方面进行深层次的创新，有助于民营企业资产的合理定价。

天津股权交易所设立以来，取得了长足进展。作为国内第一个股权交易市场，首先打破区域分割，面向全国提供服务，推出内部分层机制，将股权挂牌，按企业成长阶段划分为主板、成长板和创业板，并设置转板通道。截至2016年末，天津股权交易所已挂牌企业实现各类融资超过300亿元。滨海新区以市场为主体，充分利用资金要素市场效应，促进天津股权交易所、滨海柜台交易市场的茁壮成长，加快碳排放权等交易市场建立，进一步推动建立大宗商品及其金融衍生品交易的柜台交易市场，让金融生态环境更加完善，鼓励金融创新，释放创新活力，为实体经济提供更多的金融产品和更优质的金融服务，由此推进金融业的发展与民营企业的壮大，成为中小企业的融资服务中心、规范的园地、资源整合及展示的平台以及资本市场专业机构服务对接中小型企业需求的有效渠道，推动了实体经济的发展。

三　滨海金融市场创新的前景展望

在支持投贷联动试点方面，天津高新技术产业开发区拨出2亿元专项资金，主要用于投贷联动试点工程。为实现2017年底前不少于100家企业可以得到投贷联动业务融资的目标，企业可以通过资本结构调整来缓解其企业生产所遭受的外部冲击。

在贯彻落实京津冀协同发展重大国家战略与实现天津的功能定位方面，作为加快实施京津冀协同发展的重要举措，天津自贸区要努力成为京津冀协同发展高水平对外开放平台，要进一步强化对京冀等周边地区的辐射带动作用，不断扩大自贸试验区政策外溢效应。一是探索建立具有国际竞争力与行业领先水平的多元化金融机构体系，服务于京津冀协同发展和京津双城联动发展目标。二是大力发展新金融，促进金融资源集聚，鼓励新型金融机构契合京津冀协同发展战略大力开展金融创新。三是积极搭建服务平台，包括建立区域金融合作机制、统一的信用评价体系、区域同城支付清算系统等，促进金融互联体系的形成与发展。四是努力推进多层次资本市场体系建设，建立京津冀商品期货、期权及要素市场，形成并不断提高京津冀价格指数的影响力。五是天津市将通过财政引导设立海河产业基金，实现财政资金资本化，按照“专业化、市场化、国际化”运作方式，放大政府资金撬动效应，推动社会资本形成，为做强、做大先进制造业提供重要的资金支持。

在探索构建具有天津自贸区特色的全新生态模式方面，天津中合圣达供应链服务有限公司将以大连再生资源交易所大宗商品现货交易平台为基础，创新运用贸易融资、资金结算、物流配送、信用保障以及现货交易功能，积极探索构建具有天津自贸区特色的“互联网+金融+产业+港口”全新生态模式，推进陆港物流、保税仓储和现货交易及信息、金融和港口服务全面提升与发展，形成汇聚信息流、资金流、商品物流的大数据运营平台，从而促进天津口岸进出口贸易发展。与此同时，该平台还将充分依托中国供销集团和天津港的行业优势与地域优势，通过创新商业模式，整合国际、国内多渠道金融资源，将港口物流与商品交易有机结合，不断拓展矿产资源、金属资源以及再生资源等大宗商品供应链服务领域，全面打造兼顾供应链协同服务与供应链金融服务的在线供应链综合服务平台。

继续深入推动“天津金改 30 条”融资租赁相关未落地政策尽快落地，继续扩大已落地政策影响面和受益面，推动租赁收取外币租金试点等具有天津特色的金融支持政策持续深入，形成第二批、第三批特色政策储备。鼓励天津融资租赁企业抓住有利时间窗口期利用境外低成本资金，收购境内外高标准资产，提升资金池管理水平，引导全行业充分利用自贸政策先行先试优势向纵深发展。

引导行业融资模式不断完善。在间接融资方面，引导银行创新产品模式，改善融资可得性。在直接融资方面，鼓励租赁企业利用境内金融市场、境外金融市场、离岸市场、自由贸易账户资金等多种形式，开辟新的资金来源和渠道。在宏观审慎框架下，通过参数调节对直租业务占比较大的租赁企业给予更高的外债借用额度。另外，继续研究论证使用外汇储备支持融资租赁发展的可行性。探讨使用外汇储备资金在国家支持的重大项目中使用，参与具有较好流动性、安全性的租赁股权、债券等资产交易，寻找外汇储备运用与融资租赁行业发展的最优结合点。

加强融资租赁行业风险监管。研究建立融资租赁行业风险指数，加强对全行业风险的监测、分析、评估和预警，切实守住不发生系统性风险的底线。引导租赁公司合理匹配资产和负债期限，综合考虑资产处置能力，有效控制流动性风险。探索建立租赁信用保险体制，增加租赁公司抵抗风险手段。建立融资租赁行业金融监管指标体系和分类评级制度，加强对融资租赁公司、金融租赁公司违法违规行为的微观监管。加强对售后回租跨境资金流动风险管理，在宏观审慎框架下通过系数调节适度控制售后回租企业外债额度，提升公开市场发债门槛条件等。

推进完善融资租赁行业发展配套体系。继续完善企业征信环境，降低企业接入中国人民银行企业征信系统的综合成本，简化审核流程和材料。优化系统功能，细化企业信用报告内容，为融资租赁业务设立专用模块，纳入租金还款等信息，全面体现企业融资租赁业务开展情况；下放租赁企业接入征信系统的审批权限，授权企业所在地分行审批接入。支持租赁行业人才培养，加强专业队伍和人员建设，为专业人员引进和长驻提供支持。继续完善司法环境、会计环境等配套体系建设。继续完善税务环境，为旧标的物处置能力较强的企业提供资金支持和优惠的税收政策。

推动建立租赁资产交易市场。根据标的物差异分类，探索完善租赁物所有权登记体系。建立大容量的租赁合同和租赁物信息数据库，进行数据统计、加工，建立数据统计体系，逐步提升统计口径的标准化程度和外部数据的可得性。引导租赁企业充分利用 ABS 完善资产管理，加速资金流转。在证券化产品设计中细化优先、次级、劣后级别，并引入政府引导基金或政府参股评级机构买入次级或劣后份额作为增信。探索建立天津租赁资产交易所，建立做市商制度，鼓励达到一定条件、符合资质的租赁企业入场交易，推动租赁资产交易有形市场发展壮大。

建立健全互联网金融企业信用体系，依法自觉公开接受社会评价监督，加强社会信任度和公众认可度，为自己形成良好的社会形象。进一步强化客户信息的搜集、甄别和整理工作，形成完备的客户信用识别系统和认证机制，有利于对客户信用和风险能力进行有效判别。进一步合理化互联网金融操作模式和步骤，切实保护资金交易双方相关利益，提高资金安全、客户互信以及出现信用麻烦时的处理幅度，推进形成相互信任的互联网金融市场。

进一步确认互联网金融主体的法律性质和功能定位，可以借鉴传统金融有效的制度。提倡和促进依法合规经营。要依法得到金融业务许可，依法合规拿到金融资质。设定合理的互联网金融企业的准入标准，金融业务实行牌照准入制度。对不同条件企业进行有效区分，形成分类别、分级别、由易到难的业务层次。同时，必须保有一定规模比例的持续的自有资本金，对客户资金需要严格执行第三方存管制度。

B.5

滨海金融对外开放创新

摘　要：随着人民币在国际贸易、跨国投融资与国际储备等方面的使用越来越广泛，滨海金融有序对外开放创新的步伐逐渐加快。2016年，滨海新区金融监管部门积极谋划、协同推进、强化落实自贸区相关对外开放政策，天津自贸区金融改革有序开展。扩大人民币跨境使用、深化外汇管理体制改革、促进融资租赁业等金融对外开放创新业务落地成效显著。对外开放创新可以促进人民币在全球金融中的使用，并提升企业的资金使用效率，本报告提出建议：为实现这一目标滨海新区要逐步完善自贸区建设体制机制，进一步深化外汇改革，探索打造人民币国际化试验田，进一步推动滨海新区对外经济发展。

关键词：对外开放创新　外汇改革　人民币国际化

一　滨海金融对外开放创新的基本情况

2016年，滨海新区金融监管部门积极谋划、协同推进、强化落实自贸区相关对外开放政策，天津自贸区金融改革有序开展。“天津金改30条”多项政策得到迅速推广实施，截至2016年12月末，天津自贸区金融改革创新核心政策54项具体措施中，已落实和部分落实37项，占核心政策的60%多。扩大人民币跨境使用、深化外汇管理体制改革等金融对外开放创新业务落地成效显著。

（一）扩大人民币跨境使用

支持区内企业通过跨境人民币贷款缓解资金压力，充分享受融资便利化的实惠。截至 2016 年 4 月末，累计办理跨境人民币外债签约登记 50 笔，外债签约总额达 181 亿元；推动跨境人民币资金集中运营业务，自天津自贸区挂牌至 2016 年末，人民币资金池结算量达 238.17 亿元，为企业架通了国内外资金桥梁；为境外机构办理人民币与外汇衍生产品交易，更好地满足市场主体规避汇率风险和套期保值的需求，自天津自贸区挂牌至 2016 年末，累计为境外机构办理外汇衍生品交易金额超过 8 亿美元；天津自贸区内银行加强同海外分行联动，向境外发放人民币贷款业务规模不断扩大，自天津自贸区挂牌至 2016 年末，共发放人民币贷款 255 笔，累计金额达 134.64 亿元。

（二）深化外汇管理改革政策落地占比最高

直接投资外汇登记业务由区内外汇指定银行办理。自 2015 年 6 月至 2016 年 12 月末，全市金融机构累计为区内企业办理外商直接投资（FDI）和境外投资（ODI）项下外汇登记 551 笔，累计金额达 441.5 亿美元，企业投资便利化程度明显提升；货物贸易 A 类企业贸易外汇收入无须开立待核查账户，自天津自贸区挂牌至 2016 年末，区内货物贸易 A 类企业共计 54149 笔、122.9 亿美元的贸易收入直接进入企业结算账户；资本金、外债实行意愿结汇，自 2015 年 6 月至 2016 年 12 月末，共办理资本金意愿结汇业务 69 笔，累计金额达 4.1 亿美元；外债意愿结汇业务 14 笔，累计金额达 6.5 亿美元；实施外债宏观审慎管理政策，自政策下放至 2016 年末，共办理全口径宏观审慎外债签约登记 15 笔，签约金额共计 2.7 亿美元。其中中资企业借用外债 12 笔，签约金额累计超过 2.5 亿美元。

（三）促进融资租赁业对外开放的创新

允许融资租赁类公司境内收取外币租金，融资租赁收取外币租金业务稳步增长，截至 2016 年末，天津自贸区 72 家融资租赁公司开展融资租赁项目收取外币租金业务435笔，金额达9.2亿美元；东疆成为全国唯一获批经营性租赁收取外币租金的试点区域之后，经营租赁收取外币租金业务继续保持增长势头，截至2016年末，共有30家银行为自贸区内150余家租赁公司办理经营性租赁收取租金业务，累计1437笔，累计金额达13.3亿美元；售后回租支付外币价款业务保持平稳；中飞租融资租赁公司和另外一家融资租赁企业被选为主办企业，还具备了办理外汇资金集中运营试点业务资格，其中中飞租融资租赁公司作为自贸区首家外资融资租赁公司被列入试点企业名单，目前相关业务系统已搭建完毕并通过测试。中飞租融资租赁有限公司将作为主办企业集中管理46家成员公司外汇资金集中运营管理业务，开展境外外汇资金境内归集、境内外汇资金集中管理、外债额度集中调配以及经常项下集中收付业务。

跨国公司外汇资金集中运营管理，为企业提供了全球统一视图，实现了全球化、区域化、本地化的资金统一调拨和集中管理，能够有效满足企业统筹使用境内外外汇资金的需要，有利于企业充分利用国际、国内两个市场高效配置资源和服务实体经济，促进贸易投资便利化。以个案推动为着力点，加快融资租赁政策创新。中国农业银行天津自由贸易试验区分行、汇众（天津）融资租赁有限公司和农银金融租赁有限公司三方合作，在国家外汇管理局滨海新区中心支局政策指导之下，成功办理首笔联合租赁业务。该项业务为注册在东疆保税港区内的汇众（天津）融资租赁有限公司和农银金融租赁有限公司共同出资购买海洋工程装备资产，并以融资租赁方式交于境外承租人使用；支持融资租赁企业优化资产结构，促成首笔融资租赁资产跨境融资业务，进一步拓宽资金渠道；创新融资租赁母子公司共享外债额度新业务模式，成功解决融资租赁母子公司资金需求错配难题。

（四）全面提升贸易及投融资便利化

一是在天津自贸区设立之后，天津港东疆片区、滨海新区中心商务片区、天津机场片区等三个片区全部建立了集中统一的行政审批机构，实施“一颗印章管审批”，承接了241项市级审批和服务事项，实现了“自贸试验区的事，自贸试验区办”，审批效率提高75%。二是直接投资外汇登记下放外汇指定银行办理，行政审批时限由最多5个工作日缩减至申请当天办理完毕。三是自贸区内A类企业货物贸易收入无须开立待核查账户，取消了银行对贸易收入进行联网核查的环节，企业资金使用效率最高提升90%以上。四是推进外汇宏观审慎管理，拉平中外资企业境外融资的国民待遇，进一步拓宽企业融资渠道。目前共有13家中资企业提出跨境融资意向，某大型央企成功完成首笔跨境融资业务备案，且外债资金在备案登记后20余天已全额入账，涉及金额达2000万美元。

（五）外资金融机构入驻滨海新区

1. 首家台资银行自贸区分行落户天津空港经济区

2016年7月，富邦华一银行天津自贸区支行在天津空港经济区（天津自贸区机场片区）正式成立。富邦华一银行投资方为台湾第二大上市金融控股公司富邦金控集团，是一家从事综合性金融服务业务的台资银行，也是首家由台湾投资在大陆组建的商业银行。该行秉承“立足海峡两岸，积极服务台商”宗旨，在增进两岸经济金融交流合作方面发挥了积极作用。富邦华一银行天津自贸区支行成立后，将积极服务实体经济、助力京津冀协同发展，并在支持航运金融和融资租赁特色产业等方面实现更大突破，推动两岸经济共同发展。截至目前，空港经济区已经聚集中外各类金融机构近300家，拥有中国银监会批准天津自贸区22个金融牌照中的19个。

2. 首个外资互联网金融平台在天津空港经济区上线

2016年4月，天津市首个外资互联网金融平台“美联投”在天津自贸试验区机场片区上线。该平台将借助自贸区的各种优势，利用美国和中国国内资金，共同为天津涉农小微企业解决融资难题。

“美联投”利用天津自贸试验区在金融领域的政策优势，吸引美国资金服务中国涉农区县小微企业建设。目前，公司已经与蓟县、静海等区县开展对接，用国际金融优势服务新型城镇化建设。农户可以将投资需求如实反映给村委会，再通过网上平台直接提交信息，审核通过后一两天就能通过转账

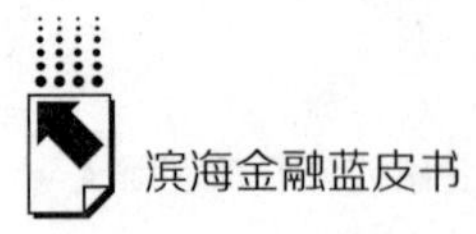

汇款等方式得到急需的资金。

3. 两家知名外企进一步扩大在华业务

2016 年 10 月，永旺梦乐城中国投资有限公司新增资 1.95 亿美元，增资后公司注册资本达到 5.37 亿美元。永旺集团是由 300 家公司组成的综合零售及服务企业集团，是日本最大的零售业集团，主要以经营购物中心、综合零售业、金融服务为主，还从事专卖店、物业服务、便利店等业务。

2016 年 11 月，捷信消费金融公司新增资 11 亿元，增资后公司注册资本达到 44 亿元。这是捷信继 2016 年 1 月增资 15 亿元后本年度的第二次增资。捷信消费金融公司于 2010 年 11 月在天津开发区成立，初始注册资本为 3 亿元。该公司是中国第一家外资消费金融公司，也是首批四家消费金融试点公司中唯一的一家外商独资企业。

4. 科瑞国际融资租赁落户东疆保税港区

2016 年初，科瑞国际融资租赁（天津）有限公司在东疆注册成立。科瑞国际融资租赁（天津）有限公司将利用东疆的海港口岸优势及自贸区政策优势，开展石油装备、油服设备等系列产品的跨境融资租赁业务。科瑞融资租赁公司是由香港瑞基国际能源有限公司和山东东石钻采设备有限公司共同出资设立的外商融资租赁公司，注册资金为 5000 万美元，主要经营融资租赁、向国内外购买租赁财产、租赁财产的残值处理及维修、租赁交易咨询等业务。

（六）中心商务区与英属维尔京群岛签约

2016 年 10 月，天津市滨海新区中心商务区与英属维尔京群岛（BVI）在中心商务区管委会举办战略合作签约仪式，在既有案例的基础上，双方将在四大方面推动跨境投融资服务业务流程的精致化和精细化，包括渠道上推动投资机构便捷落地，提升投资审批环节便捷化程度，促进境内银行针对不同产业、标的、目的地推出多元化、有针对性的机构产品，完善跨境交易架构设计，使其更加符合国际标准。

二 滨海金融对外开放创新的成因分析

随着人民币在国际贸易、跨国投融资与国际储备等方面的使用越来越广泛，滨海金融有序对外开放创新可以促进人民币在全球金融中的使用，并提升企业的资金使用效率。

契合国家人民币国际化战略。随着我国的商品和服务贸易出口额快速增加，并处于世界前列，人民币在国际贸易中的使用越来越广泛。中国人民银行遵循顺应市场需求、循序渐进、风险可控的主要原则，便利跨境人民币使用，逐步健全政策框架和管理手段，跨境人民币业务逐步得到发展，人民币使用的渠道也不断拓宽。尤其是 2016 年 10 月 1 日，人民币正式纳入了国际货币基金组织特别提款权货币篮子，这是人民币国际化一座重要的里程碑。

在此过程中，企业已经有获取人民币的渠道。除了通过贸易积累人民币，企业也可以在香港发行人民币计价的债券，或者从香港银行直接申请人民币贷款。随着国内金融市场持续发展。中国四大银行均已上市，机构投资者数量正在上升，市场越来越具有多元化和流动性，这些都为外国投资者的进一步参与奠定了基础。人民币在全球金融中的使用与中国国内金融市场的开放密切相连。如果金融资产在中外之间不能很容易地进行转换，外国投资者不可能发行大量以人民币计价的金融产品，而且希望在国际上分散风险的中国投资者目前也面临障碍，这将限制人民币在境外的使用。

滨海新区金融市场有序对外创新，可以提升企业的资金使用效率，表现在四个方面。一是资本金、外债意愿结汇等业务，能够帮助企业合理选择结汇时点，实现结汇资金的最大化。以“8·11 汇改”以来的人民币报价估算，最高可获得近 4000 万元的汇兑收益。二是融资租赁类公司收取外币租金业务试点的落地实施，有利于解决企业资产负债币种错配导致汇兑风险较大的问题，有效规避交易双方的汇率风险。政策实施以来，工银租赁旗下的

SPV 公司共办理经营性租赁收取外币租金业务 257 笔，金额合计达 2.32 亿美元，为企业节约财务成本 2000 余万元。三是跨国公司人民币或外汇集中运营，为企业打通了集团境内外成员企业之间的资金调剂和归集渠道，大大提高了试点企业的资金周转效率。四是境内外币支付售后回租价款等创新试点业务，大幅降低企业汇兑损失，解决了企业租赁款与租金收入币种错配风险问题，对降低企业财务成本、支持租赁资产全球流转、巩固天津融资租赁比较优势发挥了积极作用。

三　滨海金融对外开放创新的前景展望

逐步完善自贸区建设体制机制。在以下四个方面，逐步完善自贸区建设机制。第一，通过建立容错机制，鼓励创新，把制度创新作为核心任务和深化改革开放的主线，用制度体系对接国家战略。第二，植根于企业的实际需求，加强政策宣传培训解读，使政策能让企业真正用起来，提升企业获得感。第三，结合各区产业功能定位重点推进。以天津自贸区为例，如东疆、中心商务区以金融等现代服务业为主，企业对金融离岸功能需求更强，空港以高端制造业类型企业为主，对低成本资金需求更加迫切，对融资、贸易便利化、回流型自贸金融模式需求更大。第四，加强与国内其他自贸区的沟通与交流，共同研讨推进自贸创新政策。

探索打造人民币国际化试验田。推动自贸区新型跨境人民币金融交易市场的建立与发展，建设大宗商品人民币定价体系；支持开展符合自贸区战略定位和 SDR 计价标准的金融工具跨境业务创新，允许境内外投资者进行投资；支持开展电子商务人民币计价结算业务，逐步扩大第三方支付机构办理跨境人民币结算业务范围；在国家外汇管理局的指导下，在合规基础上积极探索个人跨境投融资试点。

进一步推进外汇管理纵深改革。鉴于当前复杂严峻的国际收支及结售汇形势，按照宏观审慎原则，结合“控流出、促流入”的政策精神，先行研究允许自贸区内主体开展跨境流入方向的限额内可兑换业务，待宏观条件具备时再全面落地限额内双向可兑换政策；开展跨境债权转让试点，并在风险可控的前提下，探索跨境债券双向转让新模式，促进境内外信贷市场联通；开展国内外汇贷款改革试点，改进国内外汇贷款管理方式，增强市场主体使用国内外汇贷款的灵活性与自主性；研究资本项目分类管理体系建设，为外汇管理改革提供有益借鉴，全面提高事中、事后监管效率，提升管理和服务水平。

切实加强区域风险监测与防范。一是加快完善自贸区相关金融数据统计工作，构建具有大数据特点的自贸区宏、中、微全方位风险监测与防范体系。二是切实做好对自贸区整体金融运行情况监测，对不同行业及企业主体的经济行为进行跟踪、分析和研判。三是研究加强对自贸区跨市场业务金融风险的监测、分析、预警与防范工作，守住不发生系统性、区域性金融风险的底线。四是完善负面清单管理机制。逐步建立以负面清单管理为核心的外汇管理模式，加快外汇管理方式由事前审批向事后监管的转变，打造稳定的金融生态环境。五是形成全面统一的本外币跨境资金监管政策体系，构建本外币联合监管工作机制。

合理收紧银行境外并购贷款和担保。一是将银行为国内企业提供的境外并购贷款和担保纳入宏观审慎评估（MPA）中跨境业务风险管理，并提高其考核权重，抑制银行对境外并购的资金规模。二是银监部门提高银行境外并购贷款和担保在银行风险加权资产中的风险系数，进而提高银行境外并购贷款和担保的银行核心资本占用，从而抑制银行开展相关业务的意愿。三是引导银行境外并购贷款的并购投向，重点是收紧对非主营业务以及体育、娱乐、酒店、影城等非实体性行业境外并购的信贷投入。

B.6

2016年天津自贸区经济形势分析

摘　要：　天津自贸区的设立为天津改革创新发展提供了新的机遇。2016年，自贸区出口创汇动力不足，全年资金流出压力较大，除境外投资、提前偿还外债外，内保外贷担保履约、境外放款等存在资金流出苗头，但融资租赁产业发展增速明显，并且行业企业形态也在不断丰富。2016年，滨海新区“天津金改30条”多项政策得以迅速推广实施。在政策宣传工作上，各银行严格落实，采取多种措施，收效良好。对于自贸区未来的发展，我们要充分发挥自贸区政策“先行先试”的优势，结合区域实际需求，推进外汇管理重点领域改革，使简政放权、促进贸易及投融资便利化深化到外汇管理的各个环节。

关键词：　天津自贸区　资金流出　滨海新区

2016年，天津自贸区受整体经济形势影响，全年资金流出压力较大，流入动力较弱；滨海新区中心支局积极谋划、协同推进、强化落实，自贸区金融改革有序开展，各项创新业务落地成效显著；账户体系建设、红利效应减弱等问题需持续关注。

一　天津自贸区基本情况及特点

（一）自贸区出口创汇动力不足，飞机进口付汇对货物贸易支出贡献率突出

天津自贸区货物贸易支出季度递增，货物贸易收入保持低位。2016年，

天津自贸区货物贸易收入为96.6亿美元，同比下降13.4%，占滨海新区的29.4%，货物贸易收入季度变动并不明显（见图1）。货物贸易支出为243.2亿美元，同比下降3.4%，占滨海新区的51.6%。据统计，2016年自贸区汽车进口、离岸转手买卖付汇分别为30.12亿美元、43.21亿美元，同比分别下降31.54%、29.06%。受飞机进口付汇大幅增长影响，自贸区货物贸易支出并没有明显下降。天津自贸区作为飞机租赁集聚区，承载了全国绝大部分飞机进口付汇需求，2016年飞机进口付汇总额约为84亿美元，同比增长71.43%。

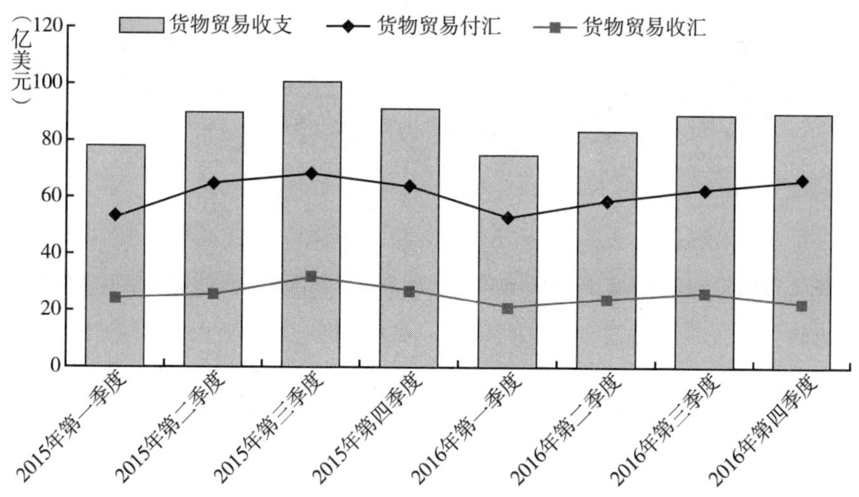

图1 2015年第一季度至2016年第四季度自贸区货物贸易收付汇趋势

（二）企业注册家数及注册资本成下行走势，资金流入降幅明显

2016年，天津自贸区新设企业家数、注册资本及实际资本金流入整体情况相比上年不容乐观，季度下行趋势明显。如图2所示，2016年，天津自贸区货物贸易新增名录企业1267家，同比下降23.2%，占滨海新区的69.4%，同比下降10.5个百分点；新设外商投资企业198家，占滨海新区的85%，注册资本达120.7亿美元，占滨海新区的94.5%，同比

分别下降34.2%、15.5%；实际外资资本金[①]流入为16.7亿美元，同比降幅达55.2%。

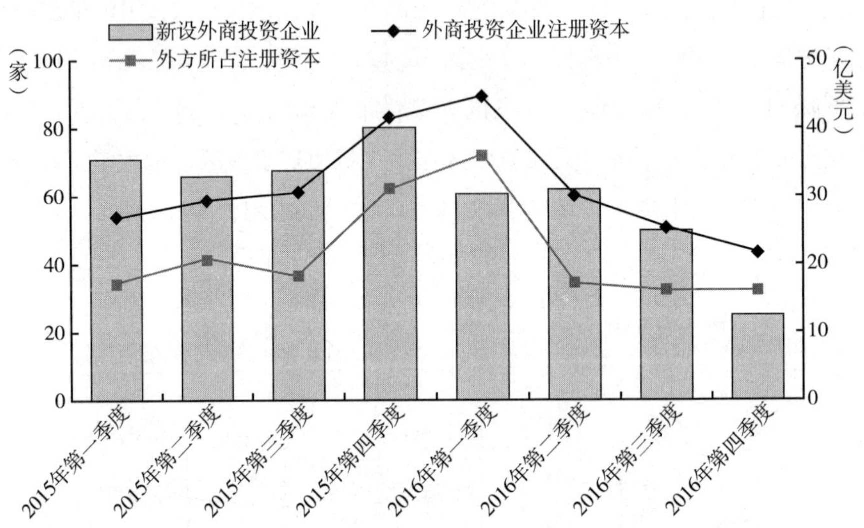

图2　2015年第一季度至2016年第四季度自贸区新增企业及外资注册资本情况

（三）外债签约额与实际流入额同比双降，美元外债占主体地位

2016年，天津自贸区企业外债签约登记125笔，签约金额共计50.93亿美元，同比分别下降12.59%、40.11%，分别占滨海新区业务笔数、签约总额的56.56%、51.92%；实际外债流入为47.12亿美元，同比下降39.34%。主要特点：一是美元外债规模并未受美元升值影响而缩减，2016年自贸区美元外债为43.38亿美元，同比增长12.73%，美元外债占比高达85.17%，较上年增长近40个百分点；二是融资租赁行业外债占比高，租赁企业充分利用境外资金服务实体经济，外债占比为90.16%。天津自贸区允许符合条件的融资租赁、经营性租赁收取外币租金，帮助企业实现了融资租

① 包含新设企业资本金、增资款及外转中转股款等。

赁公司借债—支付货款—收取租金各环节的币种匹配，有效规避汇率风险，很大程度上促进了美元外债的流入。

（四）境外投资资金流出整体节奏把握较稳，外债还本对资本项目支出增长影响较大

2016 年，天津自贸区境外投资支出约为 44.44 亿美元，占资本项目支出的 36.79%。作为全年资本项下控流出重点项目，境外投资剔除两家大额增资并购①与转股并购②影响，全年支出为 9.8 亿美元，同比增长 4.26%，控流出成效较为明显。2016 年，天津自贸区偿还外债支出为 63.31 亿美元，同比增长 70.25%，占资本项目支出的 52.41%，对资本项目的快速增长影响显著。

（五）融资租赁产业发展增速明显，行业企业形态不断丰富

2016 年，自贸区融资租赁企业进出口总额③达 122.97 亿美元，同比增长 50.68%，跨境收支总额达 242.13 亿美元，同比增长 17.48%。东疆金融租赁总部公司实现了零的突破，中铁建金融租赁开业运营，中煤科工金融租赁获准筹建，中车金融租赁等多个金融租赁公司正在积极筹备；专业化子公司也迎来实质性突破，建信金融租赁交通运输专业子公司已完成核名，正在申请筹建；内资试点企业迎来大发展，除 2016 年获批的 7 家内资试点企业外，还有近 10 家租赁公司正在申请内资租赁试点资格。2016 年，民航产业实现利润超过 600 亿元，同比增长超过 10%。未来低成本航空产业的加快发展，将进一步扩大对飞机的需求，预计飞机租赁行业在一定时期内将持续保持良好发展势头。

① 天津渤海租赁有限公司的增资并购项目资金累计流出 16.3 亿美元。

② 天津天海物流投资管理有限公司转股并购项目资金累计流出 18.3 亿美元。

③ 不包含海关贸易方式“5100 成品进出区”。

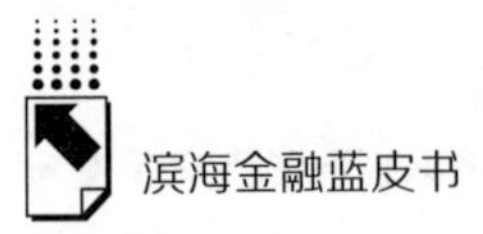

二 天津自贸区金融改革创新工作落地情况

“天津金改30条”多项政策得以迅速推广实施。截至2016年末，天津自贸区金融改革创新核心政策54项具体措施中，已落实和部分落实37项，约占核心政策的三分之二。

（一）扩大人民币使用，促进境内外资金联动，政策稳步实施

一是跨境双向人民币资金池业务发展迅速，自天津自贸区挂牌至2016年末，人民币资金池结算量达238.17亿元；二是自贸区内银行加强同海外分行联动，向境外发放人民币贷款业务规模不断扩大，自天津自贸区挂牌至2016年末，共发放人民币贷款255笔，累计金额达134.64亿元。

（二）深化外汇管理改革政策落地占比最高，业务推进有序

一是直接投资外汇登记业务由区内外汇指定银行办理。自2015年6月至2016年12月末，天津市金融机构累计为区内企业办理外商直接投资（FDI）和境外投资（ODI）项下外汇登记551笔，累计金额达441.5亿美元，企业投资便利化程度明显提升。二是货物贸易A类企业贸易外汇收入无须开立待核查账户。自天津自贸区挂牌至2016年末，区内货物贸易A类企业共计54149笔、122.9亿美元的贸易收入直接进入企业结算账户。三是资本金、外债实行意愿结汇。自2015年6月至2016年12月末，共办理资本金意愿结汇业务69笔，累计金额达4.1亿美元；外债意愿结汇业务14笔，金额达6.5亿美元。四是外债宏观审慎管理政策。自政策下放至2016年末，共办理全口径宏观审慎外债签约登记15笔，签约金额共计2.7亿美元。其中中资企业借用外债12笔，签约金额累计超过2.5亿美元。

（三）支持租赁业发展政策推广迅速，业务规模不断扩大

一是融资租赁收取外币租金业务稳步增长，截至2016年末，天津自贸

区72家融资租赁公司开展融资租赁项目收取外币租金业务435笔，金额达9.2亿美元。二是经营租赁收取外币租金业务继续保持增长势头，截至2016年末，共有30家银行为自贸区内150余家租赁公司办理经营性租赁收取租金业务，累计1437笔，累计金额达13.3亿美元。三是售后回租支付外币价款业务保持平稳，截至2016年末，4家融资租赁类公司办理售后回租项下境内支付外币设备价款累计8笔，金额达2.1万美元。

三　天津自贸区主要工作开展情况

（一）突出政策宣传推广，加深金融创新政策影响力度

发挥前沿哨兵作用，积极拓展政策宣传渠道，有效提升自贸影响力。一是借助传统媒体加强舆论宣传，先后同4家报纸和1家电台建立新闻宣传关系，刊载天津自贸区金融改革创新政策、案例等新闻报道11篇。二是利用新渠道、新载体提高宣传成效，建立“滨海外汇”网站、微信公众平台，制作手机APP宣传片并推进平面媒体宣传片拍摄工作，便于企业了解天津自贸区相关信息。三是引导银行发挥对外宣传优势，下发正式文件要求银行丰富宣传形式、加大政策宣传力度。各银行严格落实，采取多种措施，收效良好。

（二）注重政策贯彻落实，促进企业实体享受政策红利

正确把握政策方向，做好创新政策的落地实施及推动，让企业最大限度地享受政策红利。一是开展多种形式政策培训，组织召开8场政策培训会，并借助政府平台，有针对性地对特色行业、企业主体进行专题培训。二是开展“走企业、听意见、解难题”活动，深入企业讲解政策，切实帮助企业运用自贸区金融改革政策解决实际难题。三是加强银行业务指导，要求在完善创新业务操作规范的基础上，找准市场定位，积极创新契合企业需求的金融产品，实现区域发展与业务拓展的双向促进。

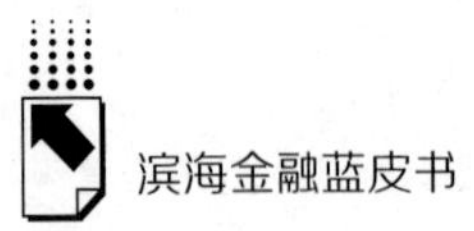

（三）强化政策储备研究，增强自贸区金融改革后劲

夯实理论研究功底，结合区域发展实际广泛搜集政策建议，为自贸区金融改革持续创新增添动力。一是组织编写《中国自由贸易试验区金融改革与实践》，综合理论、数据及典型案例，全面分析自贸区金融改革创新的内涵、历程、成果、困难、挑战、改革方向。二是提高对特色产业的研究深度及广度，成立融资租赁工作小组，丰富活动内容与形式，联合多方力量推进融资租赁前瞻研究、政策方向及风险防范等，并启动《天津融资租赁发展问题研究》一书的撰写工作。三是有序推进金融支持自贸区发展2.0版政策研究，围绕自贸账户体系、融资租赁、跨境保理、平行进口汽车、跨境电商等重点产业开展深入调查，整理政策需求及建议并正式上报上级部门。

（四）深化外汇服务执行，推动外汇管理品牌建设

落实外汇服务履职效能，推行专家式、管家式服务，促进企业发展全程无忧。一是创新提出行政审批“双预管理”，即“预审核＋预授权”① 行政审批模式，并实行外汇业务跨区代办②，有效提高了工作效率，便利了企业外汇业务办理。二是认真落实阳光管理理念，通过液晶屏、展板等对行政许可项目及流程进行公示，并及时更新，提高行政审批业务透明度。三是不断完善服务手段，借助网站、微信平台发布政策法规、业务指南及各类业务表单，制作“一扫汇知”二维码，方便企业快速了解外汇业务知识。

（五）加强数据监测分析，提升风险防范能力

提高防风险意识，认真做好业务监测及数据分析工作。一是切实做好自贸区创新业务及跨境收支数据统计工作，灵活运用现有外汇业务系统，研究

---

① 通过电子邮箱、传真等“线上”方式，对申请人提交的申请材料进行预审，预审合格后当场办理完成。

② 各区域业务窗口可为非本区域注册企业办理相关外汇业务。

设计 118 项创新业务数据提取路径，对自贸区业务开展及跨境收支进行全方位监测。二是以季度外汇形势分析会为依托，开展自贸区形势分析工作，综合反映自贸区外汇业务情况、政策落地情况、工作推动进展及问题建议，力图信息覆盖全面且突出亮点、重点。

四 天津自贸区建设重点关注问题

（一）资金流出形式及渠道复杂多变，本币方面控流出缺乏有效抓手

除境外投资、提前偿还外债外，内保外贷担保履约、境外放款等存在资金流出苗头。如自贸区境外放款项下资金流出呈现新的特点，主要以跨境人民币形式、集中在第四季度流出，资金最终流入中国香港、新加坡。人民币境外放款流出规模排名前四位的均为贸易类公司①，具有较多疑点，如快设快出、资金分拆多笔流出、境外放款规模与注册资本总额严重不匹配等。2016 年 11 月 29 日，中国人民银行发布《关于进一步明确境内企业人民币境外放款业务有关事项的通知》（银发〔2016〕306 号），人民币境外放款业务得到有效控制，自文件发布之日起至今，尚未发生新业务。外汇管理部门对异常人民币资金跨境流动在事后核查定性、处罚环节存在不同程度的困难，影响了“控流出”管理效能。

（二）未来美元升值仍具有较强预期，稳预期工作有待建立长效机制

美元资产无论是投资收益还是汇兑收益，都存在升值预期的基础。一是美国经过多年调整，居民、企业财务杠杆修复明显，未来信贷扩张空间较大；二是美国新一届政府欲降低企业税，将带来企业盈利增长预期；三是随

① 天津优乐昕斐国际贸易有限公司、天津悦尚梦德国际贸易有限公司、天津嘉华卓越国际贸易有限公司及天津嘉华卓展国际贸易有限公司。

着美国经济复苏走强，2017 年美联储加息将是大概率事件。稳预期工作任务艰巨，需上下一盘棋，保证政策传导无偏差。

（三）跨国公司外汇集中运营业务激增，需重点关注后续业务影响

截至 2016 年末，共有 7 家企业获得跨国公司外汇集中运营资格，另有 7 家企业正积极申请备案。跨国公司外汇集中运营作为自贸区创新政策之一，在提高企业便利化及有利于促流入的同时，外汇集中运营资金混淆，增加了银行真实性审核难度，也增加了企业利用政策实现跨境资金摆布的风险，如政策允许集中企业境外放款额度可能增加资金流出风险。

（四）市场自贸账户仍存在较高预期，账户体系建设有待进一步推进

开展的关于自贸区金融改革的调查显示，市场主体对自贸账户体系建设仍然呼声很高。2016 年 11 月，上海自贸区出台的《关于进一步拓展自贸区跨境金融服务功能支持科技创新和实体经济的通知》，基于上海自贸区分账核算体系提出相应改革措施，分账核算单元除具有价格优势外，对自贸区内、外资金形成隔离，有利于在控制风险的基础上实现政策创新。

（五）自贸区红利效应进入瓶颈期，改革优势相对减弱

一是由于时间窗口不理想，自贸区吸引力较强的金融改革政策如限额内可兑换等不能落地实施，在一定程度上影响了自贸区创新优势的发挥。二是随着自贸区创新政策在全国范围内的复制推广，自贸区政策的相对优势逐渐弱化。三是自贸区特有的且落地实施的政策，如融资租赁收取外币租金等，市场主体红利获得感遵循边际效用递减规律呈下降趋势。四是未来新增的 7 大自贸区各具优势，将进一步稀释现有自贸区的吸引力。

五　对策建议

（一）强化本外币一体化监管，打好控流出组合拳

一是完善政策法规体系，确立本外币监管政策基本框架、原则及标准，制定统一的操作规范和管理措施。二是加强中国人民银行和国家外汇管理局的统一协调，打破分币种、按交易项目管理的模式，整合主体基础信息及大数据进行全方位监测，按照主体和流程进行分类管理。三是有效整合本外币业务系统，形成本外币一体的跨境监测系统，对同一主体制定本外币统一的数据统计范围及口径。

（二）提高政策信息透明度，做好做足稳预期工作

一是做好舆论监督，统一宣传口径，加大政策宣传解读，提升政策透明度，避免猜疑形成市场共振，减少恐慌性、投机性购汇行为的发生。二是引导银行配合做好跟踪反馈，重点关注利率、汇率政策的变化对企业生产经营、财务运作等方面的影响，为监管综合施策提供依据。三是定期召开稳预期信息交流会，邀请知名专家预测分析近期国家汇率政策及汇率走势等，以信息透明稳定市场信心。

（三）完善跨国公司外汇集中运营管理，避免出现新的政策风险

一是加强跨国公司外汇集中运营资金流动特别是流出方向的监测预警，提高业务风险的管控能力，做好应急预案储备。二是要求银行严格落实展业原则，做好真实合规审核，发现异常及时向国家外汇管理局沟通上报。三是进一步完善关于跨国公司外汇集中运营风险管理方面的内容，防止企业利用政策漏洞实现异常资金流出。

（四）完善 NRA 账户功能与管理，有序推进账户体系研究建设

结合总局 2017 年外汇管理工作要点，有步骤推进 NRA 账户功能扩展及

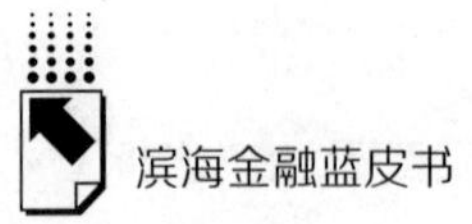

管理制度改革，并进一步探索适合天津自贸区发展特色的账户管理体系。一是结合当前“扩流入”政策方向，允许NRA账户结汇，将境外结汇转化为境内结汇。二是允许利用NRA账户开展掉期业务，强化账户风险管理属性。三是NRA账户存款余额不纳入银行短期外债指标管理，鼓励银行在风险可控的前提下，利用NRA账户存款自主投资。

（五）深耕自贸区前沿阵地，增强市场主体获得感

充分发挥自贸区政策“先行先试”优势，结合区域实际需求推进外汇管理重点领域改革，使简政放权、促进贸易及投融资便利化深化到外汇管理的各个环节。如结合区域发展业态重点加大对保理企业、跨境电商、汽车平行进口等领域的政策支持；提高外汇管理对区域特色产业的支持力度，推动融资租赁及经营性租赁收取外币租金政策扩围；研究改革国内外汇贷款外汇管理政策，提高国内外汇贷款使用的灵活度等。

专 题 报 告

Special Reports

B.7

PPP 融资模式的国内外经验及其对天津的启示

摘　要： PPP 模式作为一种制度变革和创新的方式，对优化资源配置、规范市场秩序和加快政府职能转变等方面起到了至关重要的作用。近年来，随着该模式在我国的大力推广及应用，为政府减轻财政负担的同时也开辟了多元的融资渠道，并通过风险分担、利益共享实现了公共基础设施的快速发展。本报告详细总结了发达国家如加拿大、英国关于 PPP 模式的成功经验，并阐述了国内包括天津市在内的 PPP 融资的发展现状和存在的问题，与前者形成对比，找出差距并结合天津实际问题，提出天津发展 PPP 融资的对策建议。

关键词： PPP 融资　风险分担　制度变革

一　引言

PPP 模式是私人企业与政府部门进行合作的一种模式，指的是私人企业与政府部门为了共同建设某一种基础设施项目，抑或是为了向社会提供某一种公共物品和公共服务，双方签订特许经营权协议，从而达成了一种伙伴关系，并且合同上会将私人企业和政府部门的权利和义务进行确认，有利于两者合作，最终达到一种比先前独自行动更有优势的结果，是 20 世纪 90 年代以来各国最为推崇的模式。根据世界银行的分类，PPP 主要有 3 个大类、数十个小类，3 个大类包括外包类、特许经营类和私有化类，其中较为普遍的是特许经营模式，以往的 BOT、BOO 模式都是 PPP 的传统模式。与传统的融资模式相比，PPP 的主要精髓是“合作”，即私人部门与政府的合作成为 PPP 模式的主要核心，以往本该由政府单独提供的公共产品及服务现在有了私营部门的参与，公共部门和私营部门各自的优势都得到了充分发挥，社会资源也得以优化配置。

PPP 融资模式大体上可以划分成为外包、私有化和特许经营三大类型。

外包类型模式：外包类型模式通常在 PPP 融资模式中，绝大部分资金是由政府部门提供的，其负责的职能也较多，私人部门负责的职能则较少。举例来说，私人部门主要是受政府部门的委托来管理维护基础设施以及负责工程建设，并且由政府支付费用，以此来获取收益。在此类型的 PPP 融资模式中，私人部门所承担的风险相较政府部门来说比较低。

私有化类型模式：在此模式下，私人部门则成为 PPP 项目的主要投资者，政府充当维护者，项目所花费的成本则主要靠收取使用者用户费来回收，并以此获取利润。私人部门的所有者身份令其丧失有限追索的特征，也使其承担的风险相当高。

特许经营类型模式：在此模式下，私人部门与政府构成了一定的合作机制，其中私人部门负责部分或者全部的投资，而政府部门也需要分担项目建设过程中的风险，以及共享项目中的收益。由于需要分配好利润和项目公益性，特许经营的公司会向公共部门给予一定的补偿即缴纳特许经营费。所以，特许经营类型项目能否能够获取成功主要取决于政府相关部门的管理水平。

由中标单位组成的公司与公共部门签订特许经营协议是 PPP 模式的一个典型结构模式。在此模式下，政府部门给予了私营公司长期的特许经营权和收益权，由特殊目的公司负责融资、建设及经营，合作式进行基础设施建设。如图 1 所示，PPP 融资模式运作共有三大步骤。第一个步骤是构成具有特殊目的的公司。由政府与私人部门根据所给的建设项目组成特殊目的公司，双方拟定协议后，公司就进行项目设计、融资、建设以及运营。政府在建设期到期后接管公司转交的项目。第二个步骤是政府资金的介入。政府对特殊目的公司投入一部分本金，这种专项资金仅占总本金的很少部分，但就是这很少的资金却在项目筹集资金阶段能起到了很大地增加信用的作用，融资时间成本也得以降低。第三个步骤是社会资本的介入。社会资本主要有两个途径参与 PPP 项目建设：一是入股公司的形式；二是银行向特殊项目公司发放贷款，公司发行企业债、公司债等方式。

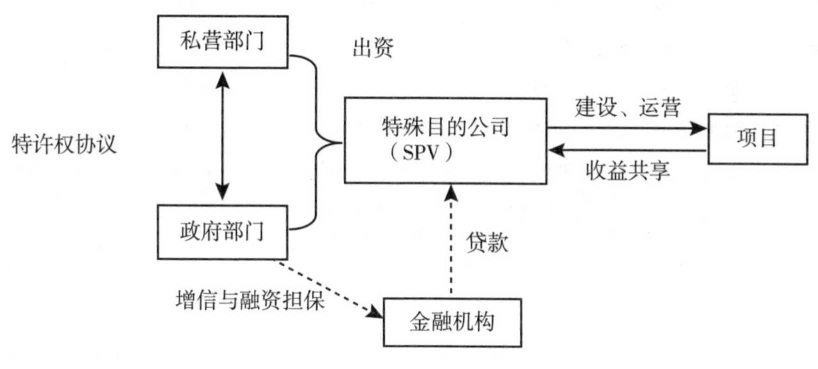

图 1　PPP 融资运作模式

PPP 融资的作用有 3 条。

（1）缓解财政支出压力和分散风险。近年来，众多的公共项目投资急需我国地方政府的资金投入，然而资金却供不应求。据财政部和国务院研究发展中心测算，当我国 2020 年城镇化率达到 60% 时，投资需求将预期达到

42 万亿元，为了满足日益膨胀的需求，具有可持续性、多元化特性的资金保障制度是新型城镇化必须建立的。根据《国务院关于加强地方政府性债务管理的意见》（国发〔2014〕43 号文）和《地方政府存量债务纳入预算管理清理甄别办法》（财预〔2014〕351 号文）等相关规定推断，未来地方政府性债务主要由三大部分构成，即一般政府债、专项政府债以及 PPP 项目负债。PPP 模式吸引来的社会资本，一是增加了财政预算，进而减少财政的部分债务（见表 1）；二是对 PPP 项目的建设和管理水平具有促进作用，从而更有助于政府和私人部门扬长避短，资源利用配置效率也能够逐步提高；三是通过降低单一主体的风险，达到对项目建设风险分散的效果。

表 1　全国固定资产投资资金来源

单位：亿元

年份	全社会固定资产投资	国家预算资金	国内贷款	国内贷款所占比例	自筹和其他资金
2010	251683. 77	13012. 75	44020. 83	15. 20	224042. 03
2011	311485. 13	14843. 29	46344. 51	13. 40	279734. 38
2012	374694. 74	18958. 66	51593. 50	12. 60	334654. 71
2013	446294. 09	22305. 26	59442. 04	12. 10	405545. 78
2014	512020. 65	26745. 42	65221. 03	12. 00	447461. 24
2015	561999. 83	30924. 28	61053. 99	10. 45	489366. 04
2016	251683. 77	13012. 75	44020. 83	15. 20	224042. 03

资料来源：Wind 资讯。

（2）防范和化解地方政府债务风险。2009 年至今，我国进入了低迷的债务经济周期。据审计署 2013 年第 32 号公告全国政府性债务审计结果显示，截至 2013 年 6 月底，全国各级政府未偿还的债务总计 20. 7 万亿元，其中地方政府未偿还的债务占 52%。利用 PPP 模式获取的社会资本使得政府性债务增长率减小，地方政府负担债务的压力也逐步降低。《关于提请审议批准 2015 年地方政府债务限额的议案的说明》指出，2014 年末全国地方政府债务余额为 15. 4 万亿元，地方政府或有债务余额为 8. 6

万亿元，合计 24 万亿元。2016 年 11 月 4 日，财政部有关负责人指出，截至 2015 年末，我国地方政府债务余额为 16 万亿元。据中国政府官方公布的统计数据，2014 年末中国地方政府债务的债务率为 86%，2015 年中国地方政府债务达到 36 万亿元左右，占到 GDP 的 60% 左右，达到了国际惯例的风险警戒线。

（3）激发非公经济发展的动力。按照市场规律，向过去具有垄断性质并且由政府和国有企业进行主导的行业注入私人资金，不仅能够让资金引导项目的运行，还能够减轻支出压力。PPP 项目令社会资本既可以参与建设社会项目，又可以参与各种基本社会领域，不仅将私人资本投资范围进行了拓展，还成功弥补了政府投资方面的缺陷。

二 文献综述

英国是最早萌生 PPP 模式的国度，20 世纪末西方发达国家纷纷实行，后来，私人资本加入公共项目建设的 PPP 模式渐渐形成，目前在世界各国已被广泛应用。

19 世纪初，许多经济学者对 PPP 模式开始了研究。英国 Chadwick 认为 PPP 模式中的项目建设方式对政府和私人都是有利的，还建议将 PPP 模式运用在污水处理以及公共卫生等基础设施方面，这形成了公私合作的雏形。

Darrin Grimsey 和 Mervyn K. Lewis（2008）在其著作中探讨研究了 PPP 合作框架协议、PPP 模式下的变量引入与风险管理、各交易阶段的管理和在新兴市场中的应用等相关问题。Galetovic（2011）强调在 PPP 项目中风险分配的重要性，PPP 合同的临时性质可以通过状态依存条款来改善福利，提供可行的风险分配。Marian Moszoro（2013）认为政府和私人投资部门存在信息不对称问题，以及机会主义行为问题（私人合作伙伴降低投资和质量；政府限定价格或征用），因此他提出采用类似于企业股票的看涨或看跌期权，可以把公共部门持有的看涨期权看作一个“救援”选择——如果公共服务质量不好，允许政府以预先设定的价格合法购买该项目。同样，投资者持有的看跌期权可以被认为是一个“退出”选择，即如果政府开始表现出机会主义，投资者可以通过操作来收回他们的资本。

Goodliffe 和 Mike（2002）根据英国航空服务 PPP 项目分析探讨了 PPP 模式下的相关项目产品或服务的定价问题，并列举了产品定价的主要因素。而按照 PPP 模式建设的项目是人们生活中的一部分，不能完全等同于市场上的商品。

在我国，PPP 融资的研究还尚未形成体系，且有待发展，形成的研究结果有如下方面：

PPP 融资模式存在的风险研究。李金海等（2005）主要对大规模的基础设施建设具有的风险进行了分析，且进行了分类比较，对比了石油开发、水利开发、公路等的设施风险。韩艳（2001）以时间期限为分类依据，研究结果是 PPP 项目有建设期和运营期，并对其中的风险因素加以探究。李静华等（2007）的主要研究对象是北京地铁四号线，以城市交通 PPP 项目为切入点探究了其中的风险因素。张萍、刘月（2015）主要把握城市基础设施 PPP 模式下融资风险的 3 个特征，构建了全面且具有可操作性的城市基础设施 PPP 模式下融资风险评价指标体系，度量 PPP 模式下的融资风险水平。

PPP 融资模式应用研究。张颖（2006）分析了我国铁路融资现状，指出 PPP 融资模式是解决铁路融资困境的途径，并且提出确立合理的风险分担结构，转变政府职能，实施政府及法律法规保障等铁路实现 PPP 融资模式的必要条件。周雪峰（2015）以河南省为例，提出融资约束是制约保障房建设的一大障碍，解决这一障碍的最佳选择就是 PPP 融资模式。除了大型基础设施方面的应用，谷晓明等（2017）对农村养殖业户畜禽粪污综合利用的 PPP 模式进行了分析，并提出了制度改进意见。

三 国外 PPP 模式的运行

（一）英国 PPP 模式

1. PPP 模式的运行发展

英国运用 PPP 模式较早，也较为成功，其 PPP 实践在全球居领先地位。自开展 PPP 模式以来，英国共计开展了 700 多个 PPP 项目，总额大于 700 亿英镑。PPP 模式使英国私人部门的特有能力得以充分发挥，增强了项目设施建设的质量。顺利完成的 PPP 项目使得政府在机构设置等制度制定方面的能力得到了提炼和总结，PPP 项目的制度体系也得以发展完善。英国采用的不是综合的 PPP 法来作为 PPP 项目建设的指引，而是制定了标准的 PPP 合同，合同体制也十分完善。英国 PPP 模式最早出现的雏形是 1992 年 11 月提出的私人融资计划（PFI）。英国在 1997 年率先开展政府和私人部门合作模式，并且在全世界开展并广泛应用。英国 PPP 项目的发展巅峰出现在 2006 年，后来由于全球金融危机的爆发，呈现下降趋势。2012 年，PF2 出台了对 PFI 的一些改革制度。根据英国财政部 2014 年 12 月发布的报告，截至 2014 年 3 月，英国一共有 728 个 PFI 项目，资本总额达 566 亿英镑。预计 2014～2015 财年，私人部门的投资支出将达到 20 亿英镑，2015～2016 财年则将增长到 29 亿英镑；2014～2015 年政府支付的“单一费用”预计是 103 亿英镑，2015～2016 年是 105 亿英镑（见图 2）。

1992～2012 年的英国项目资金已到位项目达到 717 个，教育部占了 166 个项目，卫生部占了 118 个项目，交通部占了 62 个项目，国防部则占了 46 个项目（见表 2）。就应用领域来说，项目最多的是交通、医院、垃圾等。另外，PFI 还广泛用于国防等领域。

就 PFI 模式来看，PPP 项目的筹集资金工作主要由私人部门负责。项目完成后，私人部门还会为项目提供 25 年或 30 年的公共服务，项目运营由用户或者政府缴纳费用。政府的管理形式主要有：

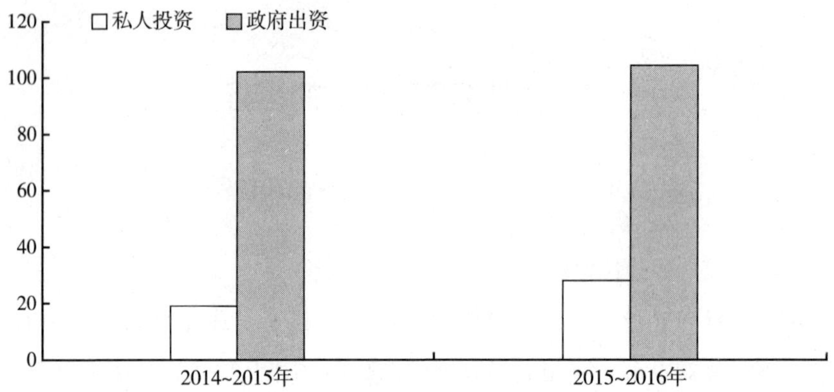

图 2　2014～2016 年英国投资主题分布图

表 2　2012 年英国 PPP 投资政府部门所占比例

单位：%

投资部门	比率	投资部门	比率
教育部	23. 15	交通部	8. 65
卫生部	16. 46	国防部	6. 42

资料来源：英国财政部。

（1）价值管理。“物有所值”即是私人融资计划实施机制的主要核心理念，指项目所建设施在投入使用后能够将付出成本与其所体现的服务体验进行有效匹配，尽量实现用户缴纳的每一分费用都物尽其用，即做到费用与品质对等。

（2）风险管理。风险管理包含风险分担和合作机制两部分。协议规定私人部门和政府各自承担的风险，在制定合作机制时，建立好相应的规定或条件，根据各部门分担的风险来获取相应的利润，并且对于未来面对的弊端和争议制定预先的解决办法。

（3）绩效管理。PFI/PPP 的绩效监管主要包括支付机制和绩效监控。将在招商阶段绩效管理的原则、内容和方式的确立作为对 PFI/PPP 项目“物有所值”的闭环。其中，最重要的是确立产出标准，其是从基础设施转向公共服务的重要的一个环节，即项目负责人最终需要向消费者和政府提供建设成果的时期。

2. 英国 PPP 模式应用给中国的启示

以上所述的英国 PPP 融资模式，对于在我国开展 PPP 模式有极大的作用。

（1）在项目构架方面需要加强公私合作。实施 PPP 项目时，作为政府公共股权代持人的 PPP 项目引导基金成立各个特殊目的公司，每个公司都针对具体的 PPP 项目作为承包人开展建设和运营，采取竞争形式为项目筹集资金，吸引能够长时间注入资金的投资者，为项目引入资金。而作为少数股股权投资者的政府，主要作用是吸引大量社会资本的投入，增强其自信心，利用向公司任派人员担任高层、增强过程公开公示等一系列方式使项目运行更加透明，重点对私人部门负责人和运营商进行监管，从而降低资金压力。

（2）在项目融资上令社会资本积极注入。制定担保协议，并加入一些符合中国国情的筹集资金的形式和风险规避方式，如养老金、保险公司等，为了给项目建设提供融资支持，要大力激励外来资金的投入。第一个措施是鼓舞能够长时间保持价值增加的企业年金、保险、社保基金等项目的积极加入，制定规定帮助其更好地进行对相关投资基金或者对具体 PPP 项目的股权投资。第二个措施是引入基础设施开发银行、基础设施开发基金、联合贷款工具等国际惯用融资工具，使 PPP 项目的融资进程更为顺利。第三个措施是加强财务担保措施，引入第三方财务担保工具，如亚洲开发银行。

（3）在合同制定方面增强论证评估。政府采购服务是 PPP 模式的本质，最为重要的是管理采购协议。将平稳的商业计划准则作为社会公共范围开展投资的决断准则，在中央政府这一层面制定评估绿皮书和补充指南，行业主管部门根据各个领域的特性编制独一的评估报告指南，对合同中评估论证工作的实施加以引导。加强发展 PPP 项目合同制定的标准化，编制缜密的项目进行方案，有助于 PPP 项目的审批与评估的严谨进行。为了判断该项目能不能适应 PPP 模式以及判断达到“物有所值”目标的可能性，就需要对该项目的财政负担能力以及“物有所值”原则进行评价。以此为前提，通过特定的评价方法进行项目打分，重点从战略、经济、商业等情况进行收益决断，做到最终的成本最少。

（4）在项目进行方面加入动态性调整。为了达到“物有所值”的目标，但又存在项目周期冗长，项目利润模式不能确定，因此在项目建设中需要对公共服务进行绩效评估管理，依照评估结果对项目进行动态性调整。首先为保证负责项目的人能够获取有用的鼓舞，费用必须与服务的高品质性对应，另外形成支付抵扣机制，这种机制是与风险大小相对应的，当项目面临的风险较大时，设施提供的服务欠缺，就会相应扣减支付。其次是为防止项目负责人获得过高的收益，使其收益始终在合理的范围，要构建价格调整机制。让项目负责人的成本随市场上有着相同服务提供的项目成本进行动态调整，服务的物有所值才能真正体现。最后是对于效益高、收益高的工程，政府应在筹集资金期间采取一些措施激励社会资本的加入如提供信用担保等，随着社会资本投入的增加和项目愈加完善，政府提供的资本就要慢慢退出、转战于其他项目，这样能减少对私人市场的挤出效应。

（二）加拿大 PPP 模式

金融危机的爆发却丝毫没有影响加拿大的 PPP 市场，市场活跃度只增不减，与英国 PPP 市场的低迷现象形成了强烈的对比，让人惊叹不已，世界上公认的最佳典范非加拿大的 PPP 模式莫属。一开始，PPP 在加拿大发展的主要推动者是政府，使 PPP 在市场上的应用愈加广泛。加拿大政府经过多年在 PPP 行业的艰苦实践积累了有效的经验和知识，形成了别具一格的富有加拿大特色的 PPP 模式。最初的 PPP 主要是在教育、交通、医疗等基础设施领域应用，那是因为 PPP 模式是由省一级政府主要分管的。

加拿大政府对于 PPP 融资的援助一直是源源不断的。加拿大政府在初期就完全了解了 PPP 融资可以让加拿大获取经济和社会效益，就此了解 PPP 对经济增长与社会服务的提升作用从而为 PPP 模式提供了一系列政策支持（见表 3）。

表 3　加拿大的主要政策支持

年份	出台政策	措施	意义
2007	PPP 基金、PPPCanada 相继出现	12.5 亿加元与 60 亿加元私人资金，投资 20 个 PPP 项目	发挥基金作用，PPP 模式在全国 6 省区及 13 市区实行
2013	新一代“建设加拿大基金”成立	投入 140 亿加元到基础设施项目建设中	经济加速发展、失业率降低、生产效率改善、鼓励地方政府大力投入

资料来源：根据加拿大 PPP 项目委员会报告整理。

为了专门解决 PPP 模式的融资问题，加拿大政府设立了独立的机构负责这个问题。正是由于政府的激励机制，积极将政府资金投入拟定好的项目投资计划，起到了充分激励私营企业的热情主动性的作用，使得前赴后继的 PPP 项目参与人一直为项目注入新鲜血液，只有这样，加拿大 PPP 市场才能在危机重重的金融市场的冲击下依旧繁荣昌盛。截至 2013 年，加拿大存在 220 个 PPP 项目，将项目金额从大到小进行排列，金额较高的 5 个 PPP 领域分别为：交通（314 亿加元）、医疗健康（224 亿加元）、司法（55 亿加元）、能源（45 亿加元）、教育（17 亿加元）。养老基金投资是加拿大 PPP 在筹集资金方面比较有特色的模式。据统计，加拿大养老金在基础设施的投资占总资产的比例平均为 5%，而国际上的占比才为 1%。正是资金雄厚的机构投资者的加入，才获取了足够的低成本资金，获得了长时间的平稳利益。2014 年 3 月其 PPP 委员会发布的报告中指出，2003 ~ 2012 年加拿大 PPP 项目的经济成果使经济产出提高了近 921 亿美元，居民收入也提高了近 322 亿美元，就业岗位则增加近 52 万人，最大化地提高了加拿大的居民社会福利，就业和经济市场也得以迅速发展。在这段时期，因为 PPP 模式的建设政府总计节约了 99 亿美元，因为 PPP 模式的实施联邦和地方政府创造的税收收入为 75 亿美元。

根据加拿大的成功经验，可得出四点启示：一是政府目光要深刻长远，保证资金的充足；二是筹集资金时途径要丰富、灵活多样；三是将项目招标列为重点，熟悉运行流程；四是熟悉国内外政治环境，为 PPP 模式的实行提供温室环境。

四　国内 PPP 融资的发展现状

（一）PPP 模式的发展历程

从 20 世纪 80 年代起，我国开始实施 PPP 模式，总体发展可分为 5 个阶段。

20 世纪 80 年代到 90 年代初是探索阶段，注入主要由外国资本组成的社会资本是为了消除政府对公共基础设施资金供给的瓶颈问题，首先出现在人们眼前的是深圳沙角 B 电厂。随着交通和电力等基础设施建设部门的引入，PPP 模式也进入第二阶段即理论研究尝试阶段。1994～2001 年属于项目试点阶段，为首的是广西来宾 B 电厂，之后也建设了一些具有运营模式的 BOT、BOO 项目。通过学习国外经验，我国广泛建设 PPP 项目，也获取了许多符合我国国情的经验。2001～2007 年为推广阶段。在这一阶段，我国正式建立社会主义市场经济体制，在公共国民服务事业市场化趋势的推动下，PPP 项目获得了大力发展，多种形式并存，这也令许多私人企业积极参与到基础设施的建设与管理中，分担了政府在财政上的负担，但是也有不少建设项目遭遗弃。2008～2012 年为调整阶段。2008 年的美国金融危机使得中国 PPP 市场的处境发生了巨大的改变，我国制定了严谨的“四万亿计划”来改善经济状况，国企、央企在公共产品和服务领域的积极参与使得社会资本投资受到排挤，市场竞争激烈，由于出台政策尚有欠缺，民营企业本身也漏洞百出，这一阶段的国企、央企取代了民营企业。2012 年至今是发展新阶段，研究热情也愈加高涨。

2013 年 11 月，我国财政部大力进行 PPP 模式改革，我国首次明确提出公共服务基础设施的供给方面可以由社会资本通过特许经营等方式参与。

2014 年 5 月，PPP 模式工作团队成立。随后在政府的大力推进下，截至 2017 年 2 月，我国 PPP 综合信息平台共纳入 10313 个 PPP 项目，总投资约 12.3 万亿元，涉及市政工程、生态环境治理工程、大型交通运输工程等 19 个行业，PPP 模式发展愈加完善，涉及的基础设施建设领域也愈加广泛。

（二）PPP 模式的推广行业

根据国家财政部和发改委列出的项目清单中的数据可以得出，从 1994 年到 2016 年 8 月 31 日，全国 PPP 项目一共分布在 15 个领域，总金额已经达到了 12.3 万亿元。其中，市委、市政府工程项目在 PPP 项目中的比例居首，占 35.3%，交通运输项目列次席，占 12.2%，两者加起来占了目前 PPP 项目的 50% 左右。剩余的项目还包括生活垃圾处理、医疗健康、体育等领域。从目前的投资项目可以看出 PPP 项目领域分布集中，接下来 PPP 项目从大到小顺次分布在房地产、旅游、生环保护、教育、保障性住房工程和水利建设等方面，分别占总数的 6.2%、5.6%、5.4%、5%、4.8% 和 4.6%，剩余领域占总项目的比重极小。

（三）PPP 模式的推广区域

来自国家统计局的数据显示，截至 2015 年底，我国所有省份城镇化率都已经达到了 56.1%，更有省份达到了 60%，而且所有省份的城镇化速率一直处于加快状态。因此在城镇化的进程中，公共基础服务的建设成为重中之重。图 3 是截至 2017 年 3 月底财政部政府和社会资本合作中心网站公布的 PPP 项目在全国各地的分布情况。可以看出，我国各省对 PPP 项目的需求分布不是很均匀，贵州、新疆等不是很发达的地区 PPP 项目需求极大。江苏、江西等地区对 PPP 项目需求一般。北京、上海等发达地区对 PPP 项目需求很小。天津也处于对 PPP 项目需求较小的行列，仅为 22 个。

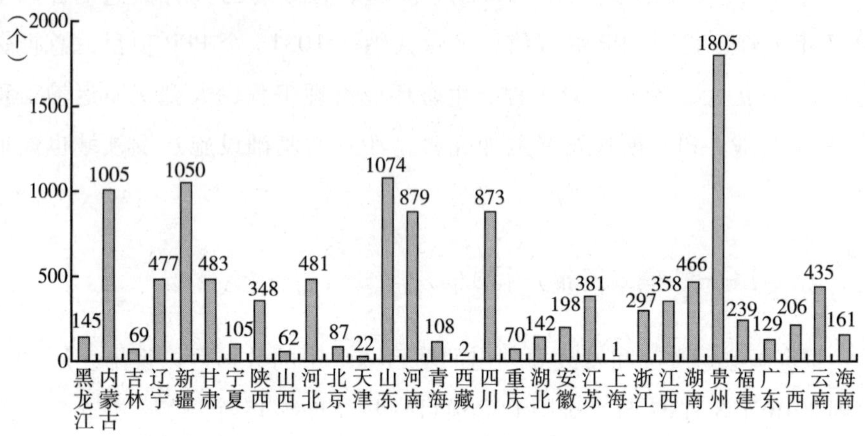

图3　全国各省份 PPP 项目数

资料来源：财政部政府和社会资本合作中心

（四）热潮与低签约率并存

虽然各级政府对发展 PPP 模式项目投入了很大的心血，积极完善该模式，但财政部和社会资本合作中心发布的官方数据显示，PPP 项目真实建设进程并不是很理想。据财政部副部长史耀斌介绍，截至 2015 年 5 月，仅 10% ~20% 的 PPP 项目落实，而到了 2016 年，项目的落实率也不过提升了一成。PPP 项目尽管很热，却仍然掩盖不了投资方对其的担心。

我国 PPP 模式虽然发展时间较短，但是发展势头却很好，一直在高速发展，PPP 市场项目也越来越多，呈现扩大趋势。据国家发改委公告显示，2015 年 5 月该委发布的 PPP 项目中包含了 5 大领域共计 1043 个项目，总投资达 1.97 万亿元。2016 年财政部 PPP 中心公布数据，截至 6 月底，全国 PPP 入该中心项目为 9285 个项目，涉及能源、交通、水利、生态环境、片区开发等 19 个行业，总投资额达 10.6 万亿元。2016 年 4 月，财政部发布《城市管网专项资金绩效考核办法》，其中 PPP 模式的项目占的比重高达 70% ~90%，可见国家对其尤为重视。

（五）我国当前 PPP 的融资状况

在 PPP 模式开始推广的很长一段时间里，国企主要负责基础设施和公共服务产品的建设，费用则由政府财政负责。隐瞒的 PPP 模式运作方式以及其居高不下的成本导致企业易走上腐败，并且政府投资在基础设施和公共服务时反复进行建设、挥霍无度、毫不追求效率，造成大量风险聚集、地方债务负担加深。在此时让社会资本积极加入开展 PPP 模式不仅可以做到降低风险，还可以调动民间资本的活跃性，构成“风险共同负担、利润共同分享”机制，因此，政府需要改变职能，消除国有资本在基础设施建设中的垄断地位，形成多元化和民间化的社会资本，从而使得 PPP 投融资体制市场化方向改革得以顺利进行。当然，导致 PPP 模式落地难其项目自身的原因也是不容忽视的。当前 PPP 金融创新专门针对 PPP 项目的风险领域，PPP 模式的逻辑起点是金融产品。我国金融市场资本结构已经达到多层化，金融资本也处于随时待命的状态，参与的 PPP 模式的金融主体和形式的多元化远远不足。参与的形式一种是私人部门与政府签订协议，与政府合作建设 PPP 项目，另一种是利用金融工具为特殊的 PPP 项目提供资金支持。

PPP 项目当前主要有以下几个品类。

（1）银行贷款。通常 PPP 项目贷款的大部分对象是商业银行，有时也会将开发性和政策性银行作为选择对象。融资途径有单一银行投标的项目贷款、委托贷款以及组织银团贷款。而且正是由于 PPP 项目周期比较长这一原因，导致银行融资很好地符合了我国当前的现状，尽管银行并不是投资主流，贷款仅仅只是一个功能的体现。除此之外，银行在融资的各个方面提供规划、咨询、发展以及储备等完整的服务链。

（2）保险资金。保险公司能够给 PPP 项目带来的并不是资金上的投入，而是风险规避。规避的风险主要有两方面：一是合同的履行风险，二是运营风险。保险的购入可以视为对项目未来发展的间接性投资，如果保险公司能够正确地计划和设计相关的产品，则可以大大降低其他融资企业的担心。在此过程中，如果保险公司作为投资方，设计合适产品对 PPP 项目进行间接投资的话，更能体现出其本身相较于其他投资方的优势，能够有效地解决银行投资中产生的纠葛问题。而保险公司的投资则是以专项股权或者债权的形式来为 PPP 项目进行保驾护航。2016 年 8 月 1 日，《保险资金间接投资基础设施项目管理办法》正式颁布。在办法中，中国保监会专门指出保险资金可以作为投资金额，间接投资基础设施项目和 PPP 项目。为响应政策号召，呼和浩特市政府授权机构呼和浩特市机场与铁路建设项目办公室、中国中铁股份有限公司和深圳市太平投资有限公司，正式开展呼和浩特市轨道交通 1 号线的建设工程，标志着首家保险公司对 PPP 项目进行参保，意义重大。在本次合作过程中，深圳市太平投资有限公司投入资本约 1.5 亿元，股权占比为 2%。保险之所以如此受到 PPP 项目的欢迎，正是由于它具有稳定、投资回报周期长的特点。但是，PPP 项目本身需要更加稳定和健全，才能吸引更多的保险公司进行投资，再加上法律和政策的干预，对于双方都是一个很大的考验。

（3）证券公司。PPP 项目可以享受到证券公司的以下几类服务：一是咨询服务，如财务顾问；二是中间服务，如 IPO 保荐、债券承销、并购融资等；三是打造融资产品和资管计划。证券公司对于 PPP 项目的主要帮助是资产证券化和项目收益债。资产证券化和水电等基础设施类项目特别匹配。这些项目具有稳定的现金流作为保障，但是本身由于 PPP 项目的局限性，只有项目建成后才能够真正获得收益。除此之外，证券公司还可以和 PPP 项目相互协作，设计特定针对 PPP 项目的债券。

（4）信托机构。信托公司在 PPP 项目中起到的更像是军师的作用。它以 PPP 项目为基础，设计出一系列的信托计划，来吸引其他融资单位例如银行等投资，而信托公司的收益就是分红，通过项目盈利来达到赚钱的目的。信托公司还有另外一种存在方式，即联合体。作为联合体，信托公司与其他资本一样入股该项目，共同为 PPP 项目奉献出自己的一分力。但是由于信托公司本身受到法律的限制，它和其他的社会资本又会有一定的区别。因此，其退出方式也极为特殊，是通过由普通资本回购股份来实现财产的分离。以下为信托机构联合体的实例。2016 年 6 月，五矿信托与抚顺沈抚新城管委会、中建一局（集团）有限公司签订《沈抚新城政府购买服务合作框架协议》，开展沈抚新城基础设施建设。项目实施过程中，政府起到牵头的作用，通过签订特许协议，由沈抚新城管委会、五矿信托、中建一局三方共同投入资金成立项目公司，公司启动资金为 35.88 亿元。在协议中明确指出，中建一局拥有的是该区域内水电等基础设施建设的总承包权。

（5）PPP 产业基金。和普通的基金有所不同的是，PPP 产业基金的主要作用领域是公共基础设施，具体的表现形式就是股权和债券等。它的投资对象主要是以个人和公司为主的，具有长期的合作意愿的投资人。再加上本身低风险和收益偏低的特点，更受这些人的欢迎和考虑。该基金的形式通常是投资联合体，并作为一种新的社会资本为项目的整体运作带来了优势。该种投资方式也出现了许多实例。2015 年 5 月 26 日，中国建设银行上海分行联合上海建工、绿地集团等，以下属子公司建信信托、建信人寿联合多家保险公司共同成立中国城市轨道交通 PPP 产业基金，该基金总规模为 1000 亿元。由于该基金的规模庞大，因此对我国的 PPP 项目的产业基金具有重要的战略意义。同时，为了使得该基金的运作有序化，特定设立管理公司，在发展一定的基金购买持有者的同时，保证基金运转对项目带来积极的影响。该基金要求较高，需要承担 PPP 项目的风险，同时收益比例相较于普通基金也有所不同。

（6）在金融机构监管中，各类基金、理财产品等筹集资金规划。金融机构开展资金池业务一直是资金筹集的一种重要形式，因此，推动 PPP 项目的资金池计划，成为 PPP 项目融资的重要一环。该计划的发行，持续的周期相对较短，灵活性较高。具体表现在当计划完成后，可以进行下一次的投资。具体实例如下：2015 年 6 月，中国邮政储蓄银行承担地方高铁 PPP 项目——济青高铁潍坊段征地和拆迁项目，投资金额达 40 亿元，期限为 15 年，并同时以自营和理财资金相结合的方式结合在一起进行投资。

（六）国内 PPP 融资存在的主要问题分析

PPP 项目投资的主要来源是银行以及银行带动的其他资本，这一融资来源并不能掩盖 PPP 项目存在资金使用周期较短、资金使用成本较高的缺点。同时，由于 PPP 项目主要涉及的领域是公共基础服务，导致在大量资金投入的情况下，虽然能保证收益的稳定性，但收益较低。这与高成本的投资产生矛盾，对于迫切追求高收益的企业也是一种挑战。具体来说，存在以下问题：

1. PPP 项目规划不完善导致融资收益的预期不够乐观

产生这一问题的主要原因是 PPP 项目在设计论证方面缺乏严谨性，导致其对收益的预期并不是很准确，波动较大。在收益不确定是否能够达到预期的情况下，只有加强对项目设计方面的严谨性，使其更加合理和科学，才能在 PPP 项目起步阶段减少很多不必要的麻烦与困难。这既是挑战，又是机遇。

2. 由于 PPP 项目自身目前存在的问题导致运营每个环节时的投融资不恒定

在 PPP 项目的发展过程中，一定要认准项目，避免资金的虚假流动导致项目空壳运营。而在项目的建设和运作过程中，一定要保证资金的流转顺畅，无论是借助政府还是其他公司，确保项目主体的运转得到保障。而在项目的运转中，银行作为主要的融资机构，既受到法律的保护，又受到法律的管制。在金融监管部门的监管下，项目运作的资金风险得到了保障。尽管金融机构对 PPP 项目进行不断的融资，但是仍然无法改善 PPP 项目建设和投资周期长的缺点。正是由于这一缺陷，冗长的周期给项目建设带来了不定时的风险，产生了对风险防范不是很及时的问题。

3. 金融机构对 PPP 项目并未进行明确的产品设计

PPP 项目作为新型的发展模式，银行要做好应对，使其能够接受 PPP 项目。目前，银行还没有做出特别针对 PPP 项目的借贷款产品，并未对该新型模式发展下的企业做出应对，跟不上企业的发展速度。本身没有打破原有的借贷款模式，和普通项目没有任何区别。更为重要的是，PPP 项目投资周期很长，仅仅靠银行这种单一形式的融资根本无法解决其资金的运转问题。总体来说，为改善这一状况，政府应该起带头作用，协调各金融机构，充分发挥每个机构之间的优势，增加对 PPP 项目的投融资。

4. 政府作为 PPP 项目引导的主体，实行发布的政策对 PPP 项目的成功起到了很重要的决定因素

政府主导实行的政策，也具有一定的风险，主要是考核政府是否能够承担起项目合同中的主导地位。PPP 项目本身就是多元主体的集合，它要求政府起主导地位的同时，又不能对项目产生过多的干扰，政府在项目中承担的角色需要政府自身来适应。在过去的 BOT 项目中，政府违约的例子屡见不鲜，因此为保障 PPP 项目的正确发展，政府应主动明确责任、承担责任，减少政府风险。而政府除了承担责任之外，其发布的政策对于项目的发展也具有一定的风险。地方性的政策，如财政政策、土地政策等对于项目是否合适，也会给项目带来很大的风险。对政府风险和政策性风险二者来说，政府风险是政府本身有没有魄力去敢于创新和承担，政策性风险则是项目是否符合当时的发展。随着地方性政策不断出台，如何在保证地方发展的同时又能维护 PPP 项目自身的健康发展，成为天津市 PPP 项目研究的重中之重。

五　天津市 PPP 融资的发展现状

（一）天津市 PPP 模式发展概况

基础设施的良好建设是一个城市经济水平提高、居民生活改善的必要动力。以天津地铁为例，一直和天津市经济呈现正比例发展，由于政府和公众的重视，天津地铁如雨后春笋般繁荣发展。近年来，地铁 1、2、3、9 号线共 4 条线路已经开始运营，运营总里程全长约 140km，将天津市的生活圈全部连接到了一起，市民可以方便地直达天津著名的五大道等风景区以及购物

天堂。同时，地铁 1 号线的延长线路段以及 4、5、6、10 号线的总里程数可达 137km，将马上建设完成并开始运营，这会给天津居民的日常生活带来了极大的便利，提高市民的出行质量。

天津的地铁搭建较为快速，但地铁建设模式很是有限，仅仅依靠市轨道交通集团来维持整个系统的规划、运营。尽管天津地铁项目建设发展态势良好，但其可持续发展的实现离不开源源不断的资金支持。从根本上讲，由于地铁建设本身的属性，导致该行业整体的竞争力不足，再加上对政府的扶持具有严重的依赖，因此，该行业的效率极其低下。行业服务档次降低的现象，更会加重政府的财政负担，从而影响甚至阻碍到其他相关行业。归根结底，在民生和财政双重负担的促进下，天津应以国家政策为基础吸引其他领域的社会投资者加入公共设施建设，将民营资本引入城市的发展，以其发展带动融资运营机制的不断完善，促进其改革，同时以市场化运作作为手段，加快城市的基础建设，为城市以后的发展开辟新的战场。

为加快 PPP 项目的发展，给 PPP 项目带来新的资金投入，推动 PPP 项目在天津的全面落实，实现 PPP 项目的改革成果，2017 年 2 月 28 日和 3 月 1 日，财政部政府和社会资本合作中心先后与天津金融资产交易所和上海联合产权交易所合作成立 PPP 资产交易平台，并举办 PPP 项目发展进程中资金流动去向的相关会议。

天津市政府以天津金融资产交易所为平台对 PPP 项目进行重点运营投资，为天津市 PPP 项目的发展开了一个好头。这一系列措施的出台，为更好地搭建政府和社会之间的合作平台提供了便利。对于 PPP 项目，天津市应加大设计、规划和储备的力度，实施对公共服务领域的“两个强制”：对清理生活废物和废水的新建项目规定必须应用 PPP 模式；对符合该模式下的行业内的项目强制实施 PPP 模式，来加快 PPP 模式在基础设施领域的采用力度。同时，津政办发〔2017〕64 号文件明确指出，“要推动天津金融资产交易所纳入全国首批 PPP 资产交易和管理试点平台，充分利用平台资源优势和辐射全国功能，构建 PPP 项目咨询规划、融资设计、招投标、实施评价、资产整合等全流程、一站式综合服务模式，加快建设项目与金融资本、社会资本对接，推进市级重点项目和各区重点领域试点项目实施落地。”该文件的发布，标志着天津市政府将继续大力扶持天津金融资产交易所 PPP 资产交易和管理平台的业务发展。根据相关消息，天金所—财政部政府和社会资本合作（PPP）资产交易和管理平台（简称“天金所 PPP 交易平台”）作为财政部 PPP 中心布局推广的首家签约的全国 PPP 资产交易和管理平台，是我国对于优化服务体系的大胆探索。国家将 PPP 模式上升到战略层面后，极力解决 PPP 项目在我国的窘境，对于目前 PPP 项目存在的诸多缺陷，例如对社会资本准入门槛高、信息机制不健全、资金不足等问题，将进一步解决。

（二）天津市 PPP 模式投资项目概况

实际上，PPP 模式在天津企业中已经有了一定的应用，尤其是以废水处理为典型的公共基础设施项目的建设。同时，在政府、企业和社会的三者之间通过实行多元化主体的方式来确保该模式下企业的正常运行。

（1）天津泰达威立雅水务有限公司，是由中法合资而建于滨海新区的第一家污水处理厂，是天津市着力打造的环保工程。该厂利用先进的进出水和双池串联工艺，解决了生活污水处理中存在的很多问题，投资金额高达 1.6 亿元。在合同中规定，法方威立雅水务公司将控制该公司 49% 的股权、20 年的特许经营权。协议的出台不仅使双方得到了最大的收益，而且有效提高了该单位的运营效率，缓解了单家公司承担的资金压力，在很大程度上提升了公司的声誉。除此之外，天津市又利用 PPP 模式吸引外资，在公共项目建设方面的合作更加深入。在城市生活用水、居住环境等方面有了很大提升的同时，也增加了群众对政府的好感。

（2）2011 年，天津市静海县政府为了解决生活垃圾和污水的合理处理，斥资 3000 万元，采用 PPP 模式与天津紫兆环保产业投资有限公司合作，成立紫兆生活废弃物处理有限公司，实现双赢。为防止合作过程中产生不必要的冲突，在合同中说明，公司 51% 的股份归天津紫兆环保产业投资有限公司所有，同时规定在 30 年的经营年限之内，自主建设 6.3 万平方米的垃圾处理基地来处理生活垃圾。该厂采用了新开发的 SWR 技术，垃圾处理完全不需要人为操作，达到了生活废物的循环利用。除此之外，PPP 模式在天津的应用还在继续。2015 年，天津市为了更好地发展 PPP 项目，成功举办了 PPP 项目推介会。政府还特意为滨海新区多个单位的 13 个项目发放专门的资金以推动 PPP 项目的发展，并为了项目的顺利进行，对项目的设计、审核、规划和实行进行完善，推动天津市 PPP 项目的飞速发展。

（三）天津市 PPP 融资项目发展中存在的问题

1. 法律法规发展滞后

关于 PPP 模式的相关法律法规文件颇多，但真正能够构建起该模式的很少。同时，由于出台的文件并未明确政府在公司合作关系中的主要负责的方面，所以对于政府监管部门的分工协调有很大困难，而且对于公司间的法律保障有限。尽管相关部门已意识到这一问题，并在 PPP 领域也都出台了不少法律政策文件，但仍然无法避免在 PPP 模式下立法的协调性和可操作性不强这一缺陷。由于 PPP 模式的运转模式和实行 PPP 模式的项目实施机构存在冲突，导致 PPP 项目的管理凌乱，最终导致政府和社会资本在应对 PPP 项目中所产生的法律漏洞方面显得乏力。

2. 政策成为社会资本进入 PPP 市场的又一阻力

首先，由于民营资本的缺陷，相比较国有企业，规模局限的特点使其难以染指公共基础建设这一服务民生的领域。因此，政府投资这些相关领域的首选也是具有高等资质的国有企业。其次，由于政府出台的金融政策对民营资本的偏向不够，和本身金融市场存在的局限性，造成民营资本融资困难，出现无人问津的局面。最后，对于该领域，民营资本准入的门槛本身就较高，同时审批周期长、审批程序复杂，使得民营资本很难对该领域做出进一步的探索。因此，政策对于民间资本的态度，决定了进入公共基础设施领域的障碍什么时候得以进一步被打破。

3. 缺乏专业机构和人才

PPP 项目由于进入我国的时间比较晚，导致在运行过程中出现了执行率低下、运行周期短的缺点。财政部公布的两批示范项目就很突出地表现出了这些缺点。出现这些问题也在预料之中，由于 PPP 项目本身是一项专业而又复杂的工程，亟须我国有这方面的专家人才来解决发展过程中出现的问题。尽管当前已经有部分学者专家开始注重我国 PPP 项目的发展，在借鉴国外经验的同时，解决发展中存在的问题。但是由于 PPP 项目周期长、专业性极其严格，因此每个环节都需要大量“法律”和“技术”相结合的复合型人才。同时，作为国家的领导者，政府应该极力推广 PPP 项目，着重培养相关人才，成立相关管理机构的同时，做好法律、审批和监管工作，减少该项目在发展过程中出现的不必要的矛盾。

4. PPP 项目自身吸引力不足

社会资本的投资重心能否转移到 PPP 项目中，主要取决于两点：第一，项目对于投资者的吸引程度，通常指在一定的时间和风险范围内，投资和收益是否成正比；第二，项目对于投资者获得的难易程度，在这一点上，政府的态度占的比重很大。对于收益较低的项目，寻求高收益的社会资本本身的参与性极低；而对于收益高的项目，政府往往很少将其完全交给社会资本，因此，政府对于项目的权衡极其重要，项目获得比较困难，社会资本很难融入项目中。

（四）对策建议

1. 政府和社会部门合作形式的大力推广

政府和社会部门合作模式的大力推广不仅能促进经济体制完善，还能帮助政府转变职能，这是在经济新常态下加速经济发展的要求。天津市抢占经济发展先机，乃实现社会持续发展的必要条件。天津市要重视政府和社会部门合作模式的实行，下达相关文件规定，同时各区县、各部门也要按照规定做好推广工作以及发展规划，上下团结一心，改变从前直接提供公共产品的模式，努力转变为与社会部门合作的模式，更要在其中发挥监管职能，打造权利、机会、规则平等且共有的市场，稳步加快投融资模式改革。

2. 准确把握基本原则

（1）利益共享。首先要把握合同，政府和社会资本双方共同合理的分享项目收益。加强改善投资机制，以减少筹集资金的代价；把利益有效科学分配，以做到社会资金充分利用，将社会利益放在第一位，尽量减少项目实行的费用，这样资金利用率也会提高。真正做到加强社会资本参与度的同时，又能够避免利益损失。

（2）风险分担。牢牢把握分配优化、收益和可控性三个风险原则，在政府和社会之间进行风险分担时，财政承受能力、项目收益机制、市场风险是必要考虑因素。而且两者各自承担的风险领域是完全不同的，政府的风险领域主要是法律和政策，项目实施的一些根本责任也不是政府的职责范畴，设计、投资、建设等几种风险由社会部门承担。对于不可抗力的风险，双方共同承担。

（3）平等互利。以平等互利为核心，坚持两个主体的地位不动摇。以市场机制为基础，通过合同，在兼顾社会公共和企业经济双重效益的同时，保障双方的权利，履行双方的义务。

3. 明确适用范围及操作模式

（1）项目适用范围。在社会、环境、生态等领域，运用 PPP 模式投资建设或运营的项目尽可能满足以下特点：市场规模大，定价机制透明；长期稳定，现金能够流动运转。对于其他项目，尤其短缺使用者，寻找并创新其他方式，以增强对社会资本的吸取。灵活采用多种 PPP 模式，最终达到提高项目效率的目的。

建议实行 PPP 模式的重点涵盖以下 5 大领域：以农田灌溉为主的水利项目；以增加公路、铁路和轻轨建设为主的交通项目；以处理生活废水、增加绿化为主的市政项目；以医疗和健康为主的社会项目；以城区开发、住房为主的其他项目。

（2）操作模式选择。首先，以政府规定的经营收费价格为标准，对项目进行判断。在该范围之内同时满足多种经营收入能够实现项目建设运营平衡运转、社会资本能够取得合理收益的项目，采取的 PPP 模式为 BOT（建设—运营—移交）、BOT + EPC（设计施工总承包基础上的 BOT）等。对于在该范围之外而导致项目建设运营成本缺乏，需要公司财务以购买服务方式对服务量不足部分进行补贴的项目，采取的 PPP 模式大都为 BOO（建设—拥有—运营）、TOO（移交—拥有—经营）等。同时，政府应当采取一定措施对投资建设但经营收费价格和财政补贴仍不能够覆盖投资运营成本的项目进行补偿，具体措施为通过土地储备和物业开发等资源匹配方式，实现项目的盈亏平衡。

B.8 海洋金融支持天津海洋经济发展策略研究*

摘　要：21 世纪是海洋的世纪。海洋的合理开发事关国家主权安全和能否长远发展问题，世界主要海洋国家已将经济和政治利益视角放至海洋发展，并且正在积极推行新一轮海洋经济政策和战略调整。目前，我国已将建设海洋强国提升为国家战略。当前，仅靠消费、投资、出口三驾马车已然不能为我国经济提供持久动力。我国将逐渐增加对海洋资源的开发利用，将区域的经济增长点放至海洋经济的持续发展，同时也是建设海洋强国的重要支撑。发展海洋经济离不开资金和政策的支持，各国纷纷研究海洋金融，通过海洋金融的不断创新发展推动海洋经济发展战略的实施。本报告详细总结了世界主要海洋强国如挪威、新加坡、日本的金融发展战略经验，系统分析了国内海洋经济试验区的海洋金融发展情况，并结合天津海洋金融发展现状、遇到的困境，提出海洋金融支持海洋经济发展的对策建议。

关键词：海洋金融　海洋经济　政策性金融

一　引言

（一）海洋金融的介绍

为开发海洋资源和依赖海洋空间而进行的生产活动，以及直接或间接为

* 本报告是中国滨海金融协同创新中心研究项目阶段性成果。

开发海洋资源及空间的相关服务性产业活动形成的经济集合均划分为现代海洋经济的范畴。目前，大多数沿海国家和地区将区域经济发展的新增长点和区域产业经济转型的切入点放至海洋经济上，认为海洋富有大量资源，海洋经济的发展才是最终带领国家整体经济增长的源泉。各国海洋经济产业处于快速发展时期，产业结构正从以传统海洋第一产业为主向利用海洋高新技术产业发展传统海洋产业的趋势改进。海洋经济的发展需要巨额的资金支持，并且风险巨大，商业银行资金的趋利避险性很难为海洋经济的发展提供足够的融资支持，故仅靠传统的贷款业务支撑是很难有效促进海洋经济发展的，需要政府给予政策性金融支持，创新金融工具，发展海洋金融，助力海洋经济。

金融为海洋经济的增长提供了重要的资本要素，并且为经济的发展提供了资金支持及其他金融服务，是其他海洋经济活动的一种有效的风险管理方式。海洋金融这个词很早就出现了，早在 14 世纪时，西欧各国就开始发展海上保险，这可以说是海洋金融最古老的形式。然而到目前为止，国内外学者仍未明确定义海洋金融的概念。在我国，海洋金融更多地是作为大陆金融的相反概念来使用。在本报告中，我们暂且将为海洋产业的发展而利用各种金融工具提供的金融服务统称为“海洋金融”。

（二）发展海洋金融的意义

第一，促进海洋经济的腾飞。海洋蕴藏着丰富的资源，是维持人类社会可持续发展的重要战略空间。海洋具有丰富的资源，为我国经济今后的发展转型以及结构性调整创造了巨大的空间和可能。海洋经济在我国 GDP 水平中的占比逐渐增加，尤其是五个海洋经济试点中的占比更甚，更有望依靠海洋经济改善我国经济的疲软发展。随着我国经济发展增速日益放缓，传统拉动经济增长的三驾马车——消费、投资、出口的拉动作用越来越小，而海洋经济是促进国民经济发展的新增长点。海洋经济对区域经济协调发展、促进产业结构升级有着重要作用。并且通过海洋经济的发展不仅有望解决我国的消费、就业及缓解陆域资源不足等问题，还有利于我国海洋产业的发展壮大，维护我国海洋领域的安全。

第二，推动“海洋强国”战略的实施。从国际经济发展背景中可以看出，“21 世纪是海洋世纪”。世界各国将经济新的增长点和切入点归为海洋经济，新一轮“蓝色圈地”热浪疯狂侵袭。随着经济全球化的发展，各国间的竞争与合作在不断加强，全球海洋经济实力扩张和海洋高技术竞争进入更加激烈的时期，以集成创新为特点的海洋高技术日益更新，技术的产业驱动特征逐渐显现，国家要实现海洋经济的发展必须依靠创新发展和科技发展的理念，利用科技创新带动产业集群的发展，进而促进海洋产业的腾飞。

党的十八大报告中指出，充分利用海洋资源，坚决维护国家海洋权益，实施建设海洋强国战略，并将其提升为国家发展战略。2016 年 7 月 12 日的“南海仲裁案”更是为我国“建设海洋强国，发展海洋经济”敲响了警钟——维护我国领海主权的完整和海洋权益不受侵害，必须依靠强大的军事实力及经济实力。不管是维护国家领海主权还是发展本国经济，都要将战略目标放至海洋经济，而发展海洋经济的主要难题是融资问题，所以要利用新型金融工具等手段为海洋经济的发展提供服务，即发展海洋金融。

（三）文献综述

1. 国外研究现状

海洋金融这一理念很早就被提出并使用了。14 世纪初期，西欧各地开始经营海上保险，可以称之为海洋金融最早的发展形式。海洋金融在不断发展，但是学者们至今没有给出海洋金融的明确概念。国外的专家学者将海洋金融的研究聚焦为海洋保护区（MPA）的可持续融资方面。Galleogos 等人提出可持续融资问题的发展关键在于结合短期收入和长期收入，并由此形成稳定的金融机制、补偿经营性成本和其他成本的融资方式。Moyen 将问题延伸至社会、经济、政治、法律、管理和金融等诸多方面，针对不同方面实行不同标准的系统分析融资机制。Friedman 等在金融体制创新的研究方面中，结合其研究方向，对金融发展创新理论给出了解释。

20 世纪中后期以来，各国发展海洋经济的步伐加快，金融支持亟待开展，国际学者纷纷加入海洋金融的研究中，寄希望于海洋金融促进海洋经济。经过多年研究，国外将海洋金融分为两种发展形式。第一，融资性金融支持。海洋经济发展所需的巨额资金主要由机构投资与信贷等多种方式来提供。斯伯格（Spergel）和莫邪（Moye）阐述了三十多个基于海洋保护的具体融资形式，主要包括政府提供资金支持、私人部门营利性投资支持，还有社会组织赠款和捐赠等形式。温斯克尔（Winskel）主要研究在海洋能源等创新型产业中的不同类型资本运作方式，最终发现不仅政府和金融机构这两类投资者能够为海洋经济的发展提供支持，私人资本也扮演着重要角色。卡马克（Karmakar）通过研究印度国家农业与农村发展银行对海洋食品产业的金融支持，提出新型的融资方式，既可以通过建立信贷机制还可以通过建立非信贷机制促进海洋产业的腾飞。第二，风险控制性金融支持。塞里奥保罗斯（Syriopoulos）基于远洋船舶的投融资情形进行详细分析，提出海洋金融的新型金融创新工具，主要包括股权市场投融资、辛迪加贷款、IPO、船舶租赁、资产证券化和高收益债券等。

2. 国内研究现状

在我国，目前也未给出海洋金融的详细概念。一般我们会将陆域金融的相对概念称为“海洋金融”，是国家政策对海洋经济区提供支持的方法论。胡曼菲通过定性、定量两方面分别阐述金融支持与海洋产业结构优化升级之间的关联机制，最后得出金融支持对海洋产业结构优化升级具有单向因果关系的结论，并提出了相关政策建议。刘明（2010）对海洋发展强国——美国和日本在海洋高新技术产业方面的融资机制成功经验进行了总结，提出二者在诸如多元融资体系、外部支持系统和灵活的退出机制设置等方面的可借鉴之处。仲雯雯（2011）等认为，制约海洋经济发展的首要问题就是资金问题，融资渠道单一、缺乏健全的社会融资机制是海洋战略新兴产业的发展瓶颈，政府应给予财政税收优惠、采购优惠政策以期营造良好的投融资环境，解决海洋战略新兴产业的融资问题。俞立平基于金融与海洋经济的相互作用关系，在分析金融支持和海洋经济互动机制的基础上，采用面板数据的格兰杰因果检验、向量自回归模型，指出我国海洋经济发展的金融支持力度欠缺，甚至出现“金融抑制”现象。张冰丹等提出应建立多元化、多类型、多层次、多形式、可持续发展的海洋金融体系，鼓励多种资本共同参与促进海洋金融发展，同时建立有针对性的海洋金融机构。杨子强结合国内金融体制的改革背景，分析了我国海洋经济存在“非海洋特征”的现状及问题，提出在推进工具、组织、产品等方面的相关金融创新意见，如创新非信贷融资方式、创新风险定价服务模式、锁定风险收益比等。刘东民（2015）等人提出海洋经济的发展要充分利用现代海洋金融的工具，如银行贷款和信贷担保、海洋基金、企业债券及资产证券化、融资租赁、海洋保险等，提出了中国政府应支持建立海洋金融要素聚集区，以“三个基金、一个银行、一个智库”的模式推动中国海洋金融业的快速崛起的建议。

当前，国内外学者对海洋金融的分析均侧重本土化研究，缺少各国间的对比性总结；国内学者对海洋金融的研究大多是侧重某一地区，系统地全面总结归纳国外发达国家以及国内发展试验区的优势及发展经验的文章几乎没有。本报告旨在通过认真分析其他国家和地区的优势及发展经验并分析本地区（天津）的海洋地理位置，考量地域特色，在国际海洋金融规律的指导下，吸收发展较好的各国或者各地区的经验，针对本地区存在的问题，具体问题具体分析，开创适合各自地域特点的发展道路。

二　发达国家海洋金融的发展

（一）挪威海洋金融的发展情况

挪威西邻挪威海，海岸线极其蜿蜒曲折，其政府大力支持本国海洋产业的发展，挪威海洋企业一直居于全球海洋产业的制高点和前沿领域。加之近些年挪威海洋经济的快速发展，在首都奥斯陆形成了以海洋油气为核心、以海洋金融为支撑、以海洋经济与金融配套服务为翼展的新兴海洋产业集群，并且全球性的海洋经济与金融知识创新中心也在其西部海岸形成了。

挪威海洋金融业的发展经验有三条。

第一，政府的大力支持和积极引导。政府认识到本国临海的地理优势，十分重视海洋经济的发展，进而要求海洋金融快速发展，利用金融为海洋产业提供服务。在实际发展中以符合公开透明原则和国际规则等条件为前提，加强行业间的沟通协作，加大自主研发支出费用，加强海洋产业发展建议指引，采用市场化运作手段积极促进金融领域的发展。挪威政府公开、透明、开放的原则以及大力促进产业市场化，是挪威海洋经济和海洋金融发展的基础。

第二，挪威的海洋金融服务产业经过不断调整，形成了完善的产业链结构。如海工设备出口方面，挪威的海洋金融部门为了便于设备出口除了为厂商提供传统银行信贷外，还提供出口信贷及担保、债券、股权融资、PE 以及 MLP（有限合作基金）等金融服务。挪威海洋金融等专业服务在海洋经济中的占比高达 20%，仅次于钻井平台与船舶。并且在金融机构体系中，形成了以银行机构为主，保险与再保险、证券、投资银行为翼站协同发展形式。如 DNB 作为挪威最大的金融服务集团，其海洋能源融资、船舶融资等业务居世界前列，并在渔业、航运、物流等方面同样占有一席之地。

第三，风险管理在挪威海洋金融发展方面发挥着重要作用，是保障海洋金融安全发展的前提。海洋产业对于资金的需求规模巨大，而且面临很多风险。同诸多发达国家一样，挪威的银行为了保障贷款资金的安全性，非常关注海洋金融服务的相关风险，并采取措施来防范风险。挪威出口信贷担保局向挪威出口信贷银行或商业银行发放出口信用贷款提供担保，这有效降低了出口信贷的违约风险，促进了挪威海洋产业的发展；健全并完善买方信用评级机制，作为信贷风险控制的重要参考；加强风险控制，采用全面的、动态的风险监管机制。

（二）日本海洋金融发展情况

日本由本州、四国、九州、北海道四大岛及 7200 多个小岛组成，总面积37.8万平方千米，海岸线长3万多千米，多海湾和良港，四面环海的自然地理条件决定了其必须充分利用海洋资源，走海洋发展的道路。然而海洋产业面临的资金需求规模巨大且成本回收期长，而且海洋产业中的业务不仅要面临自然风险，还要面临市场风险和政治风险等阻碍。由于资本的趋利特性，银行和其他金融机构不愿将资金贷款给海洋业务，单靠市场的力量很难获得足够的资金，因此，需要政府出面进行干预，发挥政策性金融的力量。

日本政府也十分注重对海洋经济的政策扶持，实施财政优惠举措，为海洋产业提供资金，制定了一系列鼓励与支持海洋经济发展的优惠政策，用经济手段刺激和促进海洋经济发展。

日本政府采取完善税收、保险、银行信贷等金融方面支持措施，为海洋经济的发展营造一个有利的外部金融环境。

（三）新加坡海洋金融发展情况

新加坡仅有约700平方千米的国土面积，但凭借其地处太平洋到印度洋、亚洲到大洋洲的“十字路口”独特的地理位置，成为亚、欧、大洋、非四大洲的海上交通枢纽。作为全球为数不多的自由港，不仅是东西方向海运的全球枢纽，也是全球最具战略地位的航运港口，并且成为世界第二大国际航运中心。新加坡的海洋经济发展如此之快与其政策支持是分不开的。第一，实行低关税政策。在新加坡，除汽车、石油产品、烟酒外的其余约90%的商品不征收关税，并且征收关税的商品其关税率一般较低，货物的从价税关税率为5%，低于WTO成员总体6%的平均关税水平。第二，实行低所得税政策。如公司所得税税率低至17%，甚至对一些中小企业免征所得税，并且不征收来自海外公司的红利收入。第三，海运及金融税收优惠。新加坡实施海事奖励计划（MSI），推出关于国际航空公司、海事船舶仓库租赁业及其他相关服务业的税收优惠政策；国际旅游航行的娱乐用船适用零消费税率；金融服务免征商品和劳务税。这些优惠政策的效果明显，极大地推动了新加坡海洋经济的发展。第四，简便的通关手续。新加坡海关通关手续和程序化繁为简，同时建立了覆盖申报、审核、许可、管制全过程的电子数据交换网络，提高了效率，大大缩短了海关通关时间，增加了对外商的吸引力。

经过政府的不断支持与引导，新加坡成为全球信托基金发展的重要基地。新加坡政府依然选择利用优惠政策吸引外商支持海事信托的发展。2006年6月，新加坡海事和港口局出台了海事金融激励计划。此计划规定，租赁公司、船务信托或船务基金，在十年优惠期内买下的船只所赚取的租赁收入，只要符合条件，将永久免征所得税，直至相关船只被售出为止；公司的投资管理人或者负责管理船务基金所获得的符合条件的收入，可在十年内享有10%的优惠税率。此后，新加坡三大海洋信托基金建立起来，包括太平海运信托基金（已于2013年清盘）、第一船舶租赁海运信托基金和瑞克麦斯海运信托基金。三家信托基金的创立，推动了海洋金融向前迈步，也促进了海洋经济的腾飞。在发展过程中，新加坡完善的产业链结构形成的高度的产业集群为其带来了明显的集聚效应。在海洋经济完整的产业体系中，注重产业链的发展，不断形成产业集聚，上下游的产业间合作关系密切，形成了利益共享、风险共担的集合体，达到了低成本、高成长的效果。相比于新加坡的优惠政策，我国赋税较重，相关优惠政策力度不够，导致我国在国际海洋经济中的竞争力不足，问题重重，新加坡海上经济发展的成功经验值得我们在今后的税制改革中借鉴。

三　海洋经济及海洋金融在我国的发展

（一）我国海洋经济的发展现状分析

1. 海洋产业总量层面分析

从表1可以看出，我国海洋经济的产值不断上升。据初步核算，2016年，全国海洋经济产值高达70507亿元，比上年增长9%，海洋经济产值占国内生产总值的9.5%。如按产业划分，海洋产业增加值为43283亿元，海洋相关产业增加值为27224亿元。其中，海洋第一产业增加值为3566亿元，第二产业增加值为28488亿元，第三产业增加值为38453亿元，各产业增加值占海洋经济产值的比重分别为5.1%、40.4%和54.5%。据测算，2016年全国涉海就业人员有3624万人。我国海洋经济不论是从产值还是从就业人数来看，均在逐年上升，其在我国国民生产总值中的比例也在不断增加，显然海洋经济在国民经济中的比重越来越大，政府应将战略目标放至海洋经济的发展上。

表1 我国海洋经济的产值

单位：亿元，%

年份	全国海洋经济产值	国内生产总值	全国海洋经济产值占国内生产总值的比重
2012	50087	519322	9.6
2013	54313	568845	9.5
2014	59936	636463	9.4
2015	64669	676708	9.6
2016	70507	744127	9.5

资料来源：根据中国历年国民经济和社会发展统计公报和中国历年海洋经济统计公报整理得到。

2. 主要产业发展情况

如同我国三次产业划分一样，我们按海洋产业发展顺序及其与自然界的关系，将其分为海洋第一产业、海洋第二产业、海洋第三产业。海洋第一产业为海洋产品直接取自自然界的部门，如海洋渔业等。海洋第二产业即对取自海洋的生物资源进行加工利用的非生物资源部门，如海洋矿产业、海洋装备制造业、海洋工程建筑业等。海洋第三产业即对海洋生产活动和消费活动提供服务的部门，如海洋交通运输业、滨海旅游业和服务业等。从主要海洋产业增加值可以看出，海洋第三产业经济产出占总产出的比重较大，滨海旅游业和海洋交通运输业二者之和高达63%（见图1），并呈现逐年增长的态势；海洋第一产业和第二产业呈现平稳增长。在今后的发展中，我们仍要以海洋第三产业领跑海洋经济，并保持第一、第二产业稳定增长。

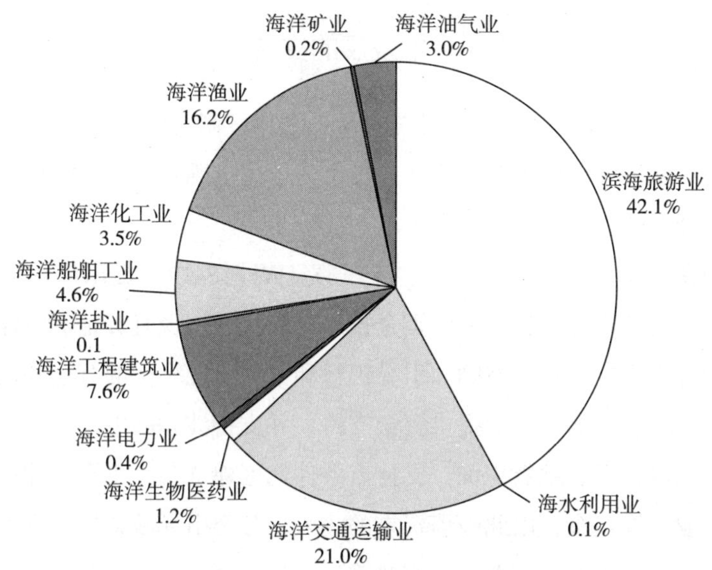

图1　2016 年主要海洋产业增加值构成

资料来源：根据 2016 年中国海洋经济统计公报整理得到。

3. 从地域层面分析

从表 2 可以看出，我国海洋经济产值虽然主要集中在环渤海地区、长江三角洲地区、珠江三角洲地区，但是三者的产值略有差别。历年来，环渤海地区产值均高于其他两个地区。单看三个地区的产值，我们可以发现每个地区均处于稳步上升阶段，政府需要积极引导和给予政策支持，以便促进各地区海洋产业进一步发展。

表 2　我国海洋经济的产值地域分布

单位：亿元

年份＼产值	环渤海地区	长江三角洲地区	珠江三角洲地区
2012	18078	15440	10028
2013	19734	16485	11284
2014	22152	17739	12484
2015	23437	18439	13796
2016	24323	19912	15895

资料来源：根据 2012 ~ 2016 年中国海洋经济统计公报整理得到。

（二）我国政府对海洋金融发展的支持

2016 年是我国“十三五”规划的开关之年，制定的“十三五”规划中阐明了海洋经济发展的主要目标，并提出为了完成既定目标，积极采取政策鼓励海洋金融的发展。

我国在《全国海洋经济发展“十三五”规划》中，提出加快海洋经济投融资体制改革步伐。创新财政资金投入方式，利用现有资金对海洋产业的发展给予各方面的支持，鼓励和引导银行和其他金融机构的资金和民间资本进入海洋领域，为海洋产业提供资金支持，并支持涉海的中小企业在产业化阶段进行风险投资、融资担保。支持有条件地区建立各类投资主体广泛参与的海洋产业引导基金，以此吸引资本的注入。分类引导政策性、开发性、商业性金融机构进入海洋产业，各有侧重地支持和服务海洋经济发展。引导海洋产业在资本市场上进行多层次、多结构、多渠道的融资行为，拓展涉海企业融资渠道。

加快建设融资来源多渠道、融资结构覆盖广、发展可持续的海洋经济金融服务体系的步伐。政府秉承“傍海用海”的发展理念，并且充分意识到海洋金融在海洋经济发展中的重要角色，实施优惠的政策性金融，引领海洋经济的发展。除了政策性的金融支持以外，还要积极引导各类金融机构积极参与到发展海洋经济的业务中，政府为海洋产业提供担保，促使商业银行等金融机构在风险可控、不影响正常营业的基础上，加大对海洋产业的资金支持。鼓励金融机构发挥能动性和创新能力，利用新型金融衍生工具如产业基金、证券化等，探索发展以海域使用权、海产品仓单等为抵（质）押担保的涉海融资产品。为了克服缺少专业性金融机构支持的难题，政府要从当下开始注重引进、培育专业涉海融资担保机构，并进行规范化改革。针对海洋产业风险大的特性，加快发展航运保险业务分散风险，探索开展海洋环境责任险。为增加融资渠道，可以发展租赁业务拓宽船舶、海洋工程装备融资租赁，探索发展海洋高端装备制造、海洋新能源、海洋节能环保等新兴融资租赁市场。

吸收国外发展经验。我国政府开始强化政策调节，加大对符合条件的海洋企业进行税收优惠甚至减免等财政政策支持，并积极为海洋产业进行融资。鼓励多元投资主体进入海洋产业，为其提供资金支持。同时整合政府、企业、金融机构、科研机构等资源，为海洋经济的发展提供技术支持和法律援助，共同打造海洋产业投融资公共服务平台。为确保资金得以充分利用，要推进建立项目投融资机制，通过政府和社会资本合作方式，设立产业发展基金、风险补偿基金、贷款贴息等方式，带动社会资本和银行信贷资本投向海洋产业。除此之外，还要注重金融创新，积极发展服务海洋经济的信托投资、股权投资、产业投资和风险投资等各类投融资模式，为涉海中小微企业提供专业化、个性化服务。融资渠道的拓宽和金融工具的创新需要法律的保护，在推进海洋金融发展的同时要制定相关法律法规规范各主体的投资行为、规范资金的使用。

2017 年 4 月 10 日，中国农业发展银行与国家海洋局在京召开促进海洋经济发展战略合作座谈会，并签署《国家海洋局、中国农业发展银行促进海洋经济发展战略合作协议》，预计“十三五”期间累计向海洋经济领域提供约 1000 亿元的意向性融资支持。同时，双方将共同推进融资融智、海洋经济发展示范区、公共服务平台、风险补偿机制等方面合作，推动海洋经济向质量效益型转变。

（三）我国海洋金融发展前景分析

1. 海洋经济迅速腾飞，海洋产业产值不断积聚，这为海洋金融的发展奠定了基础

2016 年，全国海洋经济产值达 70507 亿元，比上年增长 9%，海洋经济产值占国内生产总值的 9.5%，海洋经济的发展和海洋金融的发展是相辅相成的，海洋经济为海洋金融提供发展契机，海洋金融为海洋经济提供投融资、保险等金融服务，海洋产业具有资金需求规模大、资金回收期周期长、风险大等特点，借助海洋金融能够有效帮助涉海企业缓解融资与管理风险。为了满足海洋经济发展所需的资金或者风险管理的需要，我们需要推动金融工具的创新，寻找诸如海洋产业基金、海洋投资信托、海洋类债券等创新型金融工具。

2. **“一带一路”的发展**

“一带一路”涉及沿线国家众多，向东涉及亚太经济圈，向西紧连欧洲经济圈，人口约占世界人口的60%，这促使海洋产业更加紧密地联系于金融行业。如何使金融资本以高效的推动促使我国海洋产业国际化和健康快速的发展，成为当前的一个重要课题。如我国的航运业就会率先享受到“一带一路”所带来的巨大福利与商机。中国的基建水平在世界上都是顶尖的，拥有众多成熟的技术与高精尖的人才，伴随着“一带一路”的深入开展，沿线的许多国家都能享受到合作带来的巨大改变，将中国的基建力量带到坦诚合作的各国，既能促进当地贸易的发展，又能提高所在地区人们的生活水平。“一带一路”的不断深化助推我国海洋金融发展。中国海洋金融的发展伴随“一带一路”倡议的推进一路走高。如这几年东疆保税港区充分利用地区优势和国家的政策支持，为企业提供了走向国际化的优良土壤，使区域内的企业广纳国际资本，走出了一条合作共赢之路。2016 年，《中国（天津）自由贸易试验区总体方案》90 项改革任务全面启动，百余项创新举措顺利推广，创新制度顺利落实，为我国其他地区的发展提供了先进可靠的经验。“一带一路”的提出定会使我国加大与其他海洋大国的贸易往来，使海洋金融迅速发展，走向国际化。

四　对四个海洋经济试点地区的海洋金融发展及经验分析

中国政府近些年对于海洋经济的发展日趋重视，因此大力推动海洋产业规模扩张。与此同时，增加海洋产业类型，不断改善海洋产业结构，社会整体的经济效益有明显提升。海洋产业在国民经济中的地位日渐提高，对于沿海地区的经济发展有着重要意义。

在政策导向上，国家发改委以及国家海洋局在 2010 年 7 月于青岛召开了全国海洋经济试点会议。会议中，国务院将山东、浙江、广东三个省份认定为全国海洋经济发展试点地区。除此之外，国务院于2011年3月批复的《海峡西岸经济区发展规划》指出，要在政策上推进并鼓励福建省开展全国范围内的海洋经济发展试点工作，同时组织专项规划，全力建设海峡蓝色经济试验区。国务院于2013年9月批准实施了《天津海洋经济科学发展示范区规划》。规划中明确了天津市是继山东、浙江、广东和福建之后的全国海洋经济发展第五个试点地区。推行天津地区的试点工作有助于全国海洋经济和国民经济的发展，树立良好典范的同时提供宝贵经验，转变经济发展结构，多方面提升我国海洋经济的综合实力，促进海洋经济综合管理体制的形成。

（一）山东半岛蓝色经济区海洋金融的发展情况

2011年初，国务院批复并印发关于《山东半岛蓝色经济区发展规划》，经过将近7年的高速发展，2016年山东省海洋产业的GDP是开发前的经济产值的两倍，经济明显提速。

根据表3显示的数据，山东省海洋产业GDP占地区生产总值的比重逐年递增，并且海洋产值的增长率要快于地区生产总值的增长率。整体上看，山东省海洋经济对于省内产值的贡献率不断提升。

表3　2010～2016年山东省海洋经济产值

单位：亿元，%

年份	山东省海洋经济产值	山东省地区生产总值	海洋经济产值占地区生产总值的比重
2012	9000	50013.2	18.0
2013	10000	54684.3	18.3
2014	10400	59426.6	17.5
2015	12193	63002.3	19.4
2016	13000	67008.2	19.4

数据来源：根据山东省历年国民经济和社会发展统计公报和山东省历年海洋经济统计公报整理得到。

在海洋金融的发展道路上，中国人民银行青岛市中心支行发布《关于金融支持西海岸新区发展的意见》，意见中明确提出要与青岛西海岸新区合力发展海洋金融业务。青岛西海岸新区推介了重点项目（企业）103 个，总投资达 1070 亿元，融资金额达 812 亿元，巨大的融资需求为银企合作提供了广阔的合作空间。与此同时，中国人民银行通过差别化存款准备金动态调整的机制，灵活运用再贴现类的货币工具，活跃各银行机构按照“一项一策”“一企一策”原则，借助西海岸新区海洋科技、国际航运、产业集聚、体制机制等方面的发展优势，推进海洋经济与资本合作。

2017 年初，山东省政府提出率先设立海洋发展银行的战略规划，开展海洋类项目的基础设施建设，从根本上培育海洋产业经济。与此同时，政府大力推进将海洋科技研发与成果相互转化，扩大其政策创新和经营机制探索权限，鼓励其创新适应海洋经济发展需求的金融产品和服务，着力打造具有山东特色和影响力的蓝色金融新坐标。

（二）浙江海洋经济发展示范区海洋金融的发展情况

国务院于 2011 年批复并印发了《浙江海洋经济发展示范区规划》，规划中设立了浙江海洋经济发展示范区，该区域包括了浙江全部海域和相关陆域。经过多年的稳定发展，2016 年，浙江省全年 GDP 为 46485 亿元，同比增长 8.4%，海洋经济产值为 6700 亿元，同比增长 8.4%。（见表 4）从数据中可以看出，近些年来，浙江省海洋经济的发展总体稳定，国民产值稳步提升。受宏观经济下行影响，海洋产业经济总产值增速较慢，但是结构在不断优化。浙江省政府加大对海洋产业的资金和政策支持，注重利用海洋金融推进海洋产业的发展。

表 4　2013 ~ 2016 年浙江省海洋经济产值

单位：亿元，%

年份	浙江省海洋经济产值	浙江省地区生产总值	海洋经济产值占地区生产总值的比重
2013	5560	37568.5	14.8
2014	5758.2	40173.03	14.3
2015	6180.8	42886	14.4
2016	6700	46485	14.4

资料来源：根据浙江省历年国民经济和社会发展统计公报和浙江省历年海洋经济统计公报整理得到。

浙江省宁波市是我国海洋金融的第一个试验区域，当地政府大力建设海洋金融、航运金融、贸易金融、离岸金融等。舟山为另一个海洋金融的试点区域，大力推进海洋金融创新，同时制定海洋产业基金计划，通过海洋银行等大力推行船舶融资、航运租赁、离岸金融等创新型金融服务。

在政策上，浙江省海洋与渔业局与国家开发银行浙江省分行在杭州签署了《开发性金融支持浙江海洋强省建设战略合作协议》，协议是为加强海洋大国的战略部署，加快推进浙江海洋强省建设的脚步而签订的。协议中指明了双方将结合浙江省当下经济的实际情况，加强资本合作，携手拓宽海洋经济发展空间。与此同时，浙江省海洋与渔业局与国家开发银行浙江省分行充分利用资源优势，通过规划引领、政策扶持、市场建设等方式多方面构建开发性金融支持，促进浙江省海洋经济长期发展，创新各类资金投融资模式，为浙江海洋经济发展营造良好的大环境。双方通过现代海洋渔业、海洋重大基础设施、海洋生态环境和绿色经济等领域合作，努力破解涉海企业融资难等问题，快速提升融资服务水平，建立健全融资服务体系，从而打造开发性金融与海洋经济建设齐头并进的良好态势。

（三）广东海洋经济综合实验区海洋金融的发展情况

国务院于 2011 年批复印发了《广东海洋经济综合试验区发展规划》，规划中设立了广东海洋经济综合试验区，决定将该海洋经济综合试验区建设成为海洋经济具有国际竞争力的亮点特区，从而升级成为海洋科技创新的经济区，在过程中不断加强成为海洋生态文明建设的示范区。该经济区域覆盖了广东省全部海域和包括广州、深圳、珠海、汕头在内的 14 个市，海域面积为 41.9 万平方千米，陆域面积为 8.4 万平方千米，同时可以产生海洋经济发展的辐射带效应。海洋经济因此成为广东省东西两翼地区最新的发展点，成为改善广东区域经济发展不平衡问题引导的新方向。如表 5 所示，在 2012 ~2015 年期间，广东省的海洋经济产值大幅度增加，截至 2015 年，广东省海洋经济产值占地区生产总值的比重达到 20.9%

表 5　2012～2015 广东省海洋经济产值

单位：亿元，%

年份	广东省海洋经济产值	广东省地区生产总值	海洋经济产值占地区生产总值的比重
2012	11000	57000	19.3
2013	12300	62163.97	19.7
2014	13500	67200	20.1
2015	15200	72812.55	20.9

资料来源：根据广东省国民经济和社会发展统计公报和广东省历年海洋经济统计公报整理得到。

十八大报告表明要大力推进海洋强国的建设，同时广东省委、省政府也提出要全力推进海洋经济强省的建设，并已将经济发展的新增长点和产业转型放至海洋经济的腾飞上。除了给予优惠政策外，当地政府还致力于将金融业推至海洋产业，尤其是当地湛江的海洋金融走在了我国前列，为其他地区提供了宝贵的成功经验，指明了发展方向。在广东省湛江市，市政府鼓励以银行为主融机构放开对海洋经济的授信额度，通过开展渔船项目的抵质押贷款、湛江水产贷等贷款模式，支持涉及海洋经济概念的标的企业大力发行企业债，鼓励涉及海洋经济概念的公司进入资本市场直接融资。广东省湛江市作为粤西海洋经济的核心城市，近些年来，整个城市经济区加大海洋类保险、财政、贷款等海洋金融力度，促进海洋类企业进入资本市场融资运作，海洋经济总产值在广东地级城市中居于前列。2014年，发改委将广东省湛江市列为全国 8 个国家海洋高技术产业基地试点城市之一。在“十三五”期间，湛江市将培育海洋产业发展动能、推进海洋金融的灵活运作、利用海洋金融的模式作为海洋经济发展的助推力。

（四）福建海峡蓝色经济实验区海洋金融的发展情况

2011 年 11 月，《福建海峡蓝色经济试验区发展规划》经国务院批准后开始实施，旨在将福建海峡蓝色经济试验区建设成为深化两岸海洋经济合作的核心区、全国海洋科技研发与成果转化重要基地。此后，福建海洋经济持续快速发展，“蓝色经济”已成为该省新的可持续经济增长点。

如表6所示，2016年福建省海洋经济产值为7000亿元，同比增长7.1%。为促进海洋经济快速发展，福建省积极发展金融服务业，不断加强两岸金融合作交流，加大与境内外金融机构的业务协作和股权合作，加快引进境内外银行、保险机构和证券机构法人总部、地区总部和结算中心；将海洋产业进一步细分，加快金融资源整合，针对业务类型的不同，有目的地增加以服务海洋经济发展为主业的金融机构，大力发展金融租赁公司等非银行金融机构；针对海洋产业中风险较大的业务，发展保险，并不断拓展涉海保险领域，不断丰富服务海洋经济发展的保险产品；将新科技、“大数据”等引入海洋产业，推进海洋信息服务社会化、产业化，完善海洋通信基础传输网络，加快“数字海洋”建设，完善信息服务质量；充分发挥海洋产业的集群效应，加快海洋商贸服务、中介服务等海洋服务业的发展。

表6　2012～2016年福建省海洋经济产值

单位：亿元，%

年份	福建省海洋经济产值	福建省地区生产总值	海洋经济产值占地区生产总值的比重
2012	5520	19701.78	28.0
2013	5900	21910	26.9
2014	6500	24055.76	27.0
2015	7000	25979.82	26.9
2016	7500	28519.15	26.3

资料来源：根据福建省历年国民经济和社会发展统计公报和福建省历年海洋经济统计公报整理得到。

2012年，中国民生银行福州分行与福州市海洋与渔业局签订战略合作协议，为福州海洋渔业发展提供融资支持。近年来，中国民生银行福州分行积极开展海洋金融的实践与创新，成立福建省首家针对海洋产业进行服务的海洋金融部门，建设海洋专业化团队，有针对性地开展海洋金融产品。如针对海洋渔业全产业链，推出“海融通”系列产品包，其主要包括“渔货通”“海洋投行通”“海洋商户卡”“福建省蓝色产业投资基金”四大产品包；

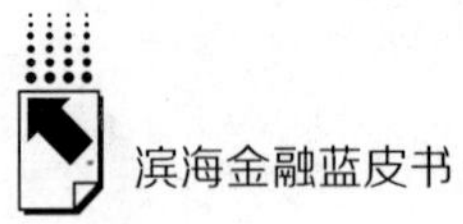

针对市场中小企业的融资需求，推出了服务“微时贷产品”；还有涉海信托、涉海租赁和海河产业基金等多方位、多层次的融资渠道，为渔业客户提供全方位一体化的贴身服务。截至2015年9月末，服务海洋渔业客户近2000家，总授信超过90亿元。中国民生银行福州分行对海洋产业的支持包括其推出的特色金融产品和服务理念，值得其他省份借鉴、学习。

为了筹集市场中的闲散资金，解决资金需求和供给方的信息不对称问题，满足海洋企业金融服务的需要，福建地方中小银行进行了创新型活动——设立海洋金融俱乐部，并邀请多方参加。将多方力量集中起来，发挥俱乐部的金融服务核心作用，借助海洋金融俱乐部实现地方中小银行撬动海洋产业发展的目标，并且俱乐部为海洋金融多方合作创建平台。引入或者参与组建涉海保险、金融租赁、海洋产业基金等金融工具，发挥各个机构的优势，合力为海洋产业提供“一站式、多层次、全方位、管家式”的金融服务，满足海洋企业多样化的金融服务需求。

五　天津海洋经济、金融发展分析

天津是我国北方经济、政治重镇，是我国四大直辖市之一，是我国北方最大的沿海开放城市，参与了经济全球化的一部分。海洋产业的飞速发展，进一步促进了天津市的转型发展和滨海新区的开放转型。2013年9月，随着《天津市海洋经济科学发展示范区规划》正式出台，天津成为继山东、浙江等地之后的第五个全国海洋发展试点地区。天津市海洋经济也在该政策出台后进入了快速发展阶段。想要更快、更好地发展强势海洋经济并建设海洋强市，离不开拥有健全机制的金融体系。

（一）天津海洋经济发展现状及其优势

1. 海洋产业基础良好

2006~2010年，天津市海洋经济的增长速度年均超过20%。这一增长水平显著高于同一时期的地区经济增速，持续对全市经济增长做出贡献。近年来，海洋经济的产值增长势头迅猛并已连续多年占天津 GDP 的 30% 以上。海洋经济已经逐步成为天津经济增长的新动力。海洋产业结构的优化，配合着竞争性产业的快速发展和现代服务业的逐步提高。经过多年的努力发展，天津市逐步形成了以海盐工业、海洋旅游、海洋渔业、海洋石油化工、船舶制造业为中心的新兴产业聚集发展的良好格局。天津市的海水综合利用产业处在全国前列。全市日均海水淡化能力为 22 万吨，占全国日产淡水能力的三成之多，并逐渐形成了海洋循环发展经济模式，北疆电厂等综合利用项目被确定为我国工业循环经济示范工程。天津市逐渐形成了塘沽、汉沽和大港三大海洋工业基地，并逐渐形成了产业聚集效应，PVC、盐、重速度灰、苛性钠等产品处于生产能力的前列。海洋工程方面，以拥有海上平台、平台组块和浮动式石油开采船等全方位的专业设备生产能力的中海油、中交集团、渤油工程为主体。

2. 科技实力雄厚

近年来，天津在海洋工程、海水淡化、海洋环境监测、海洋油气勘探、海上平台等方面已取得多项具国内外先进水平的海洋科技成果，在诸多海洋工程领域处于领先地位。

经济的发展必然伴随着科技的发展。统计数据显示，2012 年海洋科技对海洋经济的贡献达到了 60%。目前，我国聚集的海洋人才有 200 万，其中两院院士达 37 人，海洋专业人才超过 1 万人。有 27 家国家级和省部级海洋研究所位于天津，重点实验室更是翻倍，国家级工程（技术）研究中心多达 33 个，科技产业化基地多达 24 个，国家级和市级企业技术开发中心 449 个，博士后流动站、工作站 229 个。天津大学、河北工业大学等高校设有海洋相关专业，不断为海洋产业培养、输送人才。天津市教委成功举办了海水淡化及水再利用国际研讨会，注重加强人才与技术的交流，使海洋科技有了很大的提升，并在多方努力之下完成了《国家级海洋技术创新与成果转化中心建设方案框架》。在天津市各局委的努力下，全市充分发挥环渤海优势，利用好海洋科技创新成果，积极推动技术产业化和优良成果的转化，完成了近千项成果，取得了一系列令人

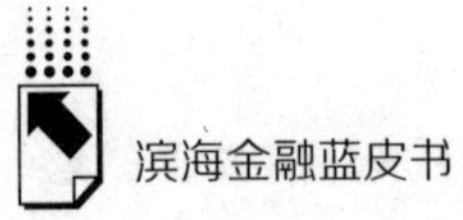

瞩目的研究成果。2016 年，天津市海洋局、教育局与财政局编制出台了《天津市科技兴海行动计划（2016 ~ 2020 年）》，以更加规范化的形式来推动教育、科技、海洋经济的和谐发展。全市海洋科技实力和研发转化能力明显增强。

3. 基础设施完善

除了海洋产业的基础以及海洋科技的优势之外，天津市的海洋基础设施也比较完善。天津港拥有 101 个万吨级别以上的生产性泊位和 23 个内陆无水港，并已经完成了 30 万吨级航道和 30 万吨级原油码头和国际邮轮码头等一大批重大工程建设。2016 年，天津港货物吞吐量达到 4.4 亿吨，外贸货物吞吐量完成 2.45 亿吨。天津机场一期和黄骅—万家码头铁路、海滨大道等一批重大基础设施竣工。高速公路通车里程超过 1100km，已形成通往华北、东北、华东、西北方向的高速公路网。铁路通车里程达到 838km，天津—保定、西南环线扩能改造等铁路项目加快推进，海铁联运能力显著增强。天津市电网进一步完善，全市供电能力显著提高，电力总装机容量达 1133 万千瓦。滨海新区给海洋产业的发展提供了广阔的空间，“十二五”期间的确权海域和海域试用金均保持在较高水平，保障了重大项目的用海需求，诸多海洋项目顺利建成。

4. 政策环境优越

天津海洋综合管理系统成立。天津市海洋管理部门由部门管理机构调整为直辖市政府机关，这一举措增强了政府机关对海洋经济管理的管理能力。为加大对海洋业务的支持，天津与国家海洋局合作建设了渤海监测管理基地。除此之外，海洋管理业务支撑、海洋科技研发、海洋国际交流与合作等作为配套措施，使海洋服务业务更加广泛。这也进一步完善了海洋监管体系，增强了执法能力。为此，天津市政府制定了《天津海域使用管理条例》《天津使用海关管理条例》《三个共同调查使用非法纪律活动管理制度》，并修改出台了《天津古海岸与湿地国家级自然保护区管理办法》，开展了《天津海洋环境保护条例》立法研究，执行了“海盾”“蓝海”特别执法行动，加大了海洋执法力度，以规范海洋开发，保护和管理秩序，使海洋利用更加合理。

2016年，天津实际利用外资达101亿美元，吸引了世界500强企业中的163家投资。天津滨海新区是国家综合改革示范区，在金融创新、科技体制、土地管理、资源节约与环境保护、对外经济体制等10个方面进行了一系列重大改革，并对这些措施进行试点。东疆保税港区已经封关运作，并开展了港退税、船舶登记制度、国际航运税、离岸金融业务和融资租赁等方面的试点。中国—新加坡天津生态城等区域在绿色发展等方面享受相关政策的优惠。

（二）天津海洋金融发展存在的问题

1. 制度和政策的滞后性和金融机构缺乏海洋金融方面的经验

虽然从总量上，天津海洋经济的产值在不断增加，但是其发展仍然处于并将长时间处于成长阶段。现阶段，还没有完全发挥出海洋金融在海洋经济发展中的支柱地位。与其他行业的金融服务不同，海洋产业需要的资金量巨大，产业链长，而且周期长，不同链条上的金融工具使用也有很大的不同。由于资金的趋利性，私人的投资和金融机构的投资在促进海洋产业的金融业务方面有待提高。海洋金融的发展对政府的政策支持依赖性较强，所以，天津市仍需加强海洋开发的整体战略，采用系统政策思路或指导文件措施，促进海洋金融的发展。

2. 缺乏专业海洋金融机构和新型的金融工具

海洋金融的发展主要还是集中在沿海地区，虽然天津的海洋金融发展速度已经领先其他地区，但仍然缺少适应现在海洋经济需要的融资产品和风险管理产品。因为海洋金融的开展受到的政策约束比较多，所以，海洋金融主要依靠传统的融资模式。但是由于海洋高技术产业具有高风险、高收益和回收周期长等诸多特点，仅仅依赖传统的商业银行融资模式难以满足其发展需求。需要综合的海洋金融体系提供专门化的服务，发挥金融机构的主体作用，加快推动金融避险工具创新，完善海洋经济风险防控机制。海洋产业可以依托以银行为核心的融资渠道，并综合利用包括投资、基金、融资租赁、保险、信托以及海外机构等诸多业务平台，为海洋经济的基础设施建设和海洋经济产业链提供信用担保、贸易融资、财务顾问、汇票业务、代理发行债券等一揽子金融服务解决方案，鼓励涉外贸易企业通过汇率远期、货币互换、掉期等产品，对冲汇率风险。

3. 金融支持严重不足，中小型海洋企业难以为继

海洋渔业金融体系依靠的主要是商业性金融支持，真正的合作性金融和政策性金融支持很少。由于海洋产业的风险很大，商业银行缺乏提供长期贷款的意愿。为了获得贷款，海洋渔业不得不以较高的贷款利率获得贷款。然而这些较高的贷款利率成为中小型海洋企业的负担，阻碍了它们的发展。海洋企业除了面临融资成本高这一难题之外，贷款手续也十分烦琐，审批时间过长使得部分企业不得不放弃申请贷款。融资来源还是依赖来自银行等金融机构的间接融资，并没有发挥金融市场中直接融资的作用，实现依靠正规资本市场、股权投资基金的支持模式还有很长的路要走。即使有心利用，但是目前这些非银行金融企业的发展程度还远远不足以支撑起如此庞大的海洋渔业。在海洋产业急需投资和融资的大背景下，反过来也迫使商业银行拓展与资本市场相关的中间业务，加强与保险、证券业、私募以及对冲基金的合作。

六　天津海洋金融发展对策建议

天津市海洋经济的发展，以及打造海洋强市，都需要金融体系十分发达来作为强有力的后盾和保障。目前，对于海洋经济还不算发达的我国来说，海洋方面的新型产业发展程度不高。在海洋科技上的成果转化率偏低，财力方面的支持不高是一个重要原因。与一些经济发达的沿海城市相比，例如上海、浙江等，天津市海洋经济的发展水平还是存在一定的差距，根源也可归结于财力方面的投入不高。由此可以看出，经济实力是推动海洋事业发展的强大推动力，是在其发展中居主导地位的因素，因此，一定要重视、优先发展。

（一）加大财政支持力度

促进天津市海洋事业的成长，无论是中央政府还是地方政府都应当提供一定的政策上的优惠和财力上的支持，进而为海洋经济的建设提供一个良好的环境。首先，可以制定一些具有针对性的财政政策，来引导更多的金融机构投入到海洋经济的发展中。其次，可以主动地获取国债或预算内资金的支持，尤其针对一些发展前景好并积极响应国家推行的产业政策的高新技术企业，应当给予奖励、补贴或者税收等方面的政策上的支持，以便解决对于发展初期的海洋经济面临的产业投资风险与收益不相匹配的问题。地方政府也可以对前期进入海洋经济事业、开展海洋经济业务的金融企业提供部分财政补贴，或者对发展到一定规模的金融企业提供财政性鼓励，选择一批重点培育或扶持的主导产业，给予财政贴息。还可以利用财政政策的引导作用，降低从事海洋业务的金融机构面临的风险，达到引导金融机构参与涉海业务的比例。同时可以采用建立一些有针对性的海洋专项基金，为海洋经济在技术研发上提供充足的保障，从而保证海洋科技的创新。产业投资基金的建立将对海洋科技上的科研、海洋产业结构的调整和金融风险的规避产生巨大影响。

（二）加强金融市场建设，拓宽海洋经济融资渠道

首先，可以引导从事海洋经济事业的企业通过股票市场进行融资。一些大中型企业可以通过在主板市场上市来进行融资，处于发展或起步阶段的科技型中小企业可以通过在创业板市场或者中小板上市来进行融资。可以发展债券行业。对于一些信用较好的海洋开发企业，鼓励其通过发行企业债券来进行融资，或者可以争取发行地方政府债券，将筹集到的各项资金用于海洋经济方面的基础设施建设以及提高海洋科技的成果转化。可以参考国际上一些成功的关于国际风险投资的运作经验。一些还未上市的海洋经济企业，因无法通过上市来进行融资，可以进行资本支持，建立“共同出资、组合投资、专家管理、收益共享、风险共担”的运行机制，进而实现依靠股权交易来获得较高的投资回报。

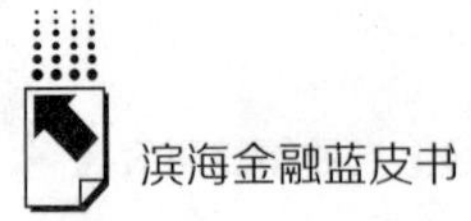

其次，可以创新融资渠道，例如开辟利用海域使用权来抵押贷款的方式，进而培养海域使用权的二级流动市场。对于投资效益差异较大的海洋生态保护项目，由于这类项目大多为公益项目，所以需要政府提供资金支持才可以保障其正常发展。同时，可以建议将水源控制工程以及空气净化工程等创造出的正外部性，或者排污费、生态补偿费收入的全部或部分交由负责该类项目的生态环保公司进行特许经营。获得此类特许经营权的企业可以将其拥有的特许经营权或生态补偿收益权等权益作为抵押物或者质押物来向银行进行融资。对于一些高投入、高产出、投资收益周期长，同时对区域经济发展有较大促进作用的滨海旅游项目，单靠财政来支持会有较大的压力，因此，推荐采用BOT或PPP等委托代建的方式。这类方式不仅可以提高资金使用率，同时也可以减小财政压力。对于经营效益较好的海洋能源项目，因此类项目资金缺口较小，所以可以采取“自有资金+银行贷款+资本市场融资+债券融资+融资租赁”的模式。

需要着眼于大力推动海洋运输和港口物流事业的发展，重点推动融资租赁业务在船舶和大型港口设备上的发展，尤其是鼓励金融机构和船舶制造企业在此类业务上的发展，重点支持对海洋装备制造业或船舶工业等高端设备，以及对港口码头建设所需设备的投资。通过重点发展，可以将金融（融资）租赁业务发展为海洋经济建设中的具有特色的一个领域。可以拓展现有船舶信贷领域之外的船舶债券、股权等融资方式，同时可以引入船舶封闭式基金（例如新加坡海事信托基金、德国KG模式或者英国税务租赁模式等）和船舶开放式基金。

（三）建立专业化的金融机构

一些专业化的金融机构可以为海洋产业的发展提供良好的服务，从而促进全市海洋经济的发展。此处所指的专业化的金融机构可以是专业的海洋运输保险公司、海洋事业相关的政策性银行或开发银行、专业的海洋事业专项基金，以便为涉海项目提供更加便捷的金融服务，同时增加机构种类，增加海洋金融服务的多样性，以优质的金融产品服务于海洋经济的发展。

（四）探索海洋灾害保险新模式

这一新模式需要建立和完善海洋保险行业和再保险行业。政府可以对商业性保险公司提供政策上的支持，主要通过税收优惠政策和超额赔付费用补贴的方式来进行支持。首先，可以鼓励保险公司设立专业的海洋灾害保险经营机构。专业的经营机构可以依据分析海洋灾害的广泛性、频发性及保险过程的复杂性，来进行专业的、具体的海洋灾害保险经营。其次，对保险公司开发海洋灾害保险新产品给予政策、技术和经济上的支持，扩宽其保险经营范围。最后，可以通过对保险公司进行费用补贴来降低其经营过程中的成本，以及降低海洋灾害的保险费率，从而提高保险公司应对巨灾风险的能力以及赔付实力。

（五）建立渔业互保协会

通过建立渔业互保协会，进行渔民间互保、渔船间互保或者其他互保方式。但发展互保协会的过程中，没有完善的立法进行保障，同时还存在承保的范围过小、管理上多头经营、没有更多的融资渠道以及财政上的补贴匮乏等问题。针对这一问题，为了可以更好地为海洋渔业灾害保险产业保驾护航，应当围绕一条行政主线，探寻动态式的双螺旋发展路径，同时兼备政策性原则、效率原则以及可负担原则，来建立一个高效率的多元主体、结构合理的运营模式，并建立一个多种渠道、成本率低的快速融资机制与之相匹配。

B.9
产业基金运营的经验及其启示*

摘　要：　产业基金最早在美国出现并开始发展，20世纪80年代才开始在我国出现。由于我国的特殊国情，产业基金在我国一般由政府主导，称为“引导基金”。经过30多年的发展，产业基金在我国已具备一定的规模和数量，尤其是2014年后发展迅猛。作为改革和发展重点城市的天津，其产业基金的发展也很迅速，从2006年起先后设立了渤海产业基金、船舶产业基金、文化产业股权投资基金等多支产业基金。在推进供给侧结构性改革和京津冀协同发展的时代背景下，天津市政府在2017年设立了海河产业基金，来带动天津经济的整体发展。但海河产业基金还处于成立初期，其运营和发展的方向和重点值得探讨和研究，以便实现更好的发展。

关键词：　产业基金　引导基金　海河产业基金

为了进一步加快供给侧改革的步伐，实现京津冀协同发展的国家战略布局，找准中央对天津的“全国先进制造业研发基地”的功能定位，加速产业结构转型升级和实现高端制造业发展，走新型工业化和信息化道路，深化投融资体制改革，天津市委、市政府设立了海河产业基金。它的重要使命是通过财政资金实现资本化，引导社会闲置资本投向支柱产业和新兴产业，推动技术研发和科技创新，促进产业转型升级和提质增效，为实现先进制造业

* 本报告是天津市科技发展战略研究计划项目（15ZLZLZF00650）的阶段性成果。

的目标提供支持，使制造业向更高水平迈进，提高制造业核心竞争力，实现先进制造业的发展，从而加速天津市的经济进一步发展和转型。

一　文献综述

产业基金是经济发展过程中金融不断创新的产物，1946 年美国研究与发展公司（American Research and Development Corporation，ARD）的成立，标志着产业基金的兴起。国外最早是在 20 世纪 80 年代开始了对产业投资基金的深入研究，主要集中在投资基金模型、资本来源、风险管理、退出方式等方面。此外，国外的产业基金一般不公开发行和交易。基于此特点，国外通常把产业基金叫作“私募股权基金”（Private Equity Fund）或者“风险投资基金”（Venture Capital Fund）。

在产业投资基金理论模型方面，乔治亚大学 Mull Frederick Hobert（1990）的研究认为，产业投资基金是通过参与其投资的项目，用一些方法来提高信息对称的程度，并降低自己和经营高风险项目的企业家之间的代理成本来实现其作用的一种金融中介。科罗拉多大学的 Thompson Richard Charles（1993）在研究中发现产业投资基金不但向所投资的公司提供股本，而且将自己所拥有的专利技术也投入公司，为企业提供专业技术上的支持，以此使自己的投资不会损失，并保证公司的发展是按照投资者的意愿来进行的，同时能够获得超额收益。

在资本来源方面，Nicole R. Onorato（1997）用一定的方法进行统计后指出，美国产业投资基金资金来源的渠道呈现多样化趋势。Gompers 和 Lerner（1998）研究影响产业投资基金来源的主要因素是从需求方面来进行的，结论是降低资本所得税率、放宽对养老金投资的条款限制、控制基金研发成本、基金良好的表现和声誉等会进一步扩大人们对风险投资的需求。Paul U. Ali（2007）在研究中表示，产业投资基金的一种新的融资方式是资产证券化。

在风险管理方面，William A. Sahlman（1990）在《风险投资组织的结构和治理》一书中提出，当资本投入创业企业中时，投资者与企业管理者之间实际上已经产生了委托代理问题。企业管理者与投资者之间信息不对称，可能会使投资者的利益受到威胁。Paul A. Gompers（1996）在《对创业投资领域的大致解析》中，分析了企业本身生产经营的种类对投资者监管的影响。企业若是无形资产比例高，企业的增长期权越高，则监管的力度就会越大，监管成本也会上升。Terttu Luukkonen 等（2013）分析比较了政府风险投资基金（GVC）和私人风险投资基金（IVC）投资后企业财富的变化趋势，其研究对象是欧洲七个国家有风险投资资金支持的处于初创期的高科技企业，度量了投资份额最大的股东对各行业的贡献。结果显示，GVC 和 IVC 的总增长参数在统计意义上没有明显差异，然而 IVC 在商业开发方向、专业能力和退出渠道等财富变多的很多方面比 GVC 有更大的优势。

在产业基金的退出方面，Bascha 和 Walz（2001）表示在产业投资基金退出时，可能会与其所投资企业发生利益上的冲突，这时候可转债是很好的退出模式的选择。Douglas 和 Jeffrey（2003）对比和研究了 IPO、企业收购、股权回购、二级市场出售和清算这五种退出模式，表明最终影响部分退出或全部退出的最主要原因是信息不对称，并表示产业投资基金最好的退出方式是 IPO。Douglas 和 Sofia（2007）分析了 1991 年期间加拿大的产业投资基金退出的例子，最后得出结论：退出的时间点和所投资企业的特征是决定产业投资基金选择何种退出方式的最关键因素。

在我国，产业基金通常是“产业投资基金”的简称。产业基金在我国的起步比较晚，而且人们对产业基金的认识不尽相同。最具代表性的是季敏波（2000）给出的一个定义：产业投资基金是在具有比较完善的市场经济国家正规的创业投资基金经营模式基础上创新的金融产物，利用基金券的发行，集中各投资者的不同数量的资金并形成具有一定数目的信托资产，并通过由专业的投资管理公司投向投资还没有上市的公司，借此扶持国家重点产业发展，并通过参与经营和提供其他专业服务对被投资公司进行管理使之比较成熟，来达到资本保值增值与回收的目的，按投资比例来分配所获得的超额收益。中国人民银行（2011）给出了一个定义：产业投资基金是指投资于非上市公司，并参与所投资公司的经营，为公司提供服务的利益共享、风险共担的一种集合投资制度。也就是通过向大部分投资者发售基金份额来成立基金公司，由基金管理人管理，并由基金托管人托管。

在产业基金的作用方面，王爱俭（2011）阐述了产业基金对实体经济的影响，认为产业基金不但能够促进我国中小型公司及新设立公司的成长和发展，而且能够为各公司的项目确定和研发在资金上给予一定支持，并保证资金投向特定的项目当中。汪杰和王华艺（2017）认为，产业投资基金可以推动股权结构多元化，推进国企债转股试点，实现企业所有权和经营权分离，提高企业经营效率，优化产业结构布局，促进产业转型升级。

在产业基金的资金来源方面，覃家琦和曹渝（2008）认为国内产业基金的融资来源极为单一，基本上都是国有背景，产业基金未来发展的资金来源必须以商业银行、机构投资者、上市公司和境外资金等社会资金为主。牛莉（2010）指出，产业投资基金在资金来源、组织形式等方面要学会适应市场运行体制，让市场来选择最佳的经营模式和融资方式。

在产业基金的组织形式方面，欧阳良宜（2008）比较了投资者权利、税收政策、资本退出和监管机制等方面，认为公司制和有限合伙制是产业投资基金的较好的组织形式选择。周铁军（2015）认为在产业投资基金的有限公司制、有限责任制和契约制三种组织形式中，有限合伙对投资人来说避免了双重征税，是对投资人在税收利益上的激励。赫荣亮（2017）认为产业基金组织形式的选择，要更深入地研究公司制、有限合伙制等基金组织形式，考察哪种形式有利于支持国家战略目标。

在产业基金运行模式方面，高礼彦（2015）探讨了 PPP 模式下产业基金如何参与，认为产业基金参与投资 PPP 项目具有多方面意义，并就产业基金投资 PPP 项目的运作模式从组织形式、发起方式到退出方式等多方面给出了意见。童杰和李郡（2016）认为目前中国产业投资基金有投资公司转化型，境外募集、境内管理型，中外合资型等几种经典模式。梁立明（2017）的研究表明产业基金有两种常见模式：单一 GP 模式，主要由上市

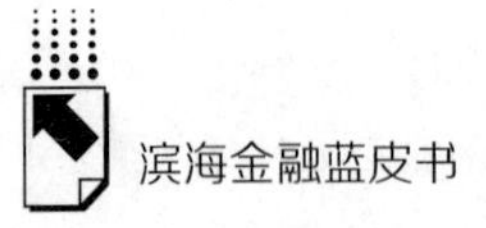

公司的控股子公司或专业的投资机构或两者合资成立新的基金管理公司作为产业基金的 GP；双 GP 模式，由上市公司的子公司与投资机构二者作为双 GP 管理产业基金。

在退出方面，曹文炼（2007）通过对国外产业投资基金经营运作模式进行比较，最后表明中国产业投资基金选择退出模式不是只能单一地上市，也可以通过进行红利分配来退出。张佳（2015）认为，目前中国产业投资基金退出方式呈现多元化特征，并购退出成为新趋势，新兴行业机构退出剧增，新三板出现全面扩容的趋势，但依然存在法律体系不完善和资本市场体系不健全等问题。童杰和李郡（2016）提出，中国产业投资基金退出应该依据国情，可以通过选择公开上市、由公司或创业家本人赎买、出售公司、通过产权交易市场退出、借壳上市、长期持有创业企业股份等方式实现产业投资家与企业家的最终脱钩。

在产业基金风险方面，王洋天（2010）认为产业投资基金在设立之初就应该建立完善的投资风险管理过程，然后制定具体的风险管理的计划措施以及相关的组织和资源安排，以控制投资决策风险。余路（2016）通过对产业投资基金运作流程的分析，提出可以通过组建优质项目团队、制定多元化的项目投资方式、以股权换资产、提高监管力度和信息披露程度等措施来进行风险管理。高涛（2017）认为产业基金在设立与运作的过程中也存在组织机制上的风险、筹资投资风险、退出风险等，并提出了相应的风险控制方法。

在监管方面，黄亚玲（2010）认为我国可以借鉴和学习美国行业自律的模式，对产业基金进行适度监管，可以让产业基金合作双方签订内部契约，并加强托管人的责任来实现。庞跃华和曾令华（2010）认为，鉴于我国产业基金监管较为混乱的情况，应当建立起法律约束下的政府监管和行业管理相结合的模式。李德智（2017）提出强化基金业的监管，一是严格外部监管，二是设立一个专门的机构，主要负责完善和健全引导基金在运营中从决策到执行的风险管理等体制，保证引导基金能够安全、高效，并且负责监督基金经营状况。

二 中国产业基金发展现状

我国产业投资基金的发展主要有三个阶段。

1985～1995 年是起步期。中国的产业投资基金出现较晚，1985 年成立的新技术创业投资公司是出现在我国的首家创业投资企业，标志着产业投资基金开始在我国萌芽。我国的产业投资基金刚开始采用中外合资的运营模式，1992 年经中国人民银行批准成立了山东淄博乡镇企业投资基金，该基金第二年在上海证券交易所上市交易。此外，运用中外合作模式的基金还有太平洋技术创业投资（中国）基金（PTV）（1993 年）、中瑞合作基金（1996 年）等。随着我国经济的不断发展，国外风险投资机构也不断进入我国进行投资，为我国产业投资基金带来了快速发展的机会。在这个时期，中国的产业投资基金主要是探索，处于起步阶段，基金的运作和管理主要由投资公司决策，尚未形成完善的产业投资基金运营模式。

1995～2005 年是成长期。1995 年，中国人民银行颁布《境外设立中国产业投资基金管理办法》，成为我国第一部在全国范围内针对产业基金设定出台的法规。1999 年，国家相关机构又出台了《关于建立我国风险投资机制的若干建议》，这一建议极大地促进了我国产业投资基金的快速和健康发展。在这个时期，产业基金发展的主要模式是政府主导下的中外合资产业投资基金，迅速取代了原来的模式。这一阶段的特征是通过借鉴符合我国政策规定的国外产业基金的运营模式，又进一步根据我国的具体状况慢慢形成富有中国特点的产业投资基金的一种运营模式。

从 2006 年开始是产业基金的快速成长期。标志性事件是国务院在 2006 年底审批通过在天津滨海新区成立了中国第一支人民币全资产业投资基金——渤海产业投资基金，主要针对优势企业和高新技术产业进行投资，目的是促进天津滨海新区开发建设和产业结构调整，总规模达 200 亿元。这标志着我国产业投资基金从中外合资模式向中资独资模式转变，我国产业基金也进入快速成长阶段。2007 年 8 月，国务院批准包括上海金融产业投资基金、山西能源基金在内的第二批试点五支产业基金。2008 年 7 月，国务院特批第三批产业基金：华禹水务产业投资基金、天津船舶产业投资基金、城市基础设施产业投资基金、东北装备工业产业投资基金。并且在这之后，政府不断审批通过了大批大型中资产业投资基金并投入试点运营，对我国产业投资基金的快速发展起到了重要的推动效应。各级政府在这个时期也慢慢发现产业投资基金的发展要与市场进行对接，一步步减少政策管制，这一举措为促进产业投资基金转型发展，进一步为产业基金服务于实体经济提供了必要支持。

如图 1 所示，随着我国宏观经济的快速发展和产业结构的转型升级，产业基金产业也不断扩大其发展规模和数量，2014 年和 2015 年是产业基金爆发式增长的时期。股权投资在中国已走过 30 余年，新募集基金数、募集资金额、投资案例及金额均表明股权投资行业发展迅速，并将在未来长时间地保持增长状态。

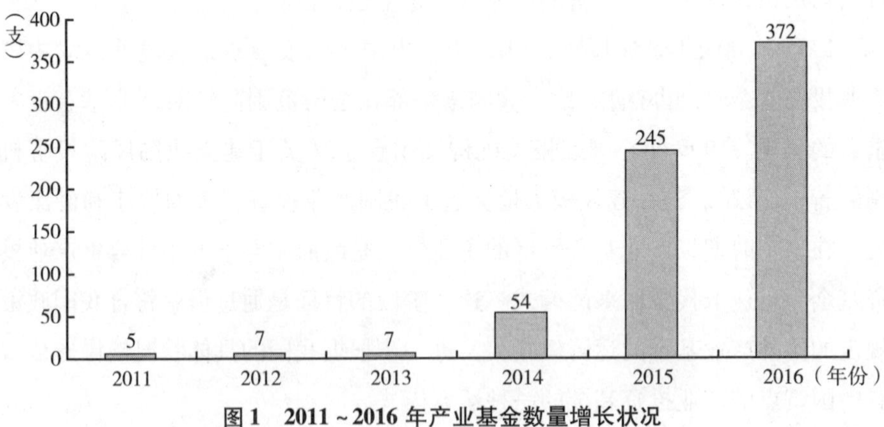

图 1　2011 ~ 2016 年产业基金数量增长状况

资料来源：清科数据库。

总之，中国股权投资市场在“大众创业、万众创新”的时代背景下正在不断地发生变化。目前，我国 VC/PE 机构管理已经有超过 7 万亿元资金总量，在中国证券投资基金业协会备案的基金管理人 1 万余家，经过多次实践考验的 VC/PE 机构也越来越成熟和完善，市场竞争也越来越激烈，并且逐步显现出一些新的特征。从外部环境看，监管层在不断提出一些针对股权投资行业的政策法规，目的是加大力度改善资本市场环境，同时也希望建立具有中国特色的私募基金可持续发展生态圈。总体看来，当今的市场环境对股权投资市场而言既有机遇又有挑战。

三 国内政府引导基金发展概述

在中国，产业基金一般由政府提供资金设立，以投向非公开交易企业股权的股权投资基金和创业投资基金为主要形式。资金主要来源于财政预算内资金、中央和地方各种专门建设基金及其他财政性资金，公司制、合伙制、契约制等为主要组织形式，政府作为出资人，不能参与基金日常事项管理。

我国政府引导基金已经历了探索起步、逐步试点、规范化运作、全面发展、市场化运作五个阶段。探索起步阶段：1999 年 8 月，经上海市政府批准，上海创业投资有限公司正式成立。这是我国首次成立政府出资引导的创业投资基金，推动了高新技术的成果转化，并强化了科技投入中的政府力量。逐步试点阶段：中央十部委于 2005 年制定了《创业投资企业管理暂行办法》，清晰地表明船业投资引导基金可以由国家和地方政府设立，引导资金进入创投业领域。规范化运作阶段：2008 年 10 月，由国家发展改革委、财政部、商务部共同出台了《关于创业投资引导基金规范设立与运作的指导意见》，并经国务院审核后获得批准。全面发展阶段：2011 年 8 月，《新兴产业创投计划参股创业投资基金管理暂行办法》经财政部和国家发改委研究后联合发布。此办法加快了新兴产业创投计划的实施速度，同时加大了资金管理力度。市场化运作阶段：财政部在 2015 年 11 月 12 日制定了《政府投资基金暂行管理办法》，规定政府投资基金资金募集、投资、投后管理、清算、退出等都需要通过市场化方式进行运作，政府引导基金的模式开始向市场化运作模式逐渐转变。

十八届三中全会以来，政府引导基金出现了大幅度的增长。在“双创”

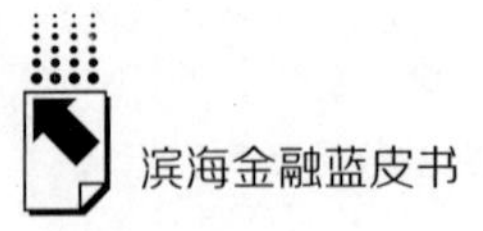

政策的不断促进下，2015～2016 年我国政府引导基金在全国范围内开始设立，进入了一个新的快速发展的历史时期。政府引导基金出现市场化的走向，已经成为机构筹集资金的重要来源。清科集团旗下私募通数据显示，截至 2016 年末，全国共有政府引导性股权投资基金 1031 支，目标规模已超过 5.3 万亿元。从 2015 年开始，国内政府引导基金出现井喷的整体态势：2015 年整年新成立了 297 支政府引导基金，基金的总体规模高达 15089.96 亿元，是 2014 年新成立引导基金数量的 2.83 倍，是 2014 年基金规模的 5.22 倍。这样的高速发展一直持续到 2016 年末，2016 年基金管理总规模超 3 万亿元，全年共成立 251 支政府引导基金。

四　天津市产业基金发展状况

（一）天津市产业基金的发展历程

2004 年，天津市向中央提出设立产业基金的申请。2006 年，经国务院批准，天津设立了第一支产业基金——渤海产业基金，意味着股权投资基金自此由天津登上我国资本市场的大舞台。同时，以国家合伙企业法作为支持，天津市政府积极研究出台相关政策法规，激励股权投资基金蓬勃发展，推动设立合伙制企业，并与股权投资基金的运营相匹配。2017 年，天津市制定了一系列促进股权投资基金发展的政策法规。

加快股权投资基金发展的服务政策制度初步见效。为了使股权投资基金得到更好的发展，天津市为股权投资基金的成长提供了比较完善的服务环境。首先，天津市与全国工商联、美国企业成长协会合作举办了一年一度的中国企业国际融资洽谈会。此次会议能够让参与项目的投融资双方直接进行面谈，更好地进行交流，为企业提供了另一种融资方法。其次，为了给股权投资基金提供更全面和专业的服务，成立了股权投资基金服务中心。再次，为了更加专业地给股权投资基金提供项目推荐和咨询服务，天津市于 2008 年 12 月设立了滨海国际股权交易所。最后，为了进一步推进基金交易和多元化退出方式，设立了天津市股权交易所。

2007 年 9 月，天津市成立了全国第一家股权投资基金协会，主要是为了加强行业自律，为股权投资基金提供良好的成长环境，为股权投资基金业的安全快速发展提供帮助和支持。同时也能促使我国企业通过进一步创新来达到成长的目的，制定行业自我管理条款，监督管理协会成员的日常行为，防止行业恶性竞争，保障股权投资基金的按规章制度运作，有效加强我国基金发展中与国际之间的交流。

（二）天津市产业基金的设立情况

作为中国北方最大的沿海开放城市，天津牢牢把握住滨海新区最近几年作为国家综合配套改革试验区的有利机会，先行试点运行，逐步走上金融改革创新道路，重大突破不断，如表 1 所示，天津市先后设立了多支产业基金。

表 1　天津市产业基金的设立情况

产业基金名称	成立时间	规模（亿元）	首期募集规模(亿元)	主要投向
渤海产业基金	2006 年 12 月	200	60.8	具有创新能力的现代制造业项目、为环渤海地区服务的交通和能源基础设施项目、具有自主知识产权的高新技术项目
船舶产业基金	2009 年 12 月	200	29.5	大型油轮、散货船、液化天然气船、液化石油气船、滚装船、半潜船等科技含量高的特种船等;船舶制造上下游产业及相关领域
天津文化产业股权投资基金	2011 年 12 月	20	4	文化产业领域
天津中煤民生股权投资基金	2017 年 3 月	100	40	航空航天、装备制造、新一代信息技术等高端制造业和研发设计、航空物流等生产性服务业
海河产业基金	2017 年 4 月	200		十大支柱产业和七大新兴产业
中国航空产业基金	2017 年 5 月	200	10	航空产业及相关应用领域

资料来源：北方网。

2017年，天津市委、市政府依据中央给天津赋予的“全国先进制造研发基地”的职能定位，以市场化、专业化、国际化的操作方法，用财政资金来调动整个社会对产业的投资，创立了海河产业基金。4月8日，海河产业基金宣布正式揭牌成立。从设立的目的看，在逐步进行供给侧结构性改革以及京津冀协同发展的大局形势中，海河产业基金的设立主要是为了利用财政资金的杠杆和引导作用，进一步与金融结合，促使社会闲置资本投向支柱产业和新兴产业。海河产业基金虽然是政府出资设立，但它已经表明要按市场化机制来进行运作。

海河产业基金实行引导基金、母基金、子基金三级架构模式，其中引导基金和母基金均采用有限合伙制的公司模式。首先，引导基金是由天津市财政出资200亿元设立的，采用的是混合所有制的模式，主要吸引我国的各种投资机构和金融机构参与进来。其次，要成立完全按市场化体制运营的专业化引导基金管理公司，让它来进行引导基金的市场化运营和组织管理。母基金由引导基金、社会资本等协同合作设立，按市场化机制运营。从原则上讲，引导基金对母基金的出资比例不可以多于30%，母基金可依照行业或者重点区、功能区来建立。母基金在投资方式上可以通过再成立子基金等方法来向具体项目进行投资，也可以不通过子基金进行直接投资。由市场化的天津市海河产业基金管理公司来负责对母基金进行管理。作为海河产业基金唯一一个受托管理机构，它的首要任务是主导引导基金的运作、管理和市场化运营。此公司的模式是按混合所有制，通过市场招聘方式实现股东选择，主要股东形式为国家级投资机构、省级平台公司、市场知名投资机构、上市公司等，股东结构合理。注册资本为2亿元，中信集团、弘毅投资、津融集团和天士力集团等15家公司和企业为其主要股东。按照各产业项目的不同要求，主要由母基金牵头来设立多支子基金，按照合约对子基金进行股权投资、日常管理和退出选择。

海河产业基金经政府200亿元的引导基金投资和在市场上集资，最后形成规模大约1000亿元的母基金群，再通过子基金的放大作用，最终力争撬动5000亿元社会投资基金。海河产业基金有三大优势，其一是它地处京津冀协同发展战略的中心重点城市，赋予其一定的地区发展优势；其二是它具有政策上的优势，由天津市政府出资引导成立；其三是海河产业基金设计了非常专业的让利机制，这为达成2020年天津总体成为全国先进制造研发基地的宏伟目标打下了坚实的基础。

海河产业基金成立后，中国工商银行、中国建设银行、中国银行、北京银行等7家银行纷纷与海河产业基金签署了合作计划，拟定会在5年之内提供逾1000亿元来支持海河产业基金的发展与成长。同时，海河产业基金管理公司也同中信信托、紫光集团、中国民生投资股份有限公司、海尔集团、弘毅投资等多家企业签订了投资意向协议书，各合作方将充分联合采用股权投资、并购投资、风险投资等多种投资方法，合作来发现和开发有潜力的投资项目，促进质优并且重大的项目在天津进行投资。

海河产业基金管理公司目前已经逐渐开始项目营销及储备工作，主要工作重点如下。其一是紧密联系天津各区各县，挖掘寻找项目，以市、区协同合作来引导基金为重点项目的建设提供支持；抓紧国有企业混合改制时机寻找项目。其二是在上市公司当中寻找项目，主要从两方面做起。一是探索其他地方上市公司良好的产业资源，将其引入天津并进行组合投资；二是本土上市公司探寻与行业相匹配的资源，实现产业结构转型升级。除此之外，海河产业基金可以通过银行、PE、招商等渠道发掘好的项目。

五　国内外产业投资基金的发展经验及其启示

（一）美国的风险投资引导基金

1958年，美国启动了“小企业投资公司计划”（SBIC），这个计划孵化出了很多世界知名的创新型企业，其中有苹果、英特尔、联邦快递等驰名世界的百强企业，为社会创造并提供了逾百万的就业机会。SBIC由美国政府为创新型企业提供信用担保，由财政部门向该计划注入资金，促进创新企业的发展和成长。该计划由中小企业管理局（SBA）进行管理，负责挑选符合要求的创新投资机构、依据管理条例给予一定份额的资金支持、对创投基金的运营流程进行监督管理等。它的运行模式是首先发行政府债券来实现基金募集，其次由优先股股东负责创投基金的运营管理，即先由政府负责把债券利息支付给债券持有者，等到基金赚取额外收益，基金再偿还政府垫付的金额。此外，政府部门会把 90% 的投资收益让给民众，以此作为风险补偿和收益激励。

（二）澳大利亚的风险投资引导基金

2001 年，澳大利亚政府设立了前种子期政府创业投资基金（Pre-Seed Fund，PSF），主要目的是促进国家创业投资产业的安全和快速发展。2002 年，前种子期创业投资基金正式启动运营，到目前为止已经参加运作了 4 支混合基金，总投资规模将近 7270 万美元，其中社会资金为 3140 万美元。PSF 主要为大学和公共研究部门的科研提供资金支持，搭建科研体系和企业之间的沟通桥梁，促进研究成果向实体经济转化。

在运营模式上，PSF 大体上与 IIF 相同，利用参股方法吸引社会资金，共同投资于处于初创期的企业，不同点是 PSF 在混合基金中所占的出资比例比 IIF 更高，但是在收益分配中所占的比例比较少，主要是因为 PSF 所投资的企业大都是具有高风险的企业，所以引导基金为达到吸引社会资金进入和分担风险的目的，要更大程度地让利于民。与此同时，PSF 中的基金管理人会有很高额的工资待遇，借此来引入专业素质较强的基金管理人团队。

在运作上，PSF 的引导基金也有一些限制性规定：PSF 引导基金出资占比不能超过 75%；混合基金对外投资采用股权形式，投资仅限于研究部门的科研成果；对单个的公司和项目投资总金额不得超过 100 万美元。

（三）北京市政府引导基金

1. 北京中关村创业投资引导基金

北京市在 2001 年创立了中关村创业投资引导基金，主要筹资者是中关村科技园区管委会，管理人为北京中关村创业投资发展中心，其经营模式是跟进投资模式和参股模式，基金总额约为 5 亿元。中关村创业投资引导基金于 2007 年创办了 7 家创业投资企业，总投资额为 2.45 亿元，这一举措又引入 7.05 亿元的社会闲散资金，主要投向电子信息、通信网络等重要行业中处于创业期的公司。

2. 北京市海淀区创业投资引导基金

2006 年，北京海淀区政府设立了北京市海淀区创业投资引导基金，总投资金额约为 5 亿元 ，这支引导基金重点目标是要支持区内的创投企业的发展。其主要运营模式是参股模式，主要投向处于成长期的高新技术企业，吸引国内外资金。按照规定，海淀区政府不可以直接参与基金的管理，但可以成立引导基金管理委员会来监督管理，并管理引导基金的运行。

3. 北京市中小企业创业投资引导基金

2008 年，北京市政府为了缓解中小企业融资困难的局面，促进中小企业健康发展，设立了北京市中小企业创业投资引导基金，总金额超过 8 亿元，由北京市政府负责募集资金，采用参股模式吸引机构投资者投向北京科技型创新型企业。这支基金充分利用政府资金的杠杆和引导作用，促进社会闲散资金和私人领域资金投资于北京市中小企业，借此提升北京市中小企业创业成功概率。

（四）上海市政府引导基金

1. 上海创业投资引导基金

2011 年，上海市政府为鼓励创业、引进人才，设立了上海创业投资引导基金，并将监管权交由上海创业投资有限公司，初始的基金规模总额约为 10 亿元。该基金主要来自上海的地方政府财政拨款，基金设立的初衷是解决中国高科技产业发展慢等问题。为了构成多元化的融资体制，基金应该吸引社会资金向高新技术领域迁移。上海创业投资引导基金总共建立了 17 家基金公司、20 家基金管理公司，总规模已逾 30 亿元。

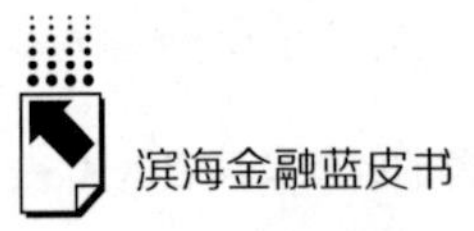

2. 上海市浦东新区创业风险投资引导基金

为了营造良好的创业支持环境，吸引更多海内外创业投资资金、高层管理人员和新技术人员进入创投发展领域，促进创投产业以及高新技术产业的快速成长，上海市政府在2006年10月21日决定设立浦东新区创业风险投资引导基金，并由上海浦东科技投资有限公司负责管理，基金总规模达10亿元。基金主要用于扶持新能源、医药、新材料以及科技农业等发展领域。为了规范该基金的使用以及可持续发展，政府制定了相关管理办法和准则，与相关机构合作投资时严格遵照规定进行。该引导基金采用委托管理模式——政府只制定相关策略，间接参与该基金的运营情况而不直接进行干预。政府不能直接控制基金平时的表现和运营，但可以通过以下渠道间接参与管理。一是和专门的创投基金签订合作协议，用优惠的政策条件吸引国内外的机构和资金进入，浦东新区引导基金与之合作，互惠共赢。按照双方的协议约定商量好投资比例，并引进高层管理人员或组织负责项目的具体经营情况，不断加深与浦东新区的高新技术创业企业合作与交流。二是作为创业投资基金的投资方，引导基金提前和其他投资机构签订合约，约定出资比例。优先投资于浦东新区的高新技术企业，在聘请专业委托管理机构负责该引导基金的具体运营情况，其可以是公司制，也可以是合伙制的形式。

（五）国内外引导基金启示

从国内外成功的创业投资引导基金的经验可以看出，要建立一支成功的引导基金，首先，政府必须清楚地确定其政策意图，正确定位其在基金中的作用，要让市场引导基金运作。其次，基金需要采用适合自身的运营模式，确定恰当的基金规模，选择专业的基金管理和运营团队，确保在运营过程中不出差错。最后，从国内外发展模式看，政府引导基金通过政府资金的让利于民来起到杠杆和引导作用，吸引社会闲散资金投入到引导基金，促进引导基金整体的积极稳健发展。

六　发展海河产业基金的建议

（一）加强行业体系的完善

为了促进海河产业基金更好地发展，需要充分发挥市场经济的高效率运作机制，需要政府完善产业投资基金方面的法律法规体系，利用“种子基金”等模式，制定对应的财政补助等优惠条款，交给国际化和专业化的投资中介机构来运营管理，最后形成一种比较成功的运营模式，来实现大力促进国内产业投资基金快步成长的目标。

首先，要对我国闲置资金加以利用。现阶段我国资金还是相对充足的，而且政府出台了多项优惠政策，致使各种金融机构等先后成立产业基金，我国商业银行储蓄总额依然很高，因此，要大力激励商业银行参与到海河产业基金的运营当中。

其次，监管要适度，加强行业自律。要加强对于社保基金、保险资金等社会资金的管理机构的监管力度，加强自律，在这方面可以学习设立西方股权投资基金协会的心得和经验教训，出台一系列产业投资基金行业标准和要求以及行为实践框架等指导性规范来对从业人员的表现加以限制。

最后，我国还应该引入专业化的投资中介到市场中，在投前、投中、投后等各个期间进行专业化管理和操作，借此降低项目乃至行业风险程度，提倡市场专业咨询研究机构对行业政策、数据进行追踪探究，以便形成一个行业通用的参考标准。

（二）充分运用多层次的资本市场

从美国的发展经验看，其成熟完善的多层次的资本市场为产业投资基金的发展铺就了道路，定位于中小高科技等企业的纳斯达克市场在全球看来也是最发达的创业板，它的主要优势体现在其上市门槛比较低，甚至低于我国创业板的要求，这样就会便于投资高科技中小企业的产业基金的退出。天使交易网络、产权交易市场、证券市场等合体形成美国多层次的资本市场，各种资本可以在各市场之间快速地以较低成本自由转移，有效确保了产业投资基金的投资退出方式和股权资产的有效定价。

从长期角度看，我国的资本市场体系还不够成熟和完善，这要求健全我国的股权交易市场运行体制，并且要保证资本在主板市场、创业板市场和场外交易市场等各大市场之间能够实现无障碍的自由流通，为企业间的股权转移营造良好的氛围和条件。另外，国有企业最好能够有选择性地退出竞争领域，以便使市场供给增加。产业投资基金想要发展得更完善，还必须优化资本市场的资本结构，也就是资本市场上的股权资本与债权资本之间形成一个相对合理的比例。产业投资基金作为一种股权投资方式，可以直接受让国有股，降低中国资本市场上的国有股份额，促使资金提供主体多元化，为经济注入新的活力，恰当地使银行等的资金用于其他用途，对不断优化调整中国资本市场的资本结构大有裨益。

（三）加强行业自身的团队建设和人才培养

产业投资基金运营成绩的好坏主要取决于管理团队的团结度和专业性，因此，兼备金融、投资、法律、财务等各方面专业知识的全面性人才和具有特定产业背景和企业运作管理经验的专家型和实践型人才对产业基金来说是非常重要的。投资项目的成功不仅仅取决于项目选取的好坏，更取决于管理，因此，多方位的人力投入是必不可少的。在项目投前从专业的视角发掘项目并判断项目的可行性，投中高质量的企业管理人才进行运营管理，扩大市场份额，努力提高企业财富水平，投后需要娴熟的资本运作技术实现完善的退出，项目的每个阶段都要依靠大量的专业人才来管理和运作，才能达到企业价值最大化的目标，从而使投资者获得更高收益。所以要重视对企业管理有经验的人才的培养，具体来说，要从实践和培训两个角度来做。

首先可以形成一整套培养方案，可以通过例如基金管理人资格考试等形式来选拔合格的基金管理人才，可以学习国外经验，用分级考试制度来提高专业人员知识水平，此外还要进行基金管理人才专业培训，从整体上提高专业水平。其次应该建立健全基金管理人的推荐制度。例如在国外，基金管理新人需要由 2 名以上有注册资格的基金管理人进行推荐才能任职。最后要积极引进国外先进管理技术和人才，引进国外先进基金管理机构并参与到产业基金管理中。等到条件成熟时，可以把大型产业基金的管理者的招聘范围扩大到国际，把境外专家等全方位管理人才引入国内产业基金管理公司中。

B.10

新常态下天津信托业资产证券化业务研究

摘　要：改革开放30多年来，在金融管制的背景下，随着经济的发展，政府在市场中的地位发生改变，工业化进程也在迅速推进。在这一进程中，通过在间接融资为主导的社会融资体系中充当影子银行的角色，以“金融百货公司著称”的信托业获得了持续、快速的增长。然而，随着中国经济新常态形势的来临，信托行业的传统业务模式、资金运用方式以及资金投向与资金供需双方对信托业务的需求已经产生了矛盾，信托公司转型发展迫在眉睫。本报告在对中国经济新常态进行深入分析的基础上，分析国内信托业的发展现状、面临的挑战以及转型创新机遇，进而阐释资产证券化成为信托转型方向的唯一方式。通过对信托业参与资产证券化的实践进行全方位解析，从天津信托业视角出发，对天津信托业参与保理资产证券化、租赁资产证券化以及政府与社会资本合作项目资产证券化的实践创新进行深入探索。建议信托公司应利用信托制度优势积极参与各种类型的资产证券化业务，同时从受托职责履行、业务能力建设、市场机构合作、风险管理等角度出发，向交易参与者提供更多的职能，形成功能一体化的全流程服务体系。

关键词：新常态　天津信托业　资产证券化　特殊目的载体

一　新常态下信托业发展的机遇与挑战

（一）我国信托业发展的现状分析

1. 信托机构发展情况

（1）法人机构布局。截至2016年末，获得中国银监会批准，全国拥有牌照的信托公司共有68家。从68家信托公司注册地的地域分布看，主要集中在以北京、上海、广州、江苏、浙江为核心的东部沿海带状区域内，其中北京有11家，上海有7家，广东有5家，江苏和浙江各有4家；其余省份（包括自治区、直辖市）的信托公司分布较为分散，基本维持在1~2家，其中广西、宁夏和海南没有信托公司。2015年，中国银监会设立信托部，属地化监管日渐完善。

（2）从业人员情况。截至2016年末，68家信托公司的从业人员合计18401人，较2015年末增加847人，增长率为4.8%，与上年基本持平。从信托公司员工数量分布情况看，300人以上的信托公司有15家，占比为22%；200~300人的信托公司有21家，占比为30%；150~200人的信托公司有16家，占比为24%；150人以下的信托公司有16家，占比为24%。

从年龄结构看，30~39岁员工占比自2014年开始持续上升，2016年达到47.2%，成为从业人员的绝对主力军。30岁以下员工占比自2014年开始持续下降，2016年为32%。40岁以上员工占比继续延续2008年以来持续下降的趋势。总体而言，这种变化趋势与行业2011年前后人员的扩张有关。近几年人员增速趋于平稳后，年轻员工占比自然开始下降。从岗位结构看，自2010年以来，各岗位人员占比基本稳定，信托业务人员占比为55%左右，中后台人员占比为35%左右。其中，业务职能比（业务人员/职能人员）延续2010年以后的下降趋势，2016年下降至1.6，表明中后台管理进一步趋向精细化和规范化，风险控制和管理更加完善化。

2. 信托机构经营情况

（1）盈利能力情况。经营收入同比趋势性下行。2016 年，68 家信托公司共实现经营收入 1116.24 亿元，较 2015 年同期下降 5.09%。从具体构成看，利息收入余额为 62.75 亿元，占比为 5.62%，和上年同期相比呈现上升趋势，同比上升 5.57%；信托业务收入余额为 74.96 亿元，占比为 6.72%，和上年同期相比呈现上升趋势，同比上升 14.59%；投资收入余额为 27.07 亿元，占比为 2.43%，和上年同期相比呈现下降趋势，同比下降 28.02%。

利润继续保持了 2016 年第一季度以来的增长势头。2016 年，68 家信托公司共实现利润 771.82 亿元，其中第一季度实现利润 139.84 亿元，第二季度实现利润 199.43 亿元，第三季度实现利润 179.37 亿元，第四季度实现利润 253.18 亿元。此外，人均利润是衡量行业盈利水平的重要指标，2016 年信托业 68 家信托公司实现人均利润 316.1 万元，相比 2015 年人均利润 319.91 万元略有下降，降幅为 1.19%。

（2）盈利指标分析。信托收入与信托规模增速相背离。截至 2016 年末，68 家信托公司管理的信托资产规模达到 20.22 万亿，同比增长高达 24.01%，而信托收入仅同比增长 8.75%。信托业务收入增速与信托资产增速缺口扩大，信托业务收入与信托资产规模增长的背离反映出信托公司业务模式仍然高度依赖“低附加值”的通道业务的事实。2016 年下半年以来的通道业务回流是出现这一局面的重要原因之一。

固有收入与固有资产规模增长相背离。随着近年来信托公司的持续大幅增资，2016 年末信托公司固有资产规模为 5569.96 亿元，较 2015 年末同比增长高达 20.48%。而与固有资产规模高速增长形成鲜明对比的是，信托公司固有收入出现了大幅下降。2016 年，68 家信托公司固有收入仅为 366.63 亿元，较 2015 年末同比大幅下降 24.8%。出现这一局面的原因包括高额的信保基金资金占用已严重影响信托公司固有资产收益率以及固有资产质量持续下降等。

3. 信托业经营转型情况

2016 年，面对金融业开放和市场化进程的汹涌浪潮，国内信托公司加速转型升级，核心竞争力持续提升。凭借灵活跨越资本市场、货币市场和实业投资领域的天然禀赋，信托公司在多个金融市场积极展开多元化立体耕耘；依靠财产独立性、风险隔离和破产隔离的制度优势，信托公司大力拓展资产证券化和财富管理，在激烈的行业竞争中铸就了坚固的壁垒；紧跟政策指挥棒，信托公司积极把握经济结构调整和多层次资本市场建设带来的机会，消费信托、私人股权投资信托、PPP 信托、年金信托等创新型业务蓬勃发展。同时，不同信托公司经营方式、吸引人才渠道的不同使得转型的方向也变得不同。有的信托公司凭借自身的机构客户资源和股东资源，大力拓展产业基金类业务、PPP 业务；有的信托公司凭借自身的高净值客户号召力，战略性布局私人财富管理业务，加大具有浮动收益特征的权益性产品的开发。

从信托资金投向看，截至 2016 年末，工商企业仍然是资金信托的最重要投向，规模为 43328.03 亿元，占比为 24.82%，较 2015 年末占比提高 2.31%；投向金融机构 36150.18 亿元，占比为 20.71%；投向证券市场 28297.44 亿元，占比为 16.2%；投向基础产业 27298.94 亿元，占比为 15.64%；投向房地产 14295.37 亿元，占比为 8.19%。同比来看，2016 年信托资金出现转向金融同业的趋势，新增资金信托在金融机构的资金占比增加，在基础产业领域的占比则持续下降。

（二）新常态下信托业创新发展面临的新机遇

随着三期叠加的来临，以“L”形走势为特征的新常态在中国推进。基于这一判断，供给侧结构性改革成为宏观经济政策的主攻方向，“三去、一补、一降”（去产能、去库存、去杠杆，降成本，补短板）成为宏观经济政策的重要着力点，宏观政策、产业政策、微观政策、改革政策、社会政策成为五大重要抓手。对于信托行业而言，只有积极调整自身业务模式与发展方向，服务供给侧改革，助力“优化存量、引导增量、主动减量”，助力“去产能、去库存、去杠杆、降成本、补短板”五大重点任务，才能把握住新时代下创新发展的新机遇。对于信托公司而言，存在着巨大的业务机遇，可以通过投贷联动、私募股权投资、产业基金、资产证券化等业务模式来帮助金融机构、非金融企业以及地方政府去杠杆。

在引导增量方面，党中央提出降成本和补短板，即通过推进市场化改革来降低企业的制度性成本，通过培育发展新产业、新技术来扩大有效供给，提升农业综合生产能力。对于信托公司而言，可以通过开展投贷联动业务来助力技术先进、盈利能力强、市场空间广阔的轻资产型科创企业以及中小微企业；可以通过开展土地流转信托业务，将分散经营土地集中起来，发展集约化、机械化的现代农业，从而提升农业综合生产能力。

在主动减量方面，党中央提出去产能和去库存，即通过淘汰落后产能、化解过剩产能来推动实现新旧动能转换，主要集中在钢铁、煤炭、水泥、电解铝等行业，通过限制超大和特大型城市、提高户籍人口的城镇化率来化解房地产库存。对于信托公司而言，可以通过开展不良资产证券化、不良资产处置基金业务等来帮助企业盘活存量资产，通过开展房地产投资信托基金（REITs）来帮助去库存。

（三）新常态下信托业创新发展面临的挑战

随着中国经济发展步入“中高速增长、产业结构优化、增长动力转换”，受金融机构“偏爱”的传统重资产行业进入新的发展阶段，信托行业面临的风险正在不断增加。在金融自由化、利率市场化、汇率市场化等背景下，全球主要经济体货币政策分化所引发的资本流向改变、资本市场波动区间逐步增大所引发的金融风险的跨产品传导、跨市场传递等所带来的诸多不确定性，使信托行业的传统风险控制面临着更多的外部挑战，与此同时也带来了风险项目的持续增加与不断累积。据中国信托业协会公布的数据显示，截至2016年末，信托业68家信托公司的风险项目总计为545个，资产规模为1175.39亿元，比2015年末的973亿元增加202.39亿元，同比增长20.8%。其中，集合类资金信托规模为

600.71 亿元，单一类资金信托规模为 556.92 亿元，财产权信托规模为 177.6 亿元。

从信托行业整体看，不良资产规模和不良率总体相对较低，但增速较快。全行业不良资产总计 125.63 亿元，相比 2015 年末的 74.59 亿元，同比增长 68.4%。同时，刚性兑付背景下信托公司风险项目处置的主要方式就是用自有资金先行接盘兑付，再通过司法诉讼、拍卖等多种变现方式进行项目善后处理，最终实现项目资金的回流。所以，仍需警惕信托、表外业务向表内风险传递，以及资产质量下降引发的风险。

1. 信托公司风险管理思维需要调整

过去，信托公司主动管理业务以债权居多，资金投放主要集中在房地产类项目、政府融资平台类项目等领域。信托机构的风险控制更多地与零和思维的此类业务相适应，风险容忍度低，风险偏好倾向于风险厌恶型。而在行业转型背景下，各家信托公司或回归信托本源，或顺应转型趋势，积极进行业务创新，寻求新的发展动力，跨境金融服务、资本市场配置、PPP 项目、私募股权投资等逐渐成为转型方向上较为一致的共识。对于此类业务而言，多以竞合思维为主，风险容忍度及风险偏好都需要进行相应的调整。

2. 信托业的刚性兑付与类银行监管

近年来，一方面是个人可投资资产总额和高净值家庭的快速增加以及信托产品的刚性兑付特征，使得高净值客户通过信托产品进行财富管理的需求十分旺盛；另一方面是新常态下面对刚性兑付压力，信托公司主动缩减融资类资金信托理财产品的发行量，同时信托服务产品长期缺位，使得融资类资金信托理财产品的供给不断缩减，两方面原因共同导致了信托产品市场供需严重失衡、产品发行规模难以满足高净值客户财富管理需求的现象。可以认为，产生这一现象的核心问题是刚性兑付①。而刚性兑付则导致了监管机构

① 刚性兑付是指在融资类集合资金信托计划出现兑付困难时，信托公司出于对投资者保护和公司声誉等方面的考虑，通过各种方式接盘信托计划，并按约定向受益人分配信托财产。

对信托行业采取了类银行监管模式，最终类银行监管模式又会倒逼信托公司离信托制度越来越远。

二　信托业参与资产证券化实践概述

（一）我国资产证券化的发展历程

我国的资产证券化实践呈现出三个显著特征，即多头建设、市场分割、政策驱动，重要体现之一就是我国的资产证券化产品分类是按照主管部门划分的。2016 年全年，国内市场共发行资产证券化产品规模达 8420.51 亿元，较 2015 年同比增长 37.32%；市场存量为 11977.68 亿元，较 2015 年同比增长 52.66%。国内资产证券化市场继续延续快速增长态势。

1. 信贷资产证券化与资产支持票据的发展历程

（1）信贷资产证券化业务的发展历程。2005 年初，经国务院批准，信贷资产证券化试点正式启动。此后，中国人民银行和银监会又相继发布了一系列相关法规。2008 年底，受美国次贷危机以及全球金融危机的影响，该项业务被暂时叫停。2011 年，经国务院同意，信贷资产证券化继续试点。2012 年，《关于进一步扩大信贷资产证券化试点有关事项的通知》的发布标志了信贷资产证券化业务进入扩大试点阶段。2014 年，中国银监会办公厅下发《关于信贷资产证券化备案登记工作流程的通知》，信贷资产证券化业务由审批制改为备案制。2015 年，中国人民银行发布《中国人民银行公告〔2015〕第 7 号》，正式推行信贷资产证券化注册制。至此，信贷资产证券化产品“银监会备案 + 央行注册”的发行模式基本确立。在一系列政策刺激下，2014 年以来信贷资产证券化业务呈现出井喷式增长的态势。我国资产证券化发展历程如表 1 所示。

表 1　我国资产证券化发展历程回顾

分期	重大事件
试点期	2005 年 4 月,我国央行和银监会发布《信贷资产证券化试点管理办法》,由此试点正式启动 2006 年 2 月,财政部、税务总局发布《金融机构信贷资产证券化有关的税收政策问题的通知》
停滞期	2008 年底,监管机构为了防范资产证券化风险,叫停了资产证券化业务 2009 年 12 月,中国银监会发布《商业银行资产证券化风险暴露监管资本计量指引》
扩大试点期	2012 年 5 月,我国央行、银监会、财政部联合下发《关于进一步扩大信贷资产证券化试点有关事项的通知》,试点额度高达 500 亿元 2014 年 11 月,中国银监会下发《关于信贷资产证券化备案登记工作流程的通知》,信贷资产证券化业务将由审批制改为备案制 2015 年 4 月,我国央行发布《中国人民银行公告〔2015〕第 7 号》,正式推行信贷资产证券化注册制

资料来源：根据中国银监会网站、中国人民银行网站资料整理得到。

（2）资产支持票据业务的发展历程。资产支持票据（ABN）是由银行间市场交易商协会推出的，资产支持票据的发行过程与其他类型的资产证券化基本类似，但是在发行方式、评级要求与发行载体等方面略有不同。

为拓宽企业融资渠道，加强金融支持实体经济的力度和及时性，2012 年 8 月 3 日，中国银行间市场交易商协会发布《银行间债券市场非金融企业资产支持票据指引》，正式推出资产支持票据。受到外部环境和法律法规等因素影响，指引制定时主要为原则性条款，为后续创新预留了空间。

2016 年 12 月 12 日，在对原有 ABN 指引进行修订和完善的基础上，中国银行间交易商协会发布《非金融企业资产支持票据指引（修订稿）》及配套表格体系，明确引入特殊目的信托作为发行载体，基础资产类型进一步丰富，信息披露要求进一步细化，投资人保护力度得到加强，有助于实体经济企业降成本、去杠杆。

2. 企业资产证券化与资产支持计划的发展历程

（1）企业资产证券化业务的发展历程。企业资产证券化的早期探索开始于20世纪90年代，具有标志性意义的业务包括：1996～1998年珠海大道、中集集团和中远集团相继开展的离岸资产证券化，以及2003～2004年华融资产管理公司与中国工商银行相继开展的不良债权证券化。

从监管历程看，2013年3月，中国证监会公布《证券公司资产证券化业务管理规定》。2014年2月，中国证监会本着“简政放权、宽进严出”的原则，取消了资产证券化业务的事前行政审批。2014年9月，为贯彻《国务院关于进一步促进资本市场健康发展的若干意见》，进一步规范发展证券公司、基金管理公司子公司资产证券化业务，同时配套下发了相关业务信息披露指引和调查工作指引。

从审批流程看，一是把证券交易所的事前审查与基金业协会的事后备案相结合，事前审查内容包括信息披露内容是否完善，基础资产质量、交易结构是否合法合规以及投资者适当性；事后审查将关注重点聚焦在备案材料的形式完备性上，避免重复审查。二是主要环节包括提交发行和申请挂牌文件、交易所确认符合挂牌条件、出具同意挂牌无异议函、发行、基金业协会备案以及登记及挂牌转让等。

（2）资产支持计划业务的发展历程。2012年10月，中国保监会下发《关于保险资金投资有关金融产品的通知》，进一步明确规范了保险资金投资项目资产支持计划。2013年4月，新华—东方一号项目资产支持计划的成功落地，成为保险投资新政以来市场首单项目资产支持计划产品。2013年全年，项目资产支持计划共计发行12笔，发行规模总计451亿元。2014年7月，为进一步规范项目资产支持计划试点业务，保障保险资金运用的安全性，中国保监会下发了《项目资产支持计划试点业务监管口径》。

为支持保险机构探索发起资产证券化产品，鼓励保险机构通过资产支持计划形式，直接对接存量资产给实体经济提供资金支持，同时加强资产支持计划业务管理，维护保险资金运用安全。2015年8月，中国保监会正式下发了《资产支持计划业务管理暂行办法》，初步构建了“保险系”资产证券化业务的顶层制度设计。

（二）信托业参与资产证券化的主要模式

从2016年中国资产证券化市场的运行情况看，信贷资产证券化发行106单，规模总计3868.73亿元，同比下降4.63%，占发行总量的45.94%；存量为6173.67亿元，同比增长14.74%，占市场总量的51.54%。企业资产证券化发行385单，规模总计4385.21亿元，同比增长114.9%，占发行总量的52.08%；存量为5506.04亿元，同比增长138.72%，占市场总量的45.97%。资产支持票据发行8单，规模总计166.57亿元，同比增长375.91%，占发行总量的1.98%；存量为297.97亿元，同比增长87.52%，占市场总量的2.49%。信托公司分别以发行机构的角色参与了信贷资产证券化业务，以发起机构或发行机构的角色参与发行了18单企业资产证券化业务，并以发行机构的角色参与发行了6单资产支持票据业务。

1. 信托公司参与信贷资产证券化业务的主要模式

依据《信贷资产证券化试点管理办法》要求，信贷资产证券化的基础资产主要是信贷资产。在早期试点运行过程中，信贷资产主要包括住房抵押贷款和汽车金融类贷款。在2012年进一步扩大试点后，信贷资产证券化增加了基础资产领域，同时鼓励金融机构采用多元化信贷资产作为基础资产开展信贷资产证券化业务。在扩大试点后的实践过程中，信贷资产证券化所选择的基础资产广泛涵盖了企业信贷、消费信贷等。

信贷资产证券化过程中，会涉及许多的交易参与者和中介机构，主要包括发起人、特殊目的机构、资金托管机构、信用评级机构、会计师事务所、律师事务所、承销机构等。从整个交易结构看，信托公司通过经营资产支持计划、管理信托财产等业务形式，积极参与信贷资产证券化业务。

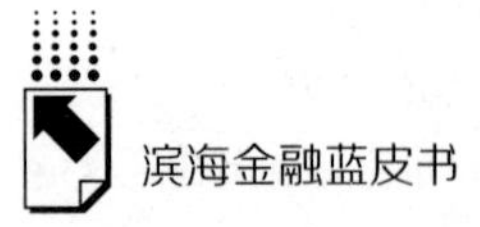

2. 信托公司参与企业资产证券化业务的主要模式

企业资产证券化的基础资产符合法律法规，是指：其一，在法律上能够准确、清晰地界定为财产权利或财产（债权、收益权）；其二，不在基金业协会颁布的《资产证券化业务基础资产负面清单指引》之内。基础资产类型主要包括企业应收款、信贷资产等。从目前已发行的产品看，主要分为债权类资产证券化、收益权类资产证券化以及不动产类资产证券化三大类。

在企业资产证券化业务中，信托公司可以寻求利用自身的信贷受益权、信托贷款等资产来作为基础资产，从而作为原始权益人参与到企业资产证券化中。具体来说，包括两种模式：一种是存量模式，即信托公司以目前已经持有的信托受益权、信托贷款等资产作为基础资产来发行资产支持证券的业务模式；另一种模式是增量模式，即信托公司以企业资产证券化为目标而构造的信托受益权或信托贷款资产作为基础资产的业务模式。

（三）信托业在资产证券化过程中面临的问题分析

1. 信托公司面临的主要问题

信托公司面临的主要问题是通道化。就信贷资产证券化而言，从法律关系上看，信托公司是最主要的参与主体之一。以受托人的名义，与发起人签订信托合同或资产转让合同；以证券发行人的名义，与资金保管机构、主承销商、贷款服务机构分别签订资金保管合同、承销协议、贷款服务合同，完成上报审批等工作——几乎是证券化项目每个环节的权责主体。信托公司也是少数贯穿资产证券化整个流程的机构之一：受托机构设立 SPV，受让发起人的资产，并发行资产支持证券，同时受托机构还负责项目的日常管理，负责项目终止后的清算。

作为资产支持证券的发行人，信托公司对所发行证券的各种特征（包括风险、期限、收益、目标投资人）应当做出判断，并使其与机构自身的能力、风险控制体系和规划相匹配。这就要求信托公司从资产证券化的筹备阶段即开始参与，与发起机构共同确定基础资产范围和种类、决定交易结构、聘任中介机构、拟定项目日程，甚至协助销售等。但实际上，在当前阶段只有极少数信托公司能承担上述工作。大部分信托公司仅仅履行了受托人的义务，出现明显的通道化趋势，主要表现在以下方面：很少参与项目的筹备；在项目设立阶段，起不到统筹协调的作用；在基础资产的选择和交易结构的设计方面，基本不发挥主动的作用；证券发行时，协助销售能力有限；在证券化项目运营管理期间，资产管理欠缺主动性，对基础资产现金流的回收缺少掌控性。综上所述，在当前阶段，信托公司在证券化业务中所承担的义务与其作为发行人的法律地位和其在证券化业务中应当发挥的作用是极不匹配的。

2. 产生问题的主要原因

信托公司被通道化的原因有很多，但最主要的是以下两个方面。

第一，缺乏与发起人和投资人的先期接触。这是由信托公司以往的业务模式所决定的，信托公司以往的主要业务模式是通道型业务。在这种模式中，业务通常由委托人（通常为资金提供方）所主导，一定程度上决定了信托公司很难与各市场参与方，尤其是融资方保持长期、紧密的沟通。正是由于缺乏对客户潜在融资需求的了解，信托公司缺少参与资产证券化的筹备。常见的情况是发起人和财务顾问（通常是券商）完成项目初步筹备工作之后，才通过招标的方式引入信托公司和其他中介机构。此时，项目的时间表、拟证券化的基础资产也基本确定了。另外，与投资人缺少接触限制了信托公司的证券销售能力，也无法获取潜在投资人对于证券的利率、期限、风险等偏好信息。因此，在基础资产选择时，不可能有针对性地设计资产组合，只能根据发起人的需求挑选资产。

第二，证券化专业设计能力有待加强。在资产证券化过程中，关键的环节包括尽职调查、现金流模型建立、交易结构设计等。目前，信托公司的尽职调查主要依赖评级机构和会计师，侧重于对资产池进行调查，对于交易的各参与方的履约能力，通常并未深入进行调查。信托公司也极少独立建立现金流模型，因此也几乎不进行现金流的监测。所以，信托公司很难将自身的优势体现在交易结构中，实现增值服务。

三　天津信托业参与资产证券化的实践创新探析

截至2016年末，获得中国银监会批准，注册在天津的信托公司共有2家，分别是北方国际信托股份有限公司和天津信托有限责任公司。截至2016年末，2家信托公司的从业人员总计271人，其中北方信托有132人，天津信托有139人，占全行业人员总数的1.47%；2家信托公司的信托资产总计4174.25亿元，其中北方信托为2643.73亿元，天津信托为1530.52亿元，占全行业信托资产总额的2.06%。

（一）天津信托业参与保理资产证券化业务探析

1.保理业务的发展历程——天津视角

为发展信用服务业，2012年，天津滨海新区和上海浦东新区受批允许开展商业保理后，我国商业保理市场开始起步并迅速进入了发展的“快车道”。此后，商务部又相继批准在广州、深圳、重庆、苏州等地开展保理试点。为进一步规范商业保理企业的设立、业务和监管，2015年，商务部出台了《商业保理企业管理办法（试行）》（征求意见稿）。截至2016年末，全国已注册商业保理公司5584家，较2015年底的2767家增长了102%，仅海南、甘肃和贵州三省尚无商业保理公司设立。注册数量前三名分别为广东、天津及上海。其中广东有4051家，天津有430家，上海有422家。根据商业保理专委会调研数据显示，资产证券化已经成为保理业务再融资的主要融资渠道。

近年来，天津市商业保理业务发展呈现出监管严、规范专业、股东背景强等特点。从监管政策看，在2012年12月出台《天津市商业保理业试点管理办法》之时，就明确了商业保理公司的准入条件、业务范围等；2013年11月，对该试点管理办法进行了修订，进一步明确了监管数据报送以及审批、监管分工等细则；2014年6月，天津滨海新区又印发了《商业保理业试点期间监督暂行管理办法》，进一步强化了行业监管。从注册企业情况看，企业股东背景良好，业务涉及医疗销售、设备制造、建筑施工、商贸海运等多个行业领域。股东背景类型广泛，有央企的中车保理、国新保理、方正保理、中吕保理等，有地方国企的天保保理、基石保理、季度能源的新华保理等，有民企的新希望保理，有电商的保拉保理、信达保理、快钱保理等。

2. 天津信托业参与保理资产证券化业务的主要模式

保理资产证券化是以商业保理公司所受让的应收账款作为基础资产，所进行的资产证券化业务。实际上，商业保理公司是将其所受让的应收账款做了“二次转让”，应收账款等基础资产的清偿能力集中表现为应收账款的回款。保理资产证券化存在多种分类方式，包括根据监管机构、基础保理业务类型、保理资产证券化主体数量等。截至2016年末，共有8家保理公司发起了22单企业资产证券化类保理资产证券化产品，发行总额为235.21亿元。

2015年10月末，由方正保理和恒泰证券分别作为发起人和管理人的“方正保理一期资产支持专项计划”取得了上交所的无异议函。本次“方正保理一期”产品期限为3年，其中第1年和第2年为循环购买期，第3年为分配期。“方正保理一期”的发行规模为5.57亿元，分为优先级和次级资产支持证券，其中优先级占95%，即5.29亿元，由机构投资者认购，票面年化利率为5.3%，次级占5%，即0.28亿元，由方正保理认购。中诚信证券评估有限公司给予优先级的信用评级为AAA，次级不做评级。该单产品以保理融资债权为基础资产的专项资管计划，解决企业融资过程中普遍面临的担保品不足的问题。在增信措施方面创新，采取优先/次级分层结构设计，通过内部增信的方式解决融资难题。

在2012年12月，银行间交易商协会发布《非金融企业资产支持票据指引（修订稿）》后，资产支持票据业务的基础资产类型更加丰富，交易结构更加完善。特别是引入特殊目的载体作为发行机构，不仅使此前较为突出的无法实现真实出售和破产隔离的问题得以有效解决，还为信托公司带来新的发展机遇。信托公司完全可以作为发行机构，在银行间市场上仿照“方正

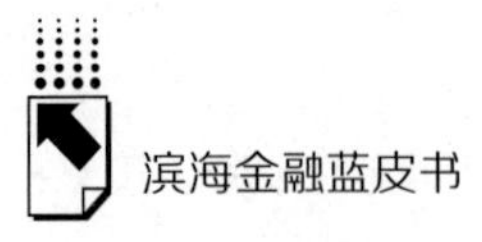

保理一期”的业务模式，与保理公司合作以保理融资债券作为基础资产开展资产支持票据业务。

（二）天津信托业参与租赁资产证券化业务探析

1. 租赁业务的发展历程——天津视角

2011 年，国务院批复《天津北方国际航运中心核心功能区建设方案》，鼓励天津东疆保税港区开展航运金融业务和租赁业务试点。2015 年，国务院印发《中国（天津）自由贸易试验区总体方案》，鼓励天津市开展融资租赁业务，推进租赁业政策制度创新，加快国家租赁创新示范区的建设。截至 2016 年末，全国融资租赁企业（按照相关统计标准）总数约为 7120 家。其中，总部设在天津市的各类融资租赁企业总计 1193 家。具体来说，包括金融租赁企业 9 家、内资租赁企业 30 家以及外资租赁企业 1154 家[①]。

近年来，天津市融资租赁业务发展呈现出政策引领和创新推动等特点。2010 年和 2015 年，天津市率先出台了《关于促进我市租赁业发展的意见》和《加快本市融资租赁业发展的实施意见》，从多个方面明确了支持租赁业发展的政策制度。在此基础上，天津市 2016 年在“十三五”规划中明确提出租赁业改革发展的主要任务和工作措施，提出“到 2020 年底，力争全市租赁业总资产突破 1.4 万亿元，租赁资产突破 1.2 万亿元”。此外，率先开展创新业务模式，对全国租赁业发展起到了重要的示范带动作用，有力支持了实体经济发展和产业转型升级。

2. 天津信托业参与租赁资产证券化业务的主要模式及参考案例

截至 2016 年末，共有 94 家融资租赁企业参与了 198 单租赁资产证券化业务，发行资产总额为 1959.49 亿元。其中，资产支持票据类产品 3 单，发行资产总额为 39.69 亿元；信贷资产证券化类产品 10 单，发行资产总额为 209.32 亿元；企业资产证券化类产品 185 单，发行总额为 1710.48 亿元。

2015 年初，宝信国际融资租赁有限公司发行了规模高达 4.05 亿元的

---

① 据中国租赁联盟和天津滨海融资租赁研究院统计测算。

“宝信租赁一期资产支持专项计划”。该计划通过采取初始超额抵押、超额利差支持、优先/次级分层、差额支付承诺等增信措施，使得优先级资产支持证券信用评级达到AAA。该单产品拓宽了租赁公司的融资渠道，降低了融资成本。

在开展融资租赁资产证券化业务中，信托公司可以通过多种形式参与其中。在信贷资产证券化业务中，信托公司可以通过信托计划将融资租赁企业持有的租金债权转换为信托受益权来发行资产支持证券。在资产支持票据中，信托公司可以设立特殊目的载体，依据融资租赁企业所持有的租金请求权等发行资产支持证券。

（三）天津信托业参与政府与社会资本合作项目资产证券化业务探析

1. 政府与社会资本合作项目的发展历程——天津视角

在《关于推广运用政府和社会资本合作模式有关问题的通知》（财金〔2014〕76号）的推动下，政府与社会资本合作模式被视为未来地方政府融资模式转型的重要方向。2014年以来，我国政府和社会资本合作模式进入迅速发展期：一方面，政策框架和政策体系基本完善；另一方面，政府和社会资本合作项目加快落地。

2015年以来，天津市推动政府与社会资本合作项目建立全市PPP投融资模式改革工作推动机制，形成了强有力的制度机制支撑。同时，陆续推出《天津市推进政府和社会资本合作指导意见》《天津市市政公用交通领域推广政府和社会资本合作（PPP）模式实施方案》等一系列文件，打造了政府与社会资本合作项目规范化的制度管理体系。2016年4月，天津市财政局、市建委、市发展改革委联合拟定《天津市市政公用交通领域推广政府和社会资本合作（PPP）模式实施方案》，确定了天津市PPP模式实施的领域。

2. 天津信托业参与PPP项目资产证券化业务的主要模式及参考案例

所谓“PPP项目资产证券化”，是指以PPP项目所产生的现金流为基础资产所进行的资产证券化。2012年，我国央行、银监会和财政部联合发布《关于进一步扩大信贷资产证券化试点有关事项的通知》（银发〔2012〕127

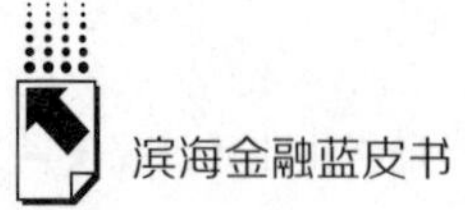

号)，鼓励基础设施类贷款开展证券化。2016 年 12 月，发改委和中国证监会联合下发《关于推进传统基础设施领域政府和社会资本合作（PPP）项目资产证券化相关工作的通知》（发改投资〔2016〕2698 号)，通知要求各省级发展改革委将重点推动符合条件的 PPP 项目在上海证券交易所、深圳证券交易所开展资产证券化融资。这些政策的出台积极推进了符合条件的政府和社会资本合作项目通过资产证券化方式实现市场化融资，提高了资金使用效率，更好地支持了传统基础设施项目建设。

2017 年 2 月 3 日，新疆昆仑新水源科技股份有限公司和太平洋证券股份有限公司分别作为发起人和计划管理人，在机构间私募产品报价与服务系统发行的“太平洋证券新水源污水处理服务收费收益权资产支持专项计划”，成为第一笔 PPP 资产证券化项目。该计划发行总规模达 8.4 亿元，采用结构化分层设计，其中优先级为 8 亿元、次级为 0.4 亿。该计划的基础资产系发起人新疆昆仑新水源科技股份有限公司向乌鲁木齐市水务局收取污水处理费用。

《政府和社会资本合作模式操作指南（试行)》明确了一个典型的政府和社会资本合作项目实施过程，从中可以发现信托公司在项目开发、建设、运营等阶段都有参与 PPP 项目资产证券化业务的机会。如在项目建设阶段，由于项目尚未产生现金流，可设计“双 SPV 结构”，以在建项目未来现金流收入所支持的信托受益权作为基础资产，发行资产支持专项计划。

四 新常态下天津信托业开展资产证券化的政策建议

随着宏观经济增速的换挡以及利率市场化进程加速，企业主动去杠杆以及存款不断下降成为趋势，非金融企业、非银行金融机构以及银行等对于盘活存量资产的动力愈发迫切。相对于美、欧等资产证券化较为成熟的发达经济体来说，我国的资产证券化市场仍处于起步阶段，未来将拥有市场空间。随着政策支持不断发力以及配套制度的逐步完善，资产证券化市场发展势头迅猛，未来形势一片大好。为了抓住机遇，信托公司应该积极参与到此次资产证券化进程中，对此我们给出如下政策建议。

第一，信托公司应利用信托制度优势，积极参与各种类型的资产证券化业务。为顺应其交易结构规定、规避风险、资产独立，信托公司需利用信托计划作为载体参与其中。基于此，信托公司的制度优势包括：一是信贷资产证券化中的特殊目的唯一载体资格；二是企业资产证券化中信托受益权作为基础资产的优势；三是在资产证券化的业务流程中，信托公司处于整体法律体系中的核心责任人位置，这就决定了客观上信托公司有更大的空间向交易参与者提供更多的服务，承担更多的职能。但是现阶段，在资产证券化的整个业务链条中，信托公司仍然只承担“低附加值”的通道作用，这与其在法律体系中的核心责任人定位并不相符。随着资产证券化业务的大规模发展，信托公司应致力于提高该项业务的附加值，努力成为覆盖资产证券化业务全链条的金融服务商。

第二，在参与资产证券化业务方面，信托公司可以向交易参与者提供更多的服务。具体来说，一是在业务能力建设方面，信托公司应广泛研究、布局各类基础资产，丰富证券化业务实践，与各类机构主体建立广泛业务合作关系，掌握各类资产的现金流特征，为发起人等重要交易主体提供交易结构设计建议，与交易中的其他机构间形成合作共赢的盈利模式。二是在受托职责履行方面，尽职参与资产证券化的整个业务流程，积极参与入池资产标准确定、基础资产尽调、交易结构设计、信息披露、证券本息兑付清算等各项工作，成为投资者利益的全程守护者。

B.11 天津市科技型中小企业自主创新与金融支持体系研究*

摘　要：　在对金融支持科技型中小企业的自主创新进行理论分析的基础上，通过对天津市科技型中小企业的自主创新与金融支持体系进行调研，本报告对全市各产业链阶段和不同自主创新需求的科技型中小企业的融资特征进行分析，阐述了政府、金融机构、产业环境对科技型中小企业自主创新的促进效应；并以创造高效的金融支持企业自主创新制度为核心，提出了以银行信贷为主体、以风险投资为主体、以债券融资为主体的适合天津市实际的科技金融创新产品及创新模式；分别从政府政策支持、金融市场支持、产业环境支持和科技企业自身支持的四个维度，提出提高各支持主体投入对科技创新产出贡献度的有效途径，对完善天津科技中小企业自主创新金融支持体系提出了对策建议。

关键词：　天津市　科技型中小企业　自主创新与金融支持

创新驱动是天津市新时期加快发展的核心战略，要实现这一战略，提升企业自主创新能力至关重要。目前，天津市科技型中小企业约有 8 万家，科技小巨人企业近 3700 家，在拉动全市经济增长中发挥了重要作用。在当前天津市面临的京津冀协同发展、自贸区建设等五大战略叠加机遇之下，加快

* 本报告是天津市科技发展战略研究计划项目（15ZLZLZF00570）的阶段性成果。

天津市科技型中小企业发展，对于实现天津城市定位、培育发展战略性新兴产业、增强自主创新能力、促进五大战略的稳步推进具有战略性意义。

随着时代的发展，金融对于企业自主创新的影响已经不容忽视，金融支持已成为促进科技型中小企业自主创新发展的重要因素。天津市在科技支持金融创新方面已取得一定成绩，科技型中小企业的融资情况和科技成果转化得到明显改善，但仍有一些问题需要解决。发挥金融资源配置在促进科技型中小企业创新发展中的作用，对于测度科技与金融在实体经济中的融合程度与相互促进的作用方式，探究科技与金融在微观层面结合发展的障碍，并不断探索金融自主创新路径有现实意义。

一 国内外研究综述

熊彼特（1912）对于金融对科技创新的影响认为：在企业创新和经济发展的过程中，金融变量发挥着重要作用，企业的创新与金融资本紧密相关。近年来，国内外学者分别从国家层面（宏观）和企业层面（微观）分析研究了金融对科技创新的作用。

（一）国外研究现状综述

国外学者针对科技与金融的研究起步较早，主要在以下几个方面进行了研究，但都没有对“科技金融”的相关概念进行定义。

1. 融资约束与企业研发

Muriel Cal-ContGrandness 和 Sophie Pommet（2009）利用聚合原理，通过建立模型阐明企业创新直接受金融机构对企业支持力度的影响。Paulo Mapas Nunes、Zelia Serrasqueiro 和 Joao Leitiao（2012）通过对中小型制造企业进行研究并进行研发强度的相似性检验，得出一个新颖的结论：融资约束之于高科技中小企业影响更为明显。Po-Susan Hus、Xian Tan 和 An Au（2012）利用发达国家和新兴国家的大数据进行实证，发现创新产出的数量明显受到股票市场、信贷市场所提供的外部融资的影响。

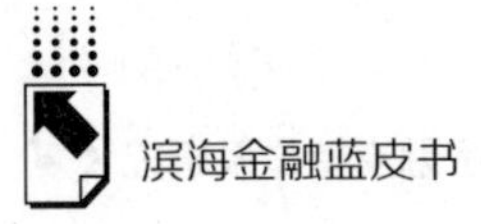

2. 风险投资与技术创新

Gil Avnimelech 和 Morris Teubal（2006）通过构建高技术企业产业生命周期模型，认为在一定条件下风险投资将成为影响高技术集群转化的重要因素。Chang Wei、Din Yugo 和 Wang Japing（2014）利用中国数据实证得出，金融工具的风险投资和银行贷款都对绿色实体产业产生积极影响，与银行贷款相比，风险投资的效率更高。

3. 金融创新与技术创新

Lina Sonne（2012）对印度的金融创新情况进行分析，认为融资创新不仅替代了传统的融资方式，而且更新了创新模式，为难以融资的企业提供了新的可能。

（二）国内研究现状综述

在金融支持自主创新方面，国内学者研究起步较晚，除了国外金融支持自主创新政策的比较及其对我国的启示方面的研究，我国学者的研究主要集中在以下几个方面。

1. 科技企业创新与金融支持

在科技型企业自主创新过程中，不同的发展阶段所需要的金融支持方式、金融支持结构、金融支持的效率也有所不同。

一是从技术创新的各阶段看，认为金融体系对现代技术创新的支持可从创新过程的五个阶段体现；为了满足不同的融资需求，提出建立内源融资、政府扶持资金、风险投资、债权融资、股权融资、改制上市的“梯形融资模式”。

二是从不同产业自主创新特点出发，研究金融支持的方式，考察不同方式的支持效率。根据不同行业自主创新的特点，提供相应的金融支持。

三是认为创新具有不同的层次和阶段，决定了需要构建并积极发展多层次资本市场，包括主板、产权交易市场、创业板、代办股份转让系统和债权市场在内，促进风险投资发展，使资本市场、风险投资、技术创新互相联动。

2. 科技企业创新与金融安排

在技术创新和金融结构方面，政策性金融、商业银行、资本市场等金融安排形式的创新为不同发展阶段、不同发展类型的科技创新提供了资金，解决了“瓶颈”问题。金融机构主要通过三个渠道为技术创新提供资金支持。

第一种是间接金融支持，包括金融机构贷款、信用担保等。杜琰琰等（2014）认为目前的科技银行与原先科技银行的设想存在性质、定位和权限等差异，导致其对科技型中小企业的服务不可避免地受到制约。

第二种是直接金融支持，包括股票、债券、基金等融资方式。赵莹等（2015）将场外资本交易与科技创新联系起来，基于现有资本市场存在的上市门槛高、信息不对称、交易成本高等问题，以江苏为例，论证建立地级市科技金融场外交易资本市场的必要性、可行性与构建的基本方案。

第三种是政府财政资金支持及其他。徐晓慧（2013）认为发展科技保险对企业自主创新过程中遇到的科技风险具有重要作用。

3. 金融支持科技创新的机制

在金融支持科技创新机制方面的研究稍显单薄，集中在科技金融与科技创新协同发展机制、将科技企业与金融资本有效结合的运行机制、金融支持科技创新的风险收益机制的研究上。

一是关于科技企业与金融资本有效结合的运行机制。一些学者从宏观视角出发，通过考察金融对科技创新支持作用的长期积累过程，认为科技创新与科技金融协同发展机制在我国仍有待完善，提出了建设运行机制、科技企业与金融资本的有效结合、信息平台的建立、风险补贴的提供、退出机制的顺利实施等金融对接措施，为科技金融提供了有利条件。

二是关于科技金融与科技创新的协同发展机制。学者们根据银行、资本市场及风险投资发展对科技创新的积极影响，构建科技创新与金融子系统的良性互动，揭示科技创新与科技金融合作机制，提出通过提供创新融资、降低信息成本、促进分工与创新达到科技促进金融创新的目的。

（三）对国内外相关研究的评述

国内外对金融创新的理论研究为我们奠定了较好的基础，特别是阐明了科技金融在现代经济发展与社会进步中的重要作用，提出了依据金融支持科技创新的内在运行规律，研究二者的有效融合并发挥其正面叠加效应的基本方向与路径，为研究提供了基础。但也应认识到，这些文献大多围绕在金融支持科技创新的研究层面，更多的是立足于科技产业发展，强调通过金融业务、金融机构与市场的变革去适应需求，没有将金融置于科技企业自主创新的动态关系中予以战略性定位，同时没有使金融支持科技自主创新与自身发展的意义得到充分体现。

二 金融支持科技型中小企业自主创新的理论分析

分析金融支持科技型中小企业自主创新的理论基础，可以从金融服务科技创新的理论机制入手。段世德等（2011）认为金融支持科技创新，是指通过金融体制机制的诱导作用，充分考虑不同科技创新项目的特点和不同阶段创新成果的产业化，合理利用金融体系的支撑和服务功能，实现科技创新资本化和金融产业化的进程。

（一）金融支持科技型中小企业自主创新的内涵界定

企业的自主创新是一项周期长、成本高、风险大的活动，因而，持续而又有序的金融支持手段从根本上保证了企业自主创新的实现。金融支持科技型中小企业自主创新是指企业在自主创新活动中，通过不同的金融工具和制度安排，支持科技型中小企业自主创新的全过程。这些不同的金融工具和制度安排从各种融资渠道对不同阶段的科技型中小企业自主创新活动产生影响，为科技型中小企业创造完善的融资环境，发挥金融服务功能。

（二）支持科技型中小企业自主创新的金融服务体系

支持科技型中小企业自主创新的金融服务体系，是指由具有一定相互作用或相互依赖的组织机构组合而成的集合体。

1. 政府政策支持

科技型中小企业自主创新的政府政策支持，是在市场失灵而缺乏动力来源的情况下，由政府制定的系统配套的财政税收政策、政策性金融支持措施、科技孵化措施等，目的是从政府政策层面上保护科技型中小企业及其自主创新的快速发展。

从财政税收政策角度看，我国通过实施包括“863”计划、火炬计划、星火计划在内的研发类、产业化类、政策引导类等一系列科技计划，有效推动了我国高技术产业的发展。从财政支持政策角度看，政府对部分信用担保公司给予政策性补贴，充分发挥了补贴信用担保公司的杠杆作用，充分发挥了政策性补贴的作用，提高了政策性金融支持效率水平，提高了科技型中小企业自主创新项目的覆盖率。从技术孵化角度看，政府主导的科技成果转化机构和科技金融综合服务平台，为科技创新提供了全方位的服务，从科技创新到科技成果转化，建立起了一个从项目孵化到科技型企业推广的全程服务平台。

2. 市场主体支持

各市场主体通过银行及金融信贷、资本市场的直接投融资、科技担保及科技保险、金融中介等支持方式，构建市场服务路径，向企业科技自主创新提供金融服务。

金融信贷融资支持，是以商业银行为代表的信贷部门，根据自身的风险偏好为自主创新提供资金支持。初步研究和开发的中小企业科技创新项目，普遍缺乏固定资产作为抵押，科技和小额信贷技术公司等个性化信贷特许经营机构纷纷成立，并为中小企业的科技创新提供股权质押贷款、知识产权质押贷款等服务创新，为企业自主创新提供了新的融资途径。

资本市场融资支持（见图1）①，是针对不同阶段科技自主创新活动的各自特点，支持企业自主创新直接融资的关键重要方式。研发初期的高科技中小企业具有高投入、高风险、高回报，银行信贷不能给予其足够的融资支持，在传统的资本市场也不具备有竞争力的投资价值，于是只能通过风险投资（VC）、私募股权投资（PE）等风险资金投资。在科技企业的科研成果转化、产业化的过程中，企业在很长一段时间内仍需要资本市场的支持，美国NASDAQ和OTCBB市场的成功经验表明，科技企业的自主创新将受到资本市场资源配置功能和融资功能的关键性影响。

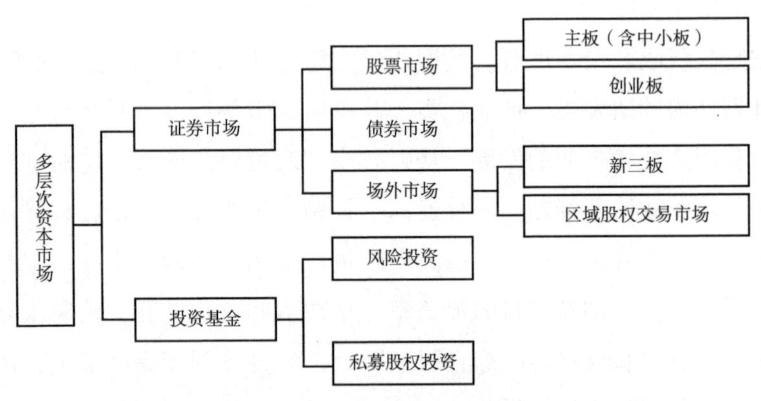

图1　多层次资本市场结构体系

3. 产业环境支持

产业环境虽然并不直接影响科技型中小企业的自主创新能力，但在很大程度上将通过产业属性、行业生态影响科技型中小企业内部资源的培养和使用。

---

① 资本市场是指期限在一年以上的各种资金借贷和证券交易的场所，广义的资本市场应当包括证券市场（股票市场和债券市场）及银行中长期信贷市场，另外还有基金市场以及一些非证券化的产权交易市场。由于中长期信贷业务是以银行为中介的间接融资活动，与证券市场直接融资相比，两者在制度安排、行为主体、运行机制等方面的差异都较大，很难纳入统一的分析框架。本报告所指的资本市场仅沿用涵盖直接融资范围的资本市场概念，即不包括以银行为中介的间接融资。

政府的金融支持主要集中于高新技术产业、朝阳行业，以及重点扶持的中小企业，并且通常只在企业的初创阶段进行扶持。企业的科技自主创新活动分为研发投入、成果转化和产业产出三个阶段。一般来说，企业研发投入阶段的科技创新活动受政府金融支持的占比居多，而成果转化和产业产出阶段受市场上的金融主体机构支持更多。因而，企业自主创新的周期性将影响科技型中小企业的战略规划和资金筹划。

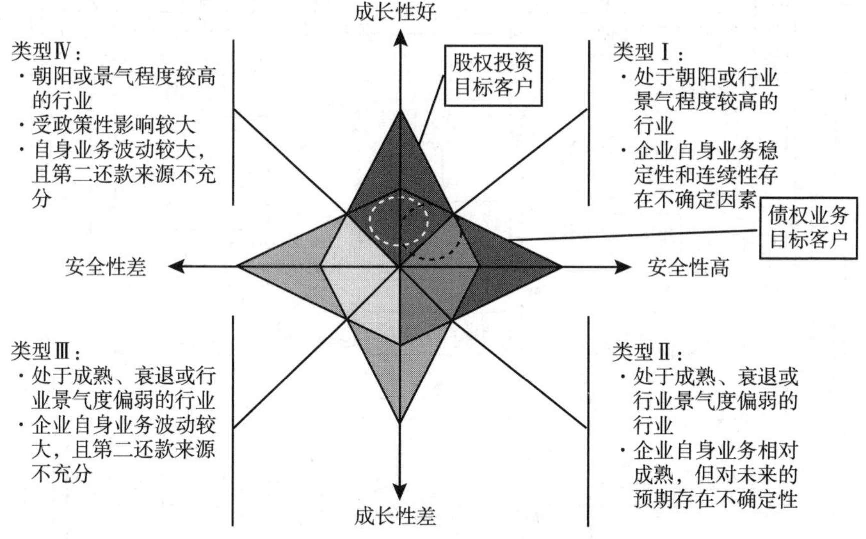

图2　基于科技型企业产业属性的融资特征

行业生态，即科技型中小企业所在行业的发展生态。产学研合作环境，即与科技型中小企业开展密切联系，进行合作创新的大学、科研机构的聚集情况。一般来说，大型企业利用自身在人力、物力、财力以及风险承担方面的优势独立地进行创新；而中小企业多数通过与科研机构、大学等合作进行创新，通过引进本行业的科技创新成果，进行跳跃式技术积累和技术创新。

（三）支持科技型中小企业自主创新的金融服务体系运行机制

通过上述分析，支持科技型中小企业自主创新的金融服务体系由政府、

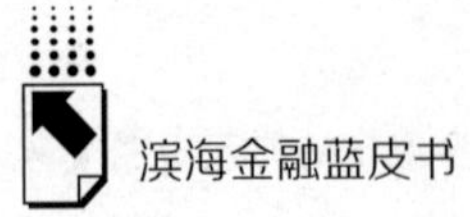

市场机构、产业环境、科技型企业等主要要素构成。其中，政府部门构建资金运行机制和服务运行机制，形成了完整的金融支持科技企业自主创新发展的服务体系（见图3）。

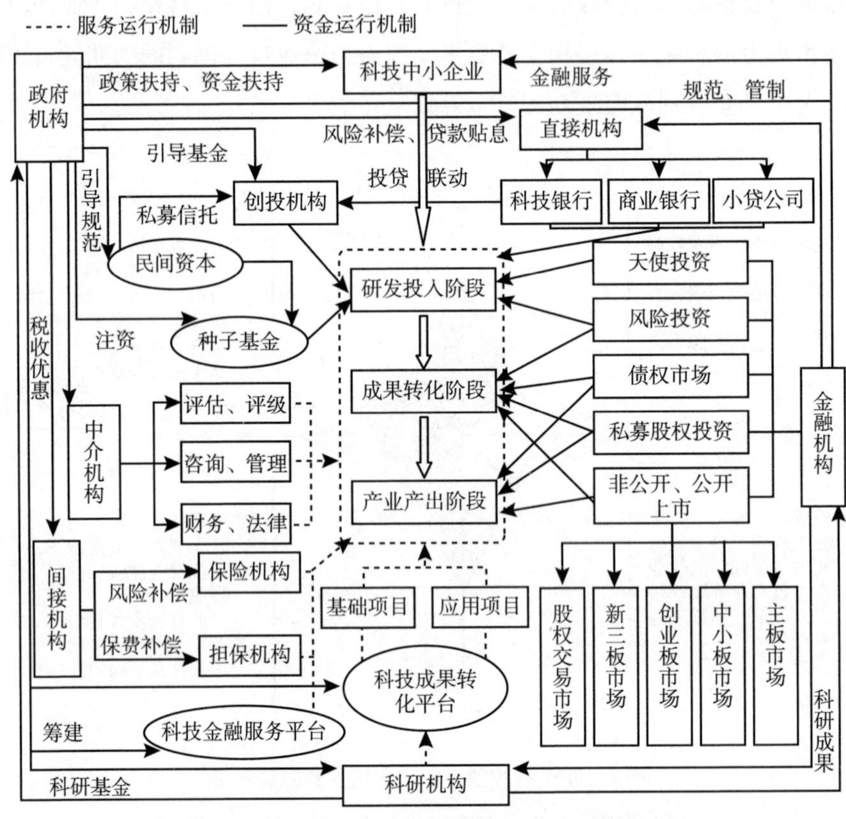

图3　支持科技型中小企业自主创新的金融服务体系

1. 资金运行机制

科技企业自主创新的周期不同，科技金融服务体系的资金运作机制也有所不同。研发投入阶段的科技型中小企业的自主创新只能从企业自筹、政府资助的种子基金及创投基金、天使投资三种途径获取资金支持。成果转化阶段的中小企业可以通过科技银行、商业银行、私募股权市场、产权交易市场、发行集合债券等进行融资。产业产出阶段的科技型中小企业主要通过上市进行融资。

2. 服务运行机制

服务运行机制通过改善政府职能、升级机构业务、筛选优质企业形成科技金融运行服务链。政府部门择优选择重点扶持的科技企业，鼓励中介服务机构发展，建立综合服务平台，积极推进政产融研四位一体化合作。

受益于政府对现有产业的升级，可从两个方面培育新兴产业。中介机构可以为中小型科技公司提供评估、担保、保险、咨询、法律和金融服务。资产评估和信用评级机构在政府资金和金融机构的融资中起着不可或缺的作用。在间接风险防护渠道中，科技保险和担保可以充分扩大金融机构的资金来源。此外，还可以通过上述两种方式提供承销服务，为企业基础项目和应用项目的研发提供必要的帮助，分担资金投入风险。

因此，政府内外部服务机制的有机结合，可以将政策制定、服务供给、资金供给和市场需求等四个方面的需求融为一体，形成一体化的运作模式，最终形成四赢局面。

三　金融支持天津市科技型中小企业自主创新的调研分析

自 2011 年天津市成为全国首批科技金融结合试点城市以来，通过政策进行引导，并给予适当配套措施进行补贴，在金融支持科技型中小企业自主创新的服务体系方面开展了有益的探索和实践。为此，笔者深入天津市科技型中小企业、科技银行、资本市场、证券机构、担保机构、科研转化机构进行调研，从而为客观分析全市金融支持科技型中小企业自主创新的现状、问题及其制约因素打下了基础。

（一）天津市科技型中小企业自主创新的调研情况

为了验证天津市科技型中小企业自主创新能力、提升产业竞争力的实际效应，本报告选取天津市各区县及主要产业园区中的部分科技型中小企业作为调研样本，围绕作用于科技型中小企业自主创新产生的内外部支持要素、自主创新各阶段的发展态势，对部分科技型中小企业的自主创新状况进行了调研。

1. 天津市科技型中小企业自主创新的基本情况

在顺应京津冀协同创新、国家创新驱动发展的过程中，天津实施科技小巨人支撑、科技大项目带动等战略，涌现出一批站在学科领域前列的科技领军企业。截至 2016 年 6 月，天津科技型中小企业累计达到 80287 家，是 2010 年（12500 家）的 6.4 倍；科技小巨人企业总数达到 3703 家，是 2010 年（726 家）的 5.1 倍。

（1）自主创新体系初步建立。“十二五”以来，为推动科技型中小企业发展，加快自主创新建设，天津市出台了多项政策文件（见表 1），进一步促进科技型中小企业创新技术研发、支持科技中小企业的成果转化。截至 2015 年末，天津市拥有 12 个国家重点实验室、36 个国家级工程研究中心、40 余个国家级企业技术中心、生产力促进中心 160 家，全社会研发经费支出占生产总值的比重达到 3%。据中国科技统计网站公布的监测结果显示，天津市综合科技进步水平指数已连续 13 年稳居全国第三位。

表 1　天津市关于支持科技型中小型企业自主创新的政策文件

序号	文件
1	《中共天津市委、天津市人民政府关于加快科技型中小企业发展的若干意见》（津党发〔2010〕9 号）
2	《关于支持科技型中小企业发展的若干政策》（津政发〔2010〕33 号）
3	《天津市科技小巨人成长计划（2011 ~ 2015 年科技型中小企业发展规划方案）》（津政发〔2010〕34 号）
4	《天津市进一步加强工业和自主创新重大建设及招商引资工作方案》（津政办发〔2010〕47 号）
5	《天津市科技型中小企业发展专项资金使用管理暂行办法》（津科财〔2011〕72 号）
6	《关于推动金融促进科技型中小企业发展工作的实施意见》（津政办发〔2011〕92 号）
7	《天津市市级科技型中小企业发展专项资金使用实施》（津财建一〔2011〕24 号）
8	《天津市科技小巨人发展三年（行动）计划（2013 ~ 2015）》（津政发〔2012〕21 号）

续表

序号	文件
9	《天津市促进科技和金融结合加快实施自主创新战略的行动计划》(津科财〔2012〕119 号)
10	《天津市推动科技企业上市的办法》(津科财〔2012〕120 号)
11	《天津市过渡期高新技术企业优惠政策的实施意见》(津科高〔2013〕21 号)
12	《天津市工程中心落实促进科技型中小企业发展政策措施的实施细则(试行)》(津科创〔2013〕74 号)
13	《天津市科技企业孵化器落实促进科技型中小企业发展政策措施的实施细则(试行)》(津科创〔2013〕75 号)
14	《天津市鼓励股权投资企业投资初创期和成长期科技型中小企业补贴办法(试行)》(津科财〔2013〕84 号)
15	《〈天津市"千企万人"支持计划〉实施细则》(津人才办〔2014〕20 号)
16	《天津市人民政府印发关于发展众创空间推进大众创新创业政策措施的通知》(津政发〔2015〕9 号)
17	《中共天津市委、天津市人民政府关于打造科技小巨人升级版的若干意见》《天津市打造科技小巨人升级版"小升高"实施方案(2016～2020 年)》(津政办发〔2015〕94 号)
18	《天津市科学技术奖励办法(2015)》

(2) 自主创新能力逐步提高。数据显示，2015 年全年天津市共受理专利申请 8 万件，其中发明专利增长 21.9%，共计 2.85 万件（见图 4）；专利

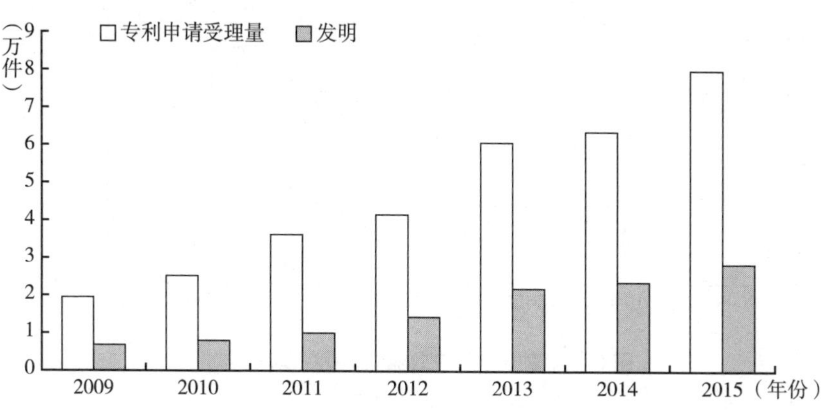

图 4　天津市专利申请受理量（2009～2015 年）

授权为3万余件，其中发明专利4624件，分别增长41.7%和41%（见图5）；年末有效专利为10.38万件，其中发明专利为1.85万件，增长25.5%（见图6）。同时，全市科技小巨人企业数量已达到高新技术企业的90%以上，科技小巨人企业的专利申请量年均增长30%以上，远高于全市平均水平，专利拥有量占全市的44%，中小企业自主创新比例约为97.4%(见图7)。

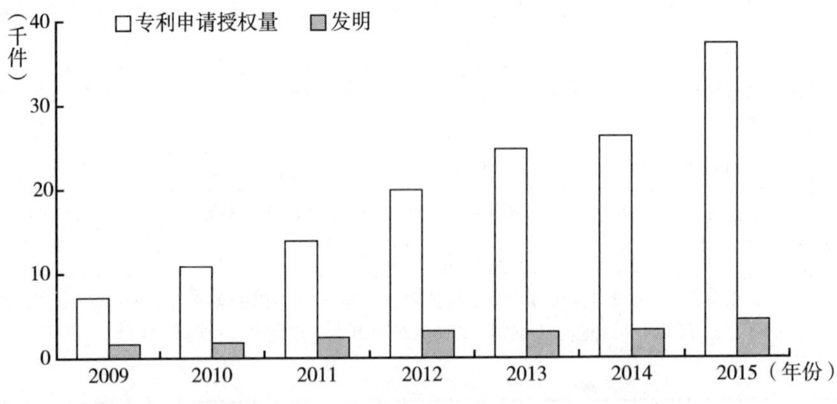

图5　天津市专利申请授权量（2009～2015年）

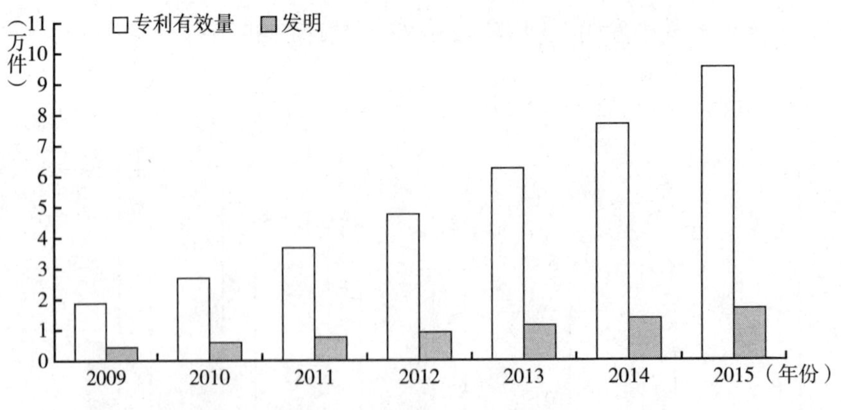

图6　天津市专利有效量（2009～2015年）

此外，天津市积极鼓励科技企业与国内外高校和科研院所建立合作关系，联合开展科技攻关，科技创新成果丰硕。全年完成市级科技成果2610

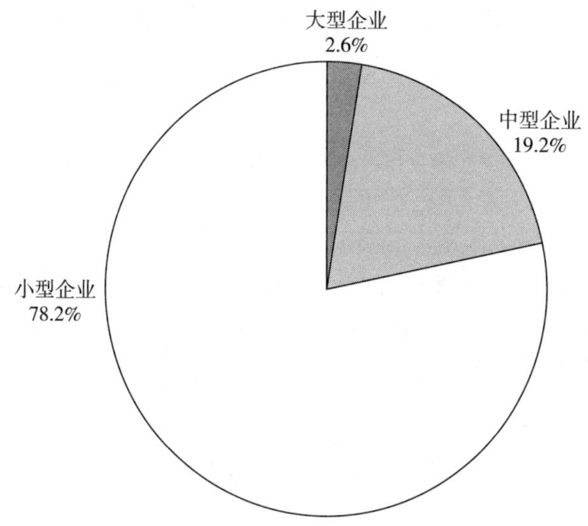

图 7　2015 年天津市企业自主创新比例

项，签订技术合同 12590 项。2009 ~ 2015 年科技成果获国家级奖励情况如图 8 所示。

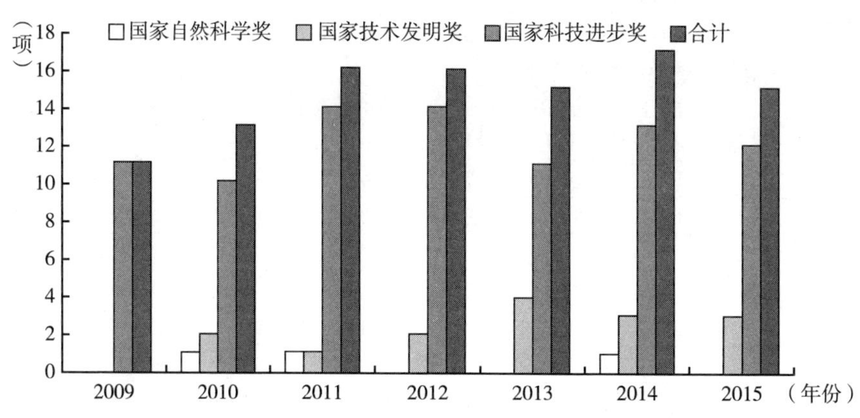

图 8　天津市科技成果获国家级奖励情况（2009 ~ 2015 年）

（3）自主创新的金融支持政策和环境日益完善。自 2011 年天津市成为全国首批科技金融结合试点城市以来，天津市高度重视科技和金融结合工作，在加大财政扶持、推动企业股改上市等方面，出台了多项政策促进天津

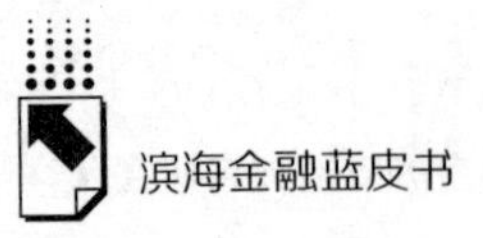

市科技型中小企业发展（见表2），推动金融与科技相融合，科技投入保持逐年增长。

表2 天津金融支持科技型中小型企业创新发展政策措施

类型		文件
科技金融政策	1	《关于推动天津市科技金融改革创新的意见》(津政办发〔2010〕70号)
	2	《关于推动金融促进科技型中小企业发展工作的实施意见》(津政办发〔2011〕92号)
	3	《转发市科委等九部门拟定的天津市促进科技和金融结合试点城市建设意见的通知》(津政办发〔2012〕50号)
	4	《天津市促进科技和金融结合加快实施自主创新战略的行动计划》(津科财〔2012〕119号)
	5	《天津市科技金融对接服务平台认定及考核奖励办法(试行)》(津科财〔2013〕83号)
	6	《关于加快天津科技金融创新发展的实施意见》(津金融局〔2014〕6号)
引导基金	1	《市财政局市科委市教委关于印发天津市众创空间种子引导基金管理暂行办法的通知》(2015)
	2	《天津市天使投资引导基金实施细则》(津科金〔2015〕115号)
企业股改上市	1	《天津市推动科技企业上市的办法》(津科财〔2012〕120号)
	2	《天津市鼓励股权投资企业投资初创期和成长期科技型中小企业补贴办法(试行)》(津科财〔2013〕84号)
	3	《天津市打造科技小巨人升级版股改、上市挂牌、国内外并购实施方案(2016～2020年)》(津政办发〔2015〕94号)
贷款风险补偿	1	《天津市人民政府办公厅关于印发天津市中小微企业贷款风险补偿机制三个文件的通知》(津政办发〔2014〕101号)
	2	《天津市科技型中小企业信用贷款风险补偿办法(试行)》(津科财〔2013〕85号)
	3	《天津市科技型中小企业信用贷款风险补偿金实施细则》(津科金〔2014〕108号)
专项资金支持	1	《天津市科技型中小企业发展专项资金使用管理暂行办法》(津科财〔2011〕72号)
	2	《天津市市级科技型中小企业发展专项资金使用实施细则》(津财建一〔2011〕24号)
	3	《天津市科技型中小企业政府性周转金使用实施细则(试行)》(津科财〔2012〕163号)
	4	《天津市科技型中小企业专项资金政策性担保实施细则(试行)》(津科财〔2012〕164号)
	5	《天津市科技型中小企业专项资金引导性担保补贴实施细则(试行)》(津科财〔2012〕183号)

2. 存在的主要问题及原因分析

目前，天津市企业自主创新情况得到明显改善，但仍不能完全满足经济社会发展的需要，存在一些问题有待解决。一方面，全市R&D投入对经济增长的助推作用不明显（马琳，2014），高新技术企业数量仍偏少，规模不足（见表3和表4）；另一方面，企业产品附加值偏低，拥有自主知识产权、自主品牌较少，主要依靠外部力量进行技术创新，整体自主创新水平仍然偏低。原因可归结为以下几个方面。

表3　2009～2014年天津规模以上工业企业R&D经费支出资金来源

单位：亿元

年份	研究与试验发展经费支出	政府资金	企业资金	国外资金	其他社会资金
2009	123.6797	18.14	77.13	1.91	2.82
2010	160.2329	19.23	74.14	3.59	3.04
2011	210.8141	15.99	77.74	2.01	4.27
2012	255.9479	16.12	78.81	1.83	3.25
2013	299.663	16.97	76.93	2.35	3.75
2014	322.9596	16.05	78.74	2.12	3.09

资料来源：《2015年天津科技统计年鉴》。

表4　2010～2014年天津高新技术企业基本情况

生产经营情况	2010年	2011年	2012年	2013年	2014年
企业数(家)	817	497	587	585	583
主营业务收入(亿元)	2291.1	2697.4	3526.9	4243.5	4282
利润(亿元)	115.6	165.1	247.7	297.9	281.8
利税(亿元)	187.4	255.9	408	546.6	454.6
出口交货值(亿元)	1114.8	1185.3	1545.8	1537	1561.5

资料来源：《2015年天津科技统计年鉴》。

一是各主体的创新意愿不强。部分主体将科技创新的责任全部推给政府，认为处于初创阶段的企业外部支持稀缺、基础薄弱，不愿承担风险，对自主创新进行投资投入的意愿不足。

二是科技研发支出不足。天津市研究与试验发展（R&D）经费支出[①]全国占比不到5%，远不及北京、上海、江苏、浙江、广东、山东等地区，研究与试验发展（R&D）经费投入强度[②]虽略高于全国平均水平，但远低于北京、上海。另外，天津市2010～2014年规模以上工业企业R&D经费支出资金来源结构中，企业自有资金占近80%，政府扶持资金不到20%，国外及其他社会资金比重较小，风险投资和社会资本没有充分发挥效用，制约了企业自主创新能力的提高。

三是创新创业平台不健全。天津市虽建立了多个企业生产力促进中心，但技术产权交易平台、科技投融资平台仍存在许多问题；孵化企业数量不足，质量需继续改善；科技信息、科技评估、科技信用机构不健全，特别是科技鉴定、认证、评估机构的缺位，直接影响了科技成果的引进和转化。

（二）天津市科技银行的调研情况

近年来，天津市重点加大科技与金融的合作深度，建立了科技金融专营机构，向企业有针对性地提供一条龙金融服务。

1. 天津市科技银行的基本情况

早在2015年前，天津市就仿照硅谷银行的运作方式，结合我国金融环境的特点，设立了全国首个科技兴中小企业，并尝试进行专业化银行服务。通过与第三方机构间接合作投资中小企业，建立了适合中小企业的评估审批和风险控制机制，重点支持中小企业创新发展，并发行了中小企业票据和理财产品。

随后，多家商业银行在天津市设立科技支行或科技金融业务机构，并在服务科技型中小企业方面做出了很多创新。在多方力量的不懈努力下，一套

---

① 研究与试验发展（R&D）经费支出：统计年度内全社会实际用于基础研究、应用研究和试验发展的经费支出，包括实际用于研究与试验发展活动的人员劳务费、原材料费、固定资产购建费、管理费及其他费用支出。

② 研究与试验发展（R&D）经费投入强度：研究与试验发展（R&D）经费支出与地区生产总值之比。

完整而又有效的科技金融服务体系应运而生。

2. 存在的主要问题及原因分析

课题组前往了天津市科技金融发展较为领先的8家科技支行，针对科技金融业务发展状况和科技支行服务企业状况进行了调研，并在此基础上总结了经验教训。调研发现，以浦发银行科技金融事业部为代表的一些科技银行创新机构虽然在产品创新、股权基金直投、科技金融项目专审、专项绩效考评、风险管理等方面进行了大胆创新，但在操作中大多数的科技支行还是面临着很多实际问题。具体来说，主要有以下三点。

（1）不缺机构、缺权限。通过实地调研发现，这些科技部门的管理和服务受到很多限制。首先，审查审批程序的限制。技术部门一般没有独立的审批权限，他们无法解决中小企业贷款审批效率低下的问题，也无法实现审贷结合的快速审批程序。其次，风险承受能力的限制。不良贷款的零容忍政策，主要源于我国商业银行对风险极为敏感、个人问责和尽职调查制度。我国绝大多数商业银行对风险的容忍度仅为1%。

（2）不缺产品、缺机制。科技金融产品的更新和发展对科技金融创新提供了政策支持。虽然拥有政策支持，但配套机制建设十分不完全，这些创新产品在实际中无用武之地。课题组对8家银行进行调查和对比分析之后，发现绝大多数产品作用几乎相同，这也从一个侧面反映了金融机构的创新乏力。由此可见，科技金融业务的真正核心在于金融创新能力，缺乏金融创新能力，一切改革都只能流于形式。

（3）不缺专员、缺专业。科技型中小企业的专业技术人员比例较高，科技含量高，这就要求银行客户经理在信贷决策上对公司的技术、团队和行业进行深入的研究和了解。因为中小企业信息不公开的这一特点，银行对于客户经理的个人素质要求极高。单拥有账务知识还远远不够，更要辅以高科技行业知识和技术前景等专业知识。

（三）天津市资本市场的调研情况

天津市科技型中小企业具有高投入、高成长、高风险、高回报的特点，单一的资金供给渠道不能满足企业的巨大资金需求，但股权直接融资、私募债融资、私募股权投资、风险投资可以为科技型中小型企业提供有力支持。为此，课题组深入天津市金融办、证监局、天交所等机构进行深度调研。

1. 天津市资本市场的基本情况

（1）天津科技型中小企业股权直接融资情况。2014 年，天津市科委设立专项资金支持科技型中小企业进行股份制改造，全年 63 家科技型企业完成股改，其中 25 家上市或挂牌（见表 5）。2015 年，完成股份制改造的科技企业共计 154 家，其中 80 家在资本市场挂牌，另外还有 317 家科技型企业参与备案，拟股改企业后备队伍不断壮大。

表 5　2014 年 12 月天津市上市企业情况

指标名称	当期值	上年同期值
上市公司数	42 家	38 家
其中：A 股公司数	37 家	33 家
AB 股公司数	1 家	1 家
AH 股公司数	3 家	3 家
AS 股公司数	1 家	1 家
其中：上交所上市公司数	21 家	19 家
深交所主板上市公司数	8 家	8 家
中小板上市公司数	6 家	6 家
创业板上市公司数	7 家	5 家
新三板挂牌公司数	41 家	22 家
上市公司总股本	488.27 亿股	434.46 亿股
上市公司总市值	5321.99 亿元	3589.87 亿元

资料来源：天津证监局网站。

（2）天津科技型中小企业私募债融资情况。2012 年 6 月，天津市金融办、上交所、深交所共同签订中小企业私募债合作备忘录，开始中小企业私募债试点。2014 年 6 月，宜信惠琮国际融资租赁发行的私募债在天交所正式挂牌交易，成为我国首支融资租赁私募债。截至 2014 年末，在天津股权交易所融资的私募债券共128支，涉及建筑业、金融业、租赁和商务服务业等多个领域。

（3）天津科技型中小企业私募股权投资情况。2013年，天津发布《滨海新区“促发展、惠民生、上水平”加快经济社会发展的政策措施》，拟设立3000万元科技型中小企业利用股权投资基金专项资金，鼓励使用股权投资基金融资的科技型中小企业购买房屋租赁补贴、风险补偿，疏通私募基金与企业间投融资渠道，力求在现有股权基金全国领先的基础上，加快基金与产业的互动。2014年，天津又出台《天津市万企转型升级行动计划（2014～2016年）》，计划未来三年投入9亿元专项资金，支持1.2万家中小企业转型升级。

2. 存在的主要问题及原因分析

通过调研分析，天津市科技型中小企业大多倚重内源融资，目前的融资环境和渠道仍有待改善，融资方式简单，结构不科学，市场作用机制较弱，不能及时满足自主创新产业化巨额的资金需求。

一是资本市场的支持不足。资本市场主要在筹资、发掘、优化、降低风险方面对企业自主创新提供支持。目前，自有资金和银行贷款仍是天津市企业自主创新的主要融资渠道，资本市场没有在融资过程中充分发挥其不可忽视的作用。(见表6)

二是证券市场机构发展缓慢。成立于2008年的天津股权交易所，设立之初的两个目标是港股直通车和设立全国性非上市公募公司股权交易市场。时至今日，前者没有实现，而后者也因2013年国务院批准在北京设立全国中小企业股份转让系统（俗称“新三板”），而仅发展成为区域性非上市公募公司股权交易市场。

表6　天津市全社会固定资产资金来源表

单位：亿元

项目	2014年	2015年	2015年比2014年增长(%)
资金来源合计	2852.91	3367.30	18.0
上年末结余资金	381.22	403.98	6.0
本年资金来源合计	2471.69	2963.32	19.9
国家预算内资金	20.58	25.53	24.1

续表

项目	2014 年	2015 年	2015 年比 2014 年增长(%)
国内贷款	612.78	684.77	11.7
债券	0.40	—	—
利用外资	72.61	56.90	-21.6
外商直接投资	38.18	22.32	-41.5
自筹资金	1464.37	1887.48	28.9
企事业单位自有资金	607.81	745.12	22.6
其他资金	300.95	308.64	2.6

资料来源：《天津市统计年鉴》（2015、2016 年）。

三是债券市场不够活跃。与股票市场的发展速度相比，天津市企业债券市场的发展相当缓慢，企业债市场相对较弱，仅限于国有企业、国有控股企业和上市公司有权发行企业债，且审批过程缓慢，债券利率竞争力较弱，不利于大量民营企业和中小企业进入债券市场。

（四）天津市创投基金市场的调研情况

近年来，天津市大力发展创投基金，很多科技小巨人企业均由风险投资、种子基金、天使基金等私募基金支持、推动。为此，课题组深入天津滨海新区创业投资引导基金有限公司、天津创投协会等单位进行调研。

1. 天津市创投基金市场的基本情况

为鼓励企业借助多层次资本市场的融资渠道进行自主创新，天津市在已有科技风险投资引导基金和新兴产业投资基金的基础上，市级财政每年划拨约 3 亿元科技专项资金，通过政府参股和商业化运作，引导其他社会资本支持科技创新。目前，天津市创投引导基金的运作模式主要有参股、融资担保、跟进投资、风险补助、投资保障等模式。

2. 存在的主要问题及原因分析

一是现有体制机制的束缚。过去五年，市政府采取重要措施来支持创投行业的发展，但由于体制机制的约束，创投基金所发挥的效果不佳。只有打破现有体制，推进民企经营控股，提高和增大股权投资的比例，改善金融结构，投资业才能真正地敢于长驱直入，才能激发企业真正的活力。

二是对社会资本利益激励机制不足。由于追求利益的私人目标，政府以外的社会资本在进行投资时将承担更大风险。各地在创业投资资金引导下实施子基金的过程中，如果不制定合理的激励机制，给予社会资本足够的利益补偿，将无法激发其投资的积极性。

三是操作主体能力受限。分析天津市主要引导基金的投资决策不难发现，行政因素影响明显。国有公司或事业单位负责基金的日常管理缺乏高素质的基金管理人才，不能有效地控制运作风险，降低了基金使用效率。

（五）天津市担保机构的调研情况

近年来，天津市融资担保行业在帮助解决中小企业融资难问题方面发挥了积极作用。2015 年 9 月 1 日，天津市人民政府转发市金融局《关于进一步促进我市融资性担保行业发展的意见》，共计 26 条，为全市担保业满足中小企业担保需求提供了政策支持。为全面详细了解天津市担保机构对服务科技型中小企业自主创新的影响，课题组对天津泰达中小企业信用担保中心、天津市东方海鑫中小企业担保有限公司进行了调研。

1. 天津市担保机构的基本情况

一般来说，担保机构针对科技型中小企业的融资担保模式主要有无担保、无抵押的知识产权质押、科技型中小企业政策性担保、互助式担保、联合担保模式等。

天津泰达中小企业信用担保中心开展的业务主要针对天津滨海新区、高新区的高新技术、产业、先进制造业、现代服务业等，其推出的“担保 + 信用”的创新融资业务模式，使单户企业的信用贷款资金可增至亿元。天津市东方海鑫中小企业担保有限公司则是通过金融创新，采取“投保贷”一体化的融资模式，主要解决东丽区航空航天、高端制造业、战略新兴产业等的融资难问题，以融资促进企业的发展。

2. 存在的主要问题及原因分析

从目前来看，天津市融资性担保业仍处于初创阶段，资本实力相对较弱，公司治理水平相对较低，在服务科技型中小企业创新发展方面还存在许多问题。

首先，知识产权风险大，且价值难确定。知识产权的价值要与科技型企业的生产经营状况、信誉等联系，这就导致不同的评估机构对科技型企业知识产权价值评估的偏差较大，致使担保机构以科技企业知识产权质押模式进行担保时，存在不确定性。

其次，信息不对称。科技型中小企业、担保方和银行三者存在着信息不对称，这种信息不对称阻碍着企业、银行、担保机构三方合作，增加了企业的融资成本。调研还发现，银行对合作的担保机构准入门槛较高，规模较小的担保公司被迫承担极高的担保比例，甚至接近100%。

（六）天津市科技金融中介机构的调研情况

在多方力量的不断努力下，科技金融中介机构的配套设施不断完善。此类机构可以吸引更多的科技金融人才并不断帮助企业成长和进步。为此，课题组深入天津市科技成果转化机构，对科技金融服务机构进行了调研。

1. 天津市科技金融中介机构的基本情况

（1）科技成果转化机构。成立于2002年的天津市高新技术成果转化中心，相继承担了市科委赋予的组织高新技术成果转化项目认定、开展成果鉴定、受理高新企业认定、搭建科技贷款平台、成果转化投资服务、推动科技企业上市及开展技术产权交易等12项服务职能。

（2）科技金融服务平台。自2013年以来，天津市在16个区县建立了18个科技金融服务机构（见表7），组织开展各类金融知识培训与银企对接活动。其中，天津市科技金融服务中心于2016年正式启动试运营。目前，天津市科技金融服务中心已经引进中国CFA（天津）协会、天风证券三板业务中心、天交所等多家机构，并与20家券商签约。同时还举办了多场见面会和路演活动，涉及金额已经超过1亿元。

2. 存在的主要问题及原因分析

天津市各区域科技金融资源的不断聚集和科技金融事业的推进同步进

行。天津市拥有资源和数量，但在协调能力和质量上仍有欠缺。目前，所有的区域科技金融对接服务平台具有不同的资金来源和不同的活动程度。所有相关机构都已经认识到了资源的整合与协调作用的重要性。资源配置的有效配置问题以及风险和收入的不匹配问题都会成为此类企业的发展障碍。在此问题上，应该首先明确不同金融资源的优势互补是科技型中小企业自主创新发展的必要和先决条件，同时也是保证。

表 7　天津市科技金融对接服务平台

序号	名称	所在区域	金融资源	服务功能
1	和平区科技型中小企业金融服务中心	和平区	汇集了招商银行、平安银行、嘉和信小额贷款公司等 7 家金融机构	为科技型中小企业定期举办银企对接会、项目推介会、金融产品推介会、融资培训等
2	天津市科技金融服务中心	和平区	汇集了天津创投、达晨创投、软银中国、天津科技小额贷款公司等 9 家机构服务区和路演对接服务区三个科技金融特色专区	为科技型企业提供全方位的科技金融服务，中心设置金融服务区，股权投资
3	天津市科技金融对接服务平台	华苑产业园区	汇集天津创投、海泰投资、科融集团、科融担保、浦发银行、招商银行、小贷公司等多家金融机构	定期开展交流汇报、业务培训、投融资对接活动等，为企业提供全方位的科技金融服务
4	滨海高新区科技金融服务中心	华苑产业园区	聚集银行、担保公司、创投公司、咨询公司、保理公司、小贷公司、融资租赁等金融服务机构	综合性服务平台，为科技型企业提供以融资为主的全方面服务
5	开发区科技企业融资服务中心	滨海新区	汇集上海银行、泰达国际创业、中国风险投资有限公司等 7 家金融机构	定期组织开展投融资对接交流会，优选适合的金融机构与企业开展“一对一”“一对多”“多对多”等形式的项目对接
6	塘沽科技金融对接服务中心	滨海新区	汇集天津农商银行、滨海农商银行、北京银行等 12 家金融机构	致力于为金融机构和企业提供全方位投融资服务

续表

序号	名称	所在区域	金融资源	服务功能
7	河西区科技企业融资服务中心	河西区	汇集哈尔滨银行、中行、上海浦东发展银行、建行、邮储银行等金融机构	定期举办银企对接、项目路演等活动
8	海河中心科技金融服务平台	河北区	汇集威海银行、光大银行、招商银行、滨海农商行、担保公司等金融机构	定期举办银企对接活动，为中小企业提供融资路演、融资咨询、融资落实一系列服务
9	红桥区青创科技金融对接平台	红桥区	汇集包括银行、会计师事务所、评估机构、律师事务所等多家机构	为区内科技型企业提供金融咨询、财务分析、银企对接等服务
10	意库科技金融服务平台	红桥区	汇集建设银行、北京银行、天津银行等 24 家金融机构	围绕科技型中小企业发展过程中面临的各项金融问题进行专项对接与服务
11	北辰区科技企业融资服务中心	北辰区	汇集中国银行、农商银行、民生银行等 27 家金融机构	为中小企业提供融资路演、融资咨询、融资落实一站式服务
12	东丽区科技金融对接服务平台	东丽区	汇集华明村镇银行、天津银行、大连银行、盈科投资等 8 家金融机构	定期举办投融资对接会、融资路演推介会、培训会、投融资咨询等活动
13	津南区科技金融对接服务平台	津南区	汇集大连银行、光大银行、农商银行、天津银行等 8 家金融机构	定期开展银企对接、洽谈、培训、路演等科技金融服务活动
14	武清区科技金融超市	武清区	与中国银行、交通银行、浦发银行、平安银行等 20 家金融机构开展合作	为驻区企业尤其是科技型企业提供融资咨询、金融服务
15	静海县科技金融对接服务平台	静海县	汇集齐鲁银行、国家开发银行、天津市恒远投资担保有限公司等多家金融机构	定期举办科技金融协调会、创投机构与高科技企业对接会、银企项目对接座谈会，专家讲座，引导金融机构关注、支持本地区高新技术产业发展
16	宁河县科技型企业融资服务中心	宁河县	汇集天津银行、天恒担保、华安财险、广发证券、小贷公司等金融机构	通过各类对接活动，为企业提供全方位融资服务

续表

序号	名称	所在区域	金融资源	服务功能
17	宝坻区科技金融服务中	宝坻区	汇集了工商银行、农业银行、交通银行等16家金融机构	服务企业融资需求，具有信息收集、整理分析、银企对接、协调解决的科技融资综合性服务平台
18	蓟县科技金融服务中心	蓟县	汇集了浦发银行、农商银行、蓟县中小企业担保中心、蓟县村镇银行、奥通小贷公司等8家金融机构	为企业提供专利权质押、产业链融资、IPO上市、新三板或天交所挂牌等融资方式服务，定期举办银企对接

四　天津市支持科技型中小企业的金融创新

目前，我国资本市场在层次和维度上还有待加强，天津市各金融市场主体对科技型中小企业的自主创新的正向作用还不充分。因而，从金融机构自身出发，应明确信贷市场和资本市场的供给缺口，根据行业、生命周期细分研发产品，通过加快金融产品和服务方式创新，对市场进行有效布局，打出不同业务产品的组合拳。

（一）以银行信贷为主体的产品创新

以银行信贷为主体的创新是指银行等金融机构以开展业务合作的方式，转移自身信用风险，拓宽中小企业融资渠道。

1．“银行+保险”创新模式

各类保障机构发展迅猛，但是对中小企业的促进作用十分有限，风险转移能力和权力下放能力的提升迫在眉睫。保险公司通常直接采取保险机制来处理信用风险。两者的合作和竞争关系显著促进了信贷市场的健康发展。

（1）产品构建理念。企业的财务支持，能够十分显著地提高信贷资产的安全性，产品的构建思路十分简明。向保险公司购买贷款本金和利息的中小企业，作为保险产品的主体，达到了提高信用评级的效果，最终实现了额度的增加。保险公司代偿的模式大幅度降低了风险系数。

（2）产品过程的运行。产品运行的过程主要分为三步。第一步，科技型中小企业靠自己的信用和资产向银行申请贷款。在申贷完成后，银行将客户的详细信息打包之后提供给保险公司，保险公司再根据信息确定贷款承销额度。第二步，保险公司根据确定的保费费率，向企业索取保费。第三步，银行收到政策，充分根据企业信用评估的情况，确定金额，最终支付贷款。贷款期满后，企业根据合同终止业务。

图 9 为模式示意。

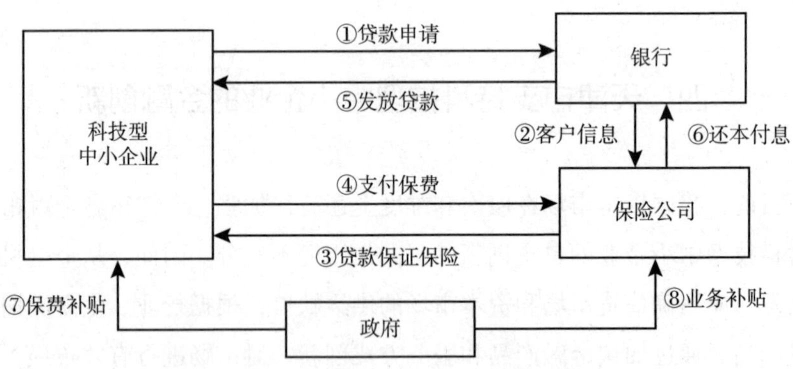

图 9　“银行 + 保险”创新模式示意

2. “银行 + 净贷款”创新模式

凭借着多年来的数据积累和技术优势，电子商务平台可以根据大量在线实时交易数据提供信用服务。随着互联网金融的兴起，在电子商务背景的辅佐下，大量的 P2P 贷款平台迅速建立，且发展十分迅猛。截至 2013 年末，P2P 网络贷款平台数目已经达到了惊人的 523 家。P2P 网络接待模式为企业融资渠道提供了新鲜的血液。无数中小企业受惠于银行信贷模式的垂直化发展。

（1）产品构建理念。平台的优势和其作用在于能够提供更好的融资服务。以电子商务为背景的网络借贷平台，在发展的过程中积累了用户信息和数据。这些信息也是不可估量的一笔财富。通过对这些数据的深入及充分的挖掘，可以得到比企业本身提供的信息更真实的经济价值和逻辑链条。税务记录和海关信息等外部信息也属于平台记录的范围，独特的信用评级定量模型可以通过云计算动态计算违约风险并进行风险定价。但是银行只需要支付少量的信息使用费，即可使用。

（2）产品过程的运行。产品的运行过程主要分为两步。第一步，发布需求的中小企业确认通过贷款平台评估得到的贷款金额。第二步，银行和网络贷款进行协作，共同排查企业的资产和盈利信息，银行支付一定的信息使用费。不符合信贷要求的企业被打回贷款平台，进行重新融资。

图 10 为模式示意。

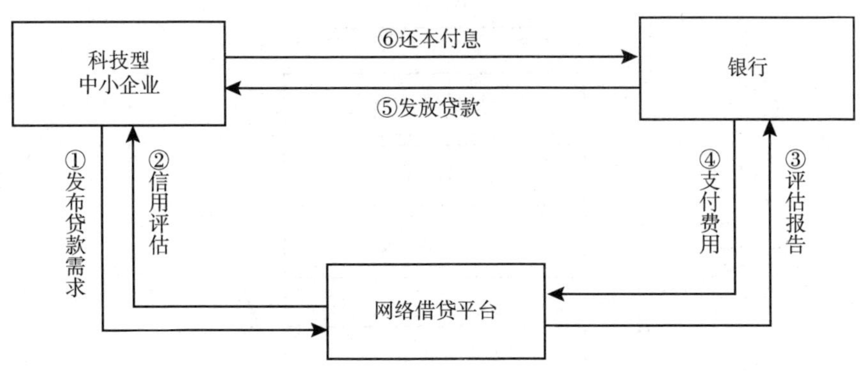

图 10　“银行 + 净贷款”创新模式示意

3.“银行 + 权益（夹层融资）”创新模式

商业银行也可以带头组建多方利益相关者参与的融资联盟，通过财团内部的分工，达到企业客户提供夹层融资的目的。“夹层金融”概念源于华尔街、欧美发达市场，是流动性好、波动性低的夹心融资产品，资本成本低于股权融资。投资者从早期的保险公司，逐步转变为资金和商业银行。传统夹层融资主要用于杠杆收购、MBO 或并购交易，成为中小企业扩张和基础设施建设的主要融资工具。因此，夹层融资为传统资本市场以外的企业和银行贷款开辟了新的融资渠道。

（1）产品构建理念。对于科技型中小企业，夹层融资可以提供灵活长期的资金安排。通过企业控制的限制性安排，夹层融资的控制程度小于股权融资，可以根据特殊需要灵活调整。

（2）产品过程的运行。基本上，夹层融资是无担保的中长期债务融资，债务伴随着投资者认购投资者权益的权利。交易结构主要包括：商业银行为科技型企业提供中长期贷款；技术企业给予第三方机构投资者融资一定比例的股权期权，如股权期权，并在一定条件下达成一致，三方机构投资者行使期权等方式。

图 11 为模式示意。

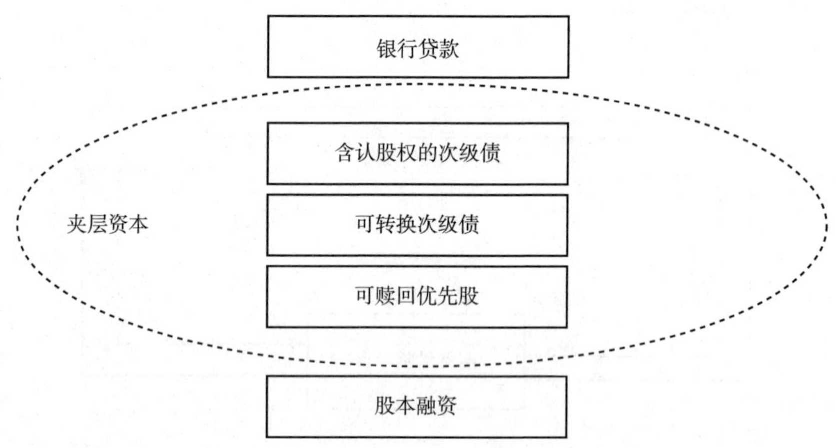

图 11　“银行 + 权益（夹层融资）”创新模式示意

（二）以风险投资为主要产品创新

1. 投资联动融资模式

根据我国目前的政策、不同的主体风险和资金供应能力，丰富的风险投资产品可引导风险投资机构等金融机构开展业务合作，拓展风险投资来源。

（1）产品构建理念。若是中小企业的银行信贷和企业融资需求存在不匹配的问题，发展初期的企业很难得到银行的青睐。在成熟期，企业的业务步入正轨之后，银行的额度有大幅度的提高。并且在这一时期，贷款联动模式的出现，对于成熟期的中小科技企业的融资也能起到很大的帮助。银行的信贷融资成为直接融资的逆向推动机制。在解决问题这一方面，为中小企业的创业和成长提供了强而有力的财力支持。

（2）产品过程的运行。风投和银行之间首先需要达成合作关系。企业进行全面评估，投资机构进行首次股权投资，建立股权投资与银行信贷联动投资模型。投资机构在企业全面评估的基础上，首次股权投资，银行随后追随贷款之间的股权投资与银行信贷联动投资模型。在实践中，可以先行调查行业前景或符合产业政策导向的领域，鼓励金融机构开展投资试点。

图 12 为模式示意。

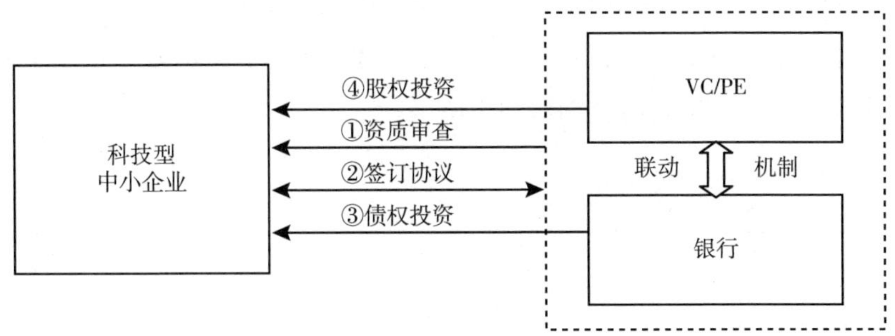

图 12　投贷联动模式示意图

2. 知识产权（IP）基金融资模式

知识产权基金融资模式以政府为导向，以市场为指引，以科技型中小企业为核心，由专业投资机构经营基金产品。2014 年 4 月 25 日，中国第一支基金——锐创专利营运基金成立，填补了我国良性创新体系的空白。在此基础上，本报告提出了知识产权基金融资模式，主要目的是通过 IP 和 TT 组合设计，实现知识产权商业化，从而帮助天津市科技型中小企业获得核心专利技术。

（1）产品构建理念。首先，知识产权基金通过科技型企业、大学、研究开发机构等发明专利单位共同发起，建立知识产权集群，收集知识产权手段，包括以市场为基础的收购、投资创新项目等渠道。其次，通过技术转让使知识产权商业化，商业化的结果是使知识产权特许，甚至在某些情况下企业可以直接访问新的知识产权。最后，知识产权基金重组了专利，授权最终用户。

（2）产品过程的运行。在产品的设计过程中，最关键的是风险控制。一些专家认为，知识产权质押融资的成功率如此之低，除了创新和良好市场前景相对较少之外，还与我国的风险控制严格，导致进入门槛过高有关。为扩大中小企业获取先进技术的技术路线，可以建立有效的知识产权交易市场，将知识产权作为知识产权需求商和知识产权提供商自由交易的特殊商品，交易价格由市场供求情况决定。实现这一理念要求政府与科技企业等创新型企业携手合作，也要引进健全的法律法规来规范知识产权市场的运作。只有各方合作共同为知识产权交易创造良好有效的市场环境，使科技型中小企业通过市场交易知识产权共享科技成果，才能真正打破科技型中小企业不能筹集资金、不能进行科技创新的困境。

图 13 为模式示意。

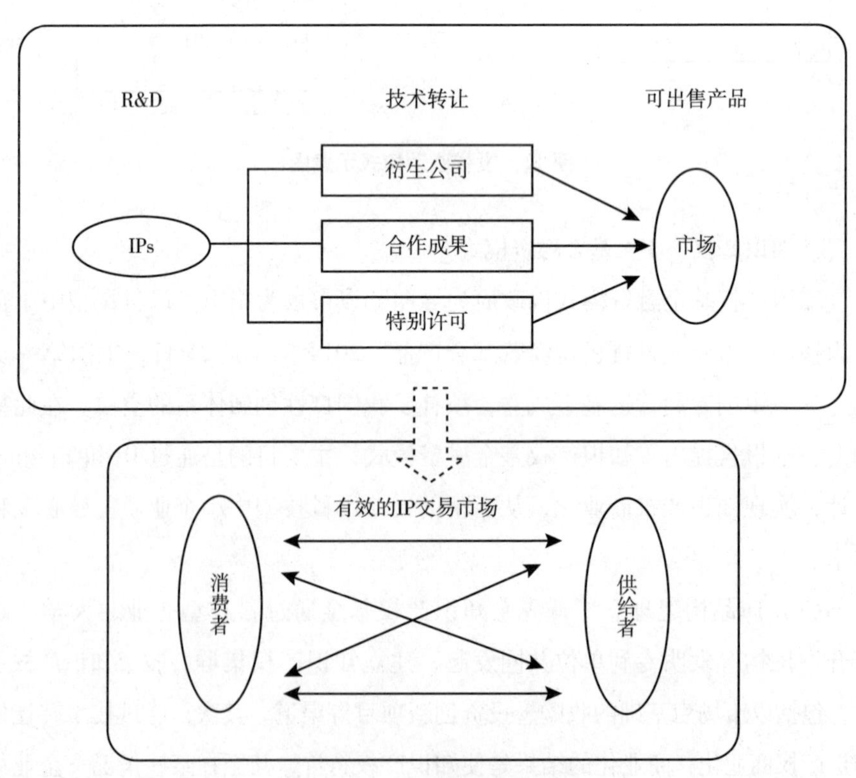

图 13　IP 基金融资模式示意

（三）以债券市场为主要产品的创新

债券融资具有降低融资成本和提高流动性的重要作用，公司债券作为企业融资的重要形式，要规范和大力发展债券市场，加快固定收益产品发展速度，为合格的中小企业提供债券融资渠道。

1. 中小企业天使债券融资技术模式

这种方式可有效支持企业融资，促进企业自主创新。中小企业天使债券融资技术模式基于美国“参与证券计划”的成功经验，对科技型企业具有较强的“增长”作用，是科技型企业、良好的政府控制或现金流量控制融资支持的创新模式。

（1）产品构建理念。科技型金融服务机构依托科技型中小企业整体行业趋势和前景，将其“未来价值”进行专业解读，结合适当的风险概念进行控制，通过组合的创新债务融资方式、融资特点为中小企业提供财务支持。

（2）产品过程的运行。天使债务引入第四方风险（包括风险投资和上下游企业），由中小企业设计信贷融资产品。一是对于天津科技“小巨人”增长计划选定的科技型中小企业，技术和金融服务机构可以为企业提供纯粹的信贷融资。企业将获得较高比例的未来投资权贷款条件。二是对于天津市区域内至少有一个发明专利或实用新型专利的企业，科技金融服务机构为企业提供纯粹的信用债权融资。企业可以发布一定比例的未来投资权，并获得更多的让步贷款条款。三是科技金融服务机构通过自有资源渠道平台，为获得其认可的投资机构股权投资价值的企业，按照投资机构股权投资的一定比例进行纯粹的信用债权融资。四是对于还有一定债务空间的科技型中小企业，金融服务机构为企业提供纯粹的信用贷款融资。

2. 中小企业债券模式

发行中小企业债券需要政府的大力支持，有必要协调各企业和承销商，还要有担保公司的政府背景来保证和反担保，因为这样可以提高收款的信用评级，增加融资规模，降低债券利率。

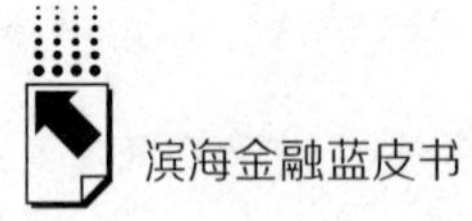

（1）产品构建理念。科技型中小企业收购债券，即多家企业采用捆绑方式，采用结构性产品设计，整合政府引导资金（财务支持资金）、银行、安全机构、风险投资机构等资源，按照“统一组织、统一安排、统一分配”的原则，公开发行长期公债债券，实现风险收益多元化。

（2）产品过程的运行。牵头机构通过设计信托产品或设立有限合伙基金，政府指导基金认购部分股份（通常约25%），风险投资机构认购部分不良资产（通常约5%），剩余份额由银行或社会基金参与认购（通常约70%）。产品发布期一般为3～6年，主要在债券市场。

图14为模式示意。

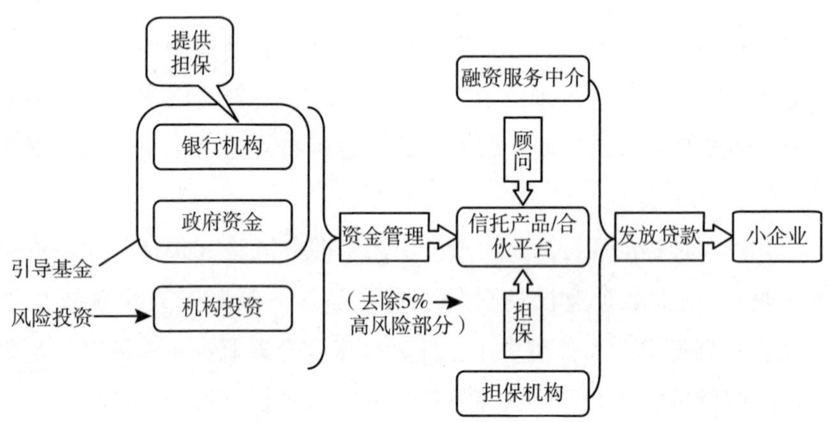

图14　中小企业债券模式示意

五　完善天津科技型中小企业自主创新金融支持体系政策建议

建立和完善科技型中小企业自主创新的金融服务需要构建全面系统的支持体系。中小企业应该不断完善自身，合理定位产业，注重诚信建设，更新经营理念；同时要建立相关实体之间的合作，突破资金瓶颈制约，并与外部环境相配合，谋求生存和发展的可持续性。天津市应重点关注科技与金融的结合，在汲取借鉴国内外成功经验的基础上，结合全市科技及金融发展环境促发展。

（一）科技型中小企业自主创新的政府政策支持

政府是促进中小企业自主创新的主力军。政府支持科技型中小企业进行自主创新，不仅包括科研经费的投入，还包括提供一个良好的外部环境。

1. 完善科技型中小企业自主创新的制度支持

政府创造良好的宏观环境，促进科技型中小企业发展，首先应从法律层面完善制度建设，对自主创新的行为进行规范、监管和保护，建立完善科技型中小企业自主创新的制度。

（1）完善科技认证制度。对科技型中小企业的认定扶持，应该按照三大原则进行：一是系统性原则，即在识别过程中，不仅对企业进行技术评估，还要引进市场专业的第三方评估主体，从市场转化角度评价其技术、市场和综合管理能力等；二是竞争原则，实现识别与消除，对能否进入资本市场进行判断；三是引导原则，科技创新基金引导市场主体通过市场定位扩大，改善配置政府基金的市场运作方式，市场通过自我组织和自我确定促进科技的健康发展。

（2）完善知识产权保护制度。当自主创新成果形成后，要及时申请专利并进行注册，为企业提供信息和知识产权法律服务，中小企业使用指南专利分析和专利应用等手段，提高对知识产权的保护意识，合理利用知识产权制度进行保护。另外，在技术层面加强知识产权保护，保障技术安全，极力避免知识产权的流失。

2. 优化科技型中小企业自主创新的税收优惠支持

当前我国的中小企业税收优惠政策主要是基于行政法规规定或临时通知的形式实施，经常改变税收优惠政策并且缺乏透明度，无法形成财政和金融相互协调的配套体系，今后应集中优化科技型中小企业自主创新投资优惠措施和科技风险投资税收优惠措施。

一方面，对科技型中小企业自主创新投资提供税收优惠，从应纳企业所得税额中直接抵免一定比例投资额。另一方面，对科技风险投资提供税收优惠措施，通过税收法律对风险投资提供相关优惠条件，使投资者的成本和中小型创新企业的投资风险降低，尽快创造出更多的风险投资效益，以充分调动中小企业的风险投资热情。

（二）科技型中小企业自主创新的产业环境支持

为科技型中小型企业自主创新提供可持续的融资，一是要进行精确客观的产业定位，使产业布局更符合国家未来产业发展规划；二是培育相对宽松的产业环境并提供相应服务。产业环境支持作为科技型中小企业自主创新的基础，有效改善了科技型中小企业的自主创新管理能力。

1. 优化知识产权服务体系

建议相关部门尽快完善知识产权评估体系，包括现有的无形资产、专利权、著作权和商标权评估指导，并促进知识产权管理机构和金融机构的合作以及不同类别的知识产权质押融资政策、法律法规的建立。

2. 培育产学研合作氛围

提高科技企业的自主创新能力，需要营造有利于企业自主创新的产学研合作环境，充分发挥国经济技术开发区在信息、资金和人才的政策优势，帮助区内科技型中小型企业采纳高新技术，并加强与科研机构、高等院校开展合作，保持产学研氛围。

3. 建立产业链合作联盟

通过分包管理、特许经营、融资、剥离、培训、咨询、技术研究和发展，对产业链的上游和下游企业整合，实现核心企业之间的产业链和产业中小企业信贷服务绑定，并以产业集群核心资本链企业为出发点，凭借大企业、大集团和担保机构对企业组织的影响，为银行和信用平台之间的合作创造可能，对上游和下游薄弱的中小企业提供资金，为困难中小企业提供融资，完善供应链。

（三）科技型中小企业自主创新的市场主体支持

科技企业自主创新的主要制约因素是资金问题。因此，加强各金融市场主体对科技型中小企业在自主创新不同阶段的资金支持，健全促进企业自主创新的信用增进机制。

1. 信贷市场支持

以商业银行为代表的金融信贷市场，应主动了解自主创新企业技术应用前景，对不同类型的科技型中小企业进行细分，运用现代风险管理技术，对科技含量高、发展潜力大的科技企业采取可操作性强的信贷支持。

（1）完善贷款管理制度。银行业金融机构要完善信用管理体系，尤其是在特定的操作系统上寻求突破：在金融发展规划中引入金融支持自主创新计划，采取政府担保、贴息等措施；国有商业银行重点关注自主创新的信贷支持，完善信贷管理机制；根据股份制和城市商业银行与其他金融机构自主权较大、经营灵活的特点，为专项信贷业务制定有针对性的措施。

（2）构建信用评估体系。关于评估体系，建议从评价体系、评审体系两个方面构建科技型中小企业的成长性评估体系。评价体系的各项指标反映了科技型中小企业的客观评价，评价体系体现了主观评价。在确定指标体系的基础上，利用层次分析法（AHP）、SATTY1－9标度法确定各指标权重，通过中小城市的中小企业的实证研究来检验评价体系的有效性，通过调整最终构建适应天津市科技自主创新的中小企业融资信用评价系统。

2. 资本市场支持

企业自主创新与证券资本市场和风险投资基金是一个整体，不可分割。在企业自主创新发展的投入期，风险投资作为主要的金融支持，随着企业转型的研究，研发成果转化所需的资金需求愈来愈大，融资问题凸显，企业倾向于通过募集新股进入资本市场，资本市场成为自主创新发展的必要条件。

（1）加快多层次资本市场建设。第一，加快壮大中小板和创业板市场。根据中小企业的特点，完善新股发行机制、再融资制度、退市制度和并购机制。第二，推动新三板市场做市商制度改革。第三，加快发展区域股权交易市场。收集和培育企业资源，吸引社会资本、投资银行、多层次金融资源基金，提供股权质押融资服务。

(2) 规范风险投资基金发展。第一，完善相关法律法规，保持公平竞争的制度环境，引导风险投资业健康发展。第二，拓宽风险资本的融通渠道，引导资金投向。第三，加强股权投资基金管理机构的建设，尽快引入合格境外有限合伙人（OFLP）制度，设立外商投资股权基金管理企业。

3. 中介市场支持

银行等金融机构的稳健经营原则和企业自主创新存在一定矛盾，因此，应构建完善的中介市场支持体系，为科技型中小企业提供融资。

一方面，构建创新保险体系。鼓励保险公司加大对保险产品的创新和服务力度，开发保险产品并支持新险种，为科技型中小企业自主创新保驾护航。另一方面，优化中介市场服务。在税收、金融、科技、教育培训等方面，对处于自主创新各阶段的科技型中小企业提供全方位的行业分析、决策咨询。同时，实现数据信息资源共享，提高科技型中小企业信息透明度。

（四）科技型中小企业自主创新的企业自身支持

对于科技型中小企业而言，为有效实施企业自主创新、优化企业外部环境，企业还应在信用管理、公司治理、机制管理等方面，围绕技术创新能力的提升加强自身建设。

1. 完善科技创新激励机制

为鼓励科研创新，企业应对科研贡献突出的科技人员实施激励机制，使科技人才获得应有报酬，增加动力创造更大的价值。另外，企业要不断追加投入进行研发，科学地将激励与惩罚结合，培育创新的企业文化，建立学习型企业组织模式，树立自主创新的企业价值观。

2. 建立权变的公司治理机制

在自主创新的不同阶段，科技企业的内外部环境是不同的，这决定了公司治理模式的选择是不一样的。在初创阶段阶段，企业所有者可以通过与其他少数人合作，实现有效的公司治理。随着企业自主创新成果的不断成熟，企业的发展需要更多的资本和技术来满足，这就要求企业对公司治理模式进行改革，如在董事会中引进专业人员，协助战略决策。

3. 加强企业内部信用管理制度

科技型中小企业应针对自身特点，吸收国内外先进经验，加强客户信用分析、评级和应收账款管理，充分发挥企业信用管理职能。另外，加强控制信用风险，要确保风险管理落实到个人，使权责利相结合，增强科技型中小企业信用风险防范能力。

附　　录

Appendix

B.12

附录一　滨海新区引进高层次金融人才暂行办法

第一章　总则

第一条　为进一步加强滨海新区（以下简称“新区”）金融人才队伍建设，提高金融服务水平与能力，根据《天津市滨海新区重大人才工程实施意见》有关规定，制定本办法。

第二条　本办法适用于新区所属高层次金融人才，特指注册地和税收户管地均在新区、注册资本 1 亿元以上的金融机构引进的中、高级管理人员与核心专业人员。

第三条　在同一金融机构内，享受本办法政策的人员数量不超过上年年末该机构正式在职员工总数的 30%。

第四条　对引进人才的补贴资助，原则上先执行国家和天津市政策。新区区级政策之间、新区与各功能区管委会政策之间采取从高、不重复原则。

第五条　资助引进高层次金融人才所需经费，从新区人才发展基金中列支，申请程序按《〈滨海新区人才发展基金使用管理暂行办法〉实施细则》的规定执行。

第二章　引进对象和条件

第六条　本办法所称金融机构是指取得国家金融监管部门或国家有关部委核准，具有独立法人资格，从事金融服务业有关的金融中介机构，包括存款类金融机构与非存款类金融机构。存款类金融机构主要包括商业银行与财务公司。非存款类金融机构包括信托公司、金融租赁公司、汽车金融公司、消费金融公司、金融资产管理公司、货币经纪公司等银行业非存款类金融机构，证券公司、证券投资基金管理公司、证券投资咨询公司、期货公司等证券业金融机构，保险业金融机构，交易所及登记结算类金融机构，其他金融机构。

本办法所称中、高级管理人员是指获得人民银行、银监会、证监会和保监会等金融监管部门及其派出机构资格认定，并在上述金融机构担任董事长、副董事长、总经理（行长）、副总经理（副行长）、监事长（合规总监、督察长）等职务的高级管理人员以及上述高级管理人员以下、中层部门负责人（含）以上职级的管理人员。

本办法所称核心专业人员是指除上述中、高级管理人员之外的金融机构正式在职员工，且须符合下列条件：

1. 具有大学本科以上学历，所学专业为金融、财税、会计、法律等相关专业。

2. 取得博士学位、拥有三年以上金融业从业经验，或取得硕士学位、拥有五年以上金融业从业经验，或取得学士学位、拥有八年以上金融业从业经验。

3. 具有国家认可的境内、外注册会计师资格、法律职业资格以及 CFA 等国际通行的金融职业资格或中级以上职称。

4. 工作勤勉尽责，业绩、能力突出。

本办法所称中、高级管理人员与核心专业人员均应具有良好的从业诚信记录，且从未受过国家主管部门行政处罚、被采取监管措施或被司法机关追究刑事责任。

第七条 本办法所称中、高级管理人员与核心专业人员等高层次金融人才可根据所处领域、行业或业绩等方面细分为领军人才、高级人才和其他人才。

第八条 融资租赁公司、商业保理公司、信用评级公司、私募基金管理公司、小额贷款公司、融资担保公司、P2P 平台等新型互联网公司、其他金融创新机构以及会计师事务所、律师事务所、咨询公司等专业中介服务机构引进高层次金融人才，可参照本办法。

第三章 补贴标准及补贴方式

第九条 具体补贴标准与待遇：

1. 对引进新区的高层次金融人才，除享受国家、天津市或新区有关资助政策外，对领军人才每人一次性补助 30 万元，对高级人才每人一次性补助 20 万元。

2. 对经区财政（金融）局审核认定的领军人才或高级人才，按其缴纳的个人所得税新区留成部分最高给予三年内 100% 的奖励，年薪总额以 40 万元为上限。

3. 高层次金融人才子女在入学方面享受本区居民同等政策。

4. 对于通过雇佣方式担任新区政府、管委会等单位管理、技术岗位的高层次人才，经区财政（金融）局审核认定，可享受研修津贴及科研经费资助，具体标准另行制定。

5. 对持有外国护照的引进人才及其配偶和未成年子女，按照天津市的有关人才引进政策规定，积极帮助申请长期居留许可。

6. 建立法律援助机制，优先为高层次金融人才提供法律咨询、法务代理、纠纷维权等法律服务，为其营造良好的法制环境和安全保障。

7. 在本办法执行期间资助一定数量的高层次人才参加相关培训，根据个人申请实际情况和区财政（金融）局评审结果，给予培训费用 50% 的资助。

8. 由高层次金融人才本人承接或牵头组织的金融及相关领域的国家社科基金，教育部及国家各部委的重大研究项目可给予不超过科研预算经费总额 30% 的财政支持。

第四章　人才资助程序

第十条　在新区人才工作领导小组领导下，由财政（金融）局负责全区高层次金融人才引进的组织协调工作。

第十一条　引进高层次金融人才，采取随时受理、集中审批的方式进行，每年集中审批 1 至 2 次。

第十二条　用人单位应当对引进人选情况进行审查与核实，同时向上级主管部门提出引进申请。

第十三条　各功能区管委会金融主管部门进行审核，认为符合本办法要求的，向区财政（金融）局提交书面申请，同时提供以下材料：

1. 滨海新区引进高层次金融人才申请书；

2. 用人单位法人证书；

3. 引进人才及团队的工作经历、相关业绩材料以及学历学位证书、有效身份证件、职业资格证书、职称证明与其他相关证明材料的原件及复印件；

4. 其他需要申报的材料。

第十四条　成立新区高层次金融人才引进专家评审委员会，区财政（金融）局采取函评方式，请评委会专家对申报材料进行初审，函评人数一般不少于 7 人，超过半数同意的可列入拟资助建议人选名单。

第十五条　区财政（金融）局根据函评结果及其他佐证材料作出拟资

助决定，并将结果反馈给管委会金融主管部门。

第十六条 评委会负责制定高层次金融人才的评审标准，对拟资助建议人选进行评审。评委会成员 15 ~ 20 人，由相关知名专家组成。区财政（金融）局会同各功能区及相关部门组织评委会专家通过学术报告、现场考察等形式，对申请资助人才的专业能力、技术水平、工作经历和团队精神等方面进行全面考察。三分之二以上专家同意的，可提名为资助建议人选。

第十七条 区财政（金融）局将资助建议人选提交区人才工作领导小组审批，最后由区人才工作领导小组下达人才资助决定。

第十八条 资助项目获准后，区金融局联同用人单位、引进人才三方签订《滨海新区引进高层次金融人才资助协议书》，按照相应标准给予补贴资助。

第五章　附则

第十九条 新区政府部门或金融监管机构引进不具有公务员身份（含参照公务员管理人员）的高层次金融人才，也可适用本办法。

第二十条 本办法中的“以上”均包含本数，“以下”不包含本数。

第二十一条 本办法由新区财政（金融）局负责解释。

第二十二条 本办法自 2016 年 7 月 1 日起执行，有效期 3 年。

B.13 附录二　市金融局关于充分发挥金融创新引领作用更好服务全市促惠上活动的意见

津金融局〔2016〕2号

各银行业金融机构、证券公司、保险公司、融资租赁公司、融资担保公司、小额贷款公司：

为深入贯彻落实中央经济工作会议和全市经济工作会议精神，扎实开展2016年全市“促发展、惠民生、上水平”活动，推动实施中小微企业贷款风险补偿机制、降低实体经济企业融资成本、融资租赁促进企业装备改造、金融支持打造科技小巨人升级版四项专项活动，进一步加大金融服务实体经济发展力度，促进经济平稳健康发展，实现“十三五”良好开局，现提出以下意见：

一　继续深入推进中小微企业贷款风险补偿机制

（一）高度重视主动作为，加大信贷投放力度

推进实施中小企业贷款风险补偿机制是在经济发展新常态下，市委、市政府做出的一项重大决策部署，开创了金融支持实体经济发展制度创新全国先河，得到了中央领导同志的充分肯定。各机构要继续发扬“盯紧靠上、顽强拼搏”的精神，增强责任意识、服务意识和合作意识，切实践行社会责任，为中小微企业雪中送炭。积极向总部争取政策和资金支持，做足表内贷款，拓展表外业务，保证资金供应，在有效提高贷款增量的基础上，实现2016年全市中小微企业表内外贷款再增30%。

（二）明确支持重点，坚持精准发力

围绕促进大众创业、万众创新和经济提质增效升级，重点支持符合国家创新驱动战略、产业和环保政策的中小微企业发展。用好《大津市中小微企业贷款风险补偿机制有关补充措施》（津政办发〔2015〕102号）的新十条措施，进一步扩大政策覆盖面，重点支持高新技术企业、科技小巨人企业、出口型外贸企业和涉农企业等重点领域和产业发展。推广“银税互动”，对依法诚信纳税的中小微企业给予信用贷款支持并循环授信。

（三）对接补偿机制，创新思路招法

加快推进金融产品和服务模式创新，开发推广适合风险补偿机制的金融产品，大力发展商圈贷款、产业链贷款、知识产权贷款等特色金融产品，实现与企业的有效对接。建立符合风险补偿机制要求的贷款审批绿色通道和扁平化、集约化、标准化、批量化的中小微企业贷款审批流程，提高贷款审批效率。完善内部激励约束机制，对落实中小微企业贷款风险补偿机制突出、服务中小微企业突出的团队和个人予以正向激励，科学认定不良贷款责任，切实落实尽职免责制度。

（四）创新金融服务理念，强化提升综合服务

推广差异化服务，实施精细化管理，为中小微企业提供开户、信贷、结算、理财、咨询等基础性、综合性金融服务，运用手机银行、网上银行新渠道，提高服务便利度和覆盖面。在机构、人员、系统等内部资源配置上继续确保对中小微企业业务条线的倾斜，建立压力传导机制，将指标任务层层分解到分支机构。大型银行和地方法人银行要带好头，眼睛向下、机构向下、业务向下，改进提升各项服务，更多为中小微企业提供资金支持。

（五）完善风险分担机制，推动银担业务发展

在风险可控前提下，金融机构要拓宽合作担保机构范围，不得根据股权

性质和资本金规模设定门槛。对运作规范、信用良好、资本实力和风险控制能力较强的担保机构，优先提供其承保项目的信贷支持，给予利率优惠，适当放大担保倍数，降低或取消担保机构保证金缴存比例。建立合理的风险分担机制，根据项目风险程度，申贷企业和承保担保机构的资信等级，按照风险与收益对等的原则，确定合理的银担风险分担比例，促进三方共赢。

二　切实降低实体经济企业融资成本

（一）规范服务收费，严控收费水平

认真贯彻落实《国务院办公厅关于多措并举降低企业融资成本的指导意见》（国办发〔2014〕39 号）和相关监管政策要求，切实清理收费项目，进一步规范对中小微企业的服务收费。对于能在利差中补偿的，不再另行收费；对于必须保留的补偿成本性收费，严格控制收费水平；对于个性化服务、定制化服务等，按照市场原则规范管理；对于巧立名目、变相收费增加企业负担的，一律取消。努力履行社会责任，对诚实守信、经营稳健的优质小微企业减费让利，支持企业降成本。

（二）推进贷款服务创新，降低中间环节成本

在做好贷款质量监测和风险分类的基础上，对于有市场前景、暂时遇到资金困难的企业，灵活采取调整贷款期限和还款方式、变更担保方式等贷款重组措施，和极推广联合授信和银团贷款，缓解企业债务压力，积极落实改善小微企业金融服务的相关政策，创新小企业金融服务产品，在有效管控风险的前提下，推广无还本续贷、循环贷款等流动资金还款方式创新，降低企业“过桥”融资成本。

（三）引进用好低息资金，降低政府债务成本

发挥开发性和政策性金融作用，持续利用“两行一基金”和保险资金、

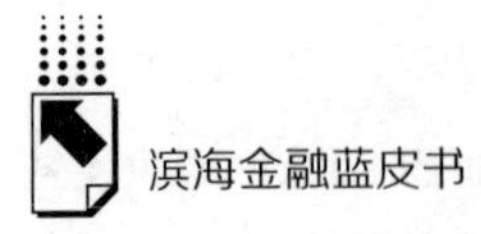

债券市场、境外市场等多渠道引入低息资金，为基础设施建设和重要战略性产业发展提供长期低成本资金。积极开展银团贷款，联合授信、PPP 融资服务等，创新多元化融资模式和综合化金融服务，有效满足项目资金需求；支持平台公司存量债务置换和新项目建设，降低融资成本，力争实现全市政府性平台公司年综合融资成本降低 1 个百分点。

（四）拓宽直接融资渠道，降低企业财务成本

各机构要积极为企业多渠道融资提供多元化金融服务，优化融资方案，积极为企业提供财务顾问服务，推动更多企业用好债券市场，发行企业债、公司债、中期票据、短期融资券、中小企业集合票据等债务融资工具，扩大直接融资规模，优化融资结构，降低财务成本。

（五）用好用足用活金改30条，引进境外低成本资金

用好用足《中国人民银行关于金融支持中国（大津）自由贸易试验区建设的指导意见》（银发〔2015〕372 号）等支持政策，积极开展跨境双向人民币资金池、跨国公司外汇资金集中管理、资本金意愿结汇、货物贸易收汇等本外币跨境结算创新业务，在客户数量、业务规模上取得更大进展。纳入试点的金融机构要按照《中国人民银行关于扩大全口径跨境融资宏观审慎管理试点的通知》要求，按宏观审慎原则，通过境外借款、发行债券等方式从境外融资，降低融资成本，提高融资效率，服务实体经济发展。

三　运用融资租赁手段促进企业装备改造

（一）发挥融资租赁优势，助力企业装备改造升级

各租赁公司要按照我市“支持企业通过融资租赁加快装备改造升级”工作总体部署，加大融资租赁对中小企业、科技型企业和科研院所等单位装

备改造升级服务力度，发挥融资租赁“融资、融物、融智”相结合的优势，创新设备租赁产品和服务、加大设备租赁投放规模，灵活运用直接租赁、委托租赁、厂商租赁、跨境租赁、联合租赁等方式，支持企业降低设备融资门槛、拓宽设备采购渠道、降低设备采购成本、提高设备管理水平、提升生产经营效益，加快实现转型升级。

（二）建立沟通合作机制，搭建信息共享平台

各租赁公司要积极主动配合参与市有关部门建立的采购项目和租赁公司评估筛选机制，共同建设设备采购单位与租赁公司线上交流合作平台，了解企业和项目信息等需求情况，提供融资条件和租赁产品等信息，促进双方高效对接，实现合作共赢发展。

四　金融支持打造科技小巨人升级版

（一）推动科技企业上市，提升公司治理水平

牢牢把握国家大力发展多层次资本市场的有利契机，加大服务力度，创新服务方式，为中小微企业尤其是科技型中小企业上市挂牌提供金融支持和服务，支持企业利用资本市场整合优质资源，提升公司治理水平，实现快速、持续、健康发展。券商、会计师事务所、律师事务所等相关中介机构及投资机构要加强对发展潜力较大但暂不符合上市挂牌条件企业的前期跟踪培育，帮助企业对接各类资源，树立规范发展意识。

（二）创新服务方式，强化信贷支持

依托互联网、移动技术和大数据库等资源和手段，大力开展符合科技企业特点的金融产品和服务方式创新，开展以企业信用为基础的金融产品和服务方式创新，适当拓宽抵质押品范围，灵活运用知识产权、股权、应收账

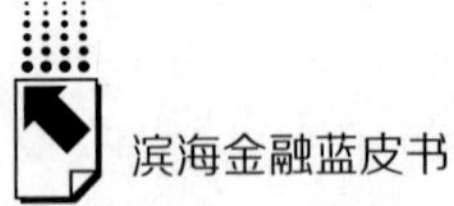

款、订单、出口退税等进行抵质押。加快专营机构建设，打造专业服务团队，降低科技金融服务门槛，提高金融服务专业化水平。各金融和金融服务机构要牢固树立支持实体经济就是发展自己的理念，转变经营思想、增强创新能力、加快转型调整，以社会的需求推动产品创新、流程再造、重心下移，用多元化的金融服务支持全市经济社会发展。

B.14
附录三　滨海新区关于支持企业通过融资租赁加快装备改造升级工作实施方案

为全面做好滨海新区支持企业通过融资租赁加快装备改造升级工作，按照滨海新区“促发展、惠民生、上水平”活动总体安排，根据《天津市人民政府办公厅关于印发支持企业通过融资租赁加快装备改造升级实施方案及配套文件的通知》（津政办发〔2016〕14 号）要求，结合实际制定本实施方案。

一　总体目标

全面贯彻党的十八届五中全会、2015 年中央经济工作会议、市委十届八次全会、全市经济工作会议和区委二届五次全会精神，围绕全国先进制造研发基地建设，紧密对接《中国制造 2025》，按照加快推进供给侧结构性改革和制造业转型升级的要求，坚持市场配置、精准施策，充分调动中小企业和融资租赁机构的积极性；通过融企联动、政企合力，加快企业通过融资租赁方式实现装备改造升级步伐，提高企业设备更新效率，增强企业可持续发展能力，为全面提高制造业发展水平和运行质量夯实基础。

支持重点是：

（一）发展前景好、技术水平高、市场潜力大的中小企业、科技型企业以及与产业发展密切相关的科研院所。

（二）通过融资租赁方式购置先进研发生产和检验检测设备，实施智能化改造。

按照上述要求，围绕支持重点，2016～2017 年全区推动完成 200 家企业技术装备改造升级。

二 组织领导

（一）成立领导小组

成立由孙长顺为组长，单泽峰、夏青林为副组长，区工业和信息化委、区商务委、区科委、区财政局（区金融服务局）等相关部门负责同志组成的滨海新区支持企业通过融资租赁加快装备改造升级工作领导小组（简称领导小组）。领导小组下设办公室（简称领导小组办公室），办公室设在区工业和信息化委，统筹推动企业通过融资租赁加快装备改造升级工作。按照分级管理、各负其责的原则，各管委会、各街镇成立相应的组织机构，制定工作方案并负责推动本区域支持企业通过融资租赁加快装备改造升级工作。

（二）明确部门分工

立足工作职能，相关部门及管委会、街镇责任分工如下：

1. 区工业和信息化委。行使区支持企业通过融资租赁加快装备改造升级领导小组办公室职能，统筹推动中小企业通过融资租赁加快装备改造升级整体工作，牵头组织相关项目审核上报工作。

2. 区商务委。会同有关单位对参与企业加快装备改造升级的融资租赁机构（简称合作融资租赁机构）进行信用评价、指导项目对接。

3. 区科委。统筹推动科技型企业、科研院所通过融资租赁加快装备改造升级工作。

4. 区财政局（区金融服务局）。统筹推动融资租赁机构参与支持企业装备改造升级工作，研究制定滨海新区支持企业通过融资租赁加快装备改造升级的配套政策。

5. 各管委会、街镇。制定自身的工作方案，落实工作任务，做好项目储备，组织项目申报，监督资金使用和项目建设，会同有关单位开展绩效评价。

三　工作安排

（一）开展调研，摸清底数

由领导小组办公室牵头，办公室成员单位立足职能各自分工开展前期调研工作，以摸清基本情况，夯实工作基础。其中，区工业和信息化委负责调查拟通过融资租赁购置先进研发生产和检验测设备的中小企业和相关项目情况；区商务委负责摸清注册滨海新区的融资租赁机构和融资租赁业务情况；区科委负责调查拟通过融资租赁购置先进研发设备和检验检测设备的科技型企业、科研院所和相关项目情况；区财政局（区金融服务局）负责调查有意愿参与企业加快设备改造升级的合作融资租赁机构情况；管委会、街镇要全力做好配合。调查情况报送区领导小组办公室汇总整理。

（二）召开会议，全面部署

区人民政府召开专项会议研究部署支持企业通过融资租赁加快装备改造升级工作，提出工作目标、明确责任分工、安排工作任务和落实保障举措。

（三）加强引导，广泛宣传

利用网络、微信等多种途径，采取座谈、培训、政策解读等多种方式加强政策宣讲和咨询服务，增强中小企业、科技型企业、科研院所和合作融资租赁机构的互动交流，提高中小企业、科技型企业、科研院所对融资租赁的认知度，激发融资租赁企业参与热情，形成政企联动、各方互动的工作格局。

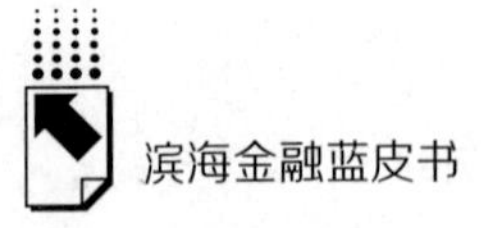

（四）做好储备，推动对接

挖掘资源，做好储备，区工业和信息化委要建立相关的中小企业项目库；区科委要建立相关的科技型企业、科研院所项目库，各单位要由专人负责更新、维护、管理和开发，区商务委、区财政局（区金融服务局）要积极做好协助和配合。要创新对接模式、对接举措，积极搭建合作融资机构与相关企业、科研院所的对接平台。区财政局（区金融服务局）要协调有关单位在“中国租赁联盟”网站开辟滨海新区模块，搭建网络平台推进融企对接。

（五）规范程序，组织申报

由各管委会、街镇对本区域企业摸排后分别于每年上半年和下半年，按照天津市支持企业通过融资租赁加快装备改造升级领导小组办公室统一发布的项目申报条件、支持方向和支持重点初审项目后，行文报送区领导小组办公室。区领导小组办公室组织成员单位复核后报送市领导小组办公室（市工业和信息化委）。补贴资金每半年兑现一次。其中，区本级项目由区归口主管部门核实确认后下达拨款计划，区财政局（金融局）依据拨款计划将资金直接拨付至项目单位；各管委会项目由区归口主管部门核实确认后下达拨款计划，并抄送相应管委会对口单位，区财政局（区金融服务局）依据拨款计划向相应管委会财政部门下达预算指标，管委会财政部门配合上述对口单位做好资金拨付和监管工作。

四　保障措施

（一）落实责任

各管委会、各部门、各街镇要高度重视并认真组织好所辖企业、科研院所通过融资租赁加快装备改造升级工作，将此项工作与“促惠上”活动紧密结合起来，做到思想认识到位、组织领导到位、政策措施到位、工作责任到位、任务落实到位。要由主要领导亲自抓，选派精兵强将，创造必要条件，扎扎实实推进，取得实实在在成效。

（二）健全机制

领导小组办公室统筹调度各相关单位的任务进度，建立组织协调、工作简报、情况报告、督导推动等制度，定期公布各管委会、各街镇通过融资租赁加快装备改造升级工作进展情况。领导小组办公室成员单位要建立与上级单位的衔接机制，做到上情下达、下情上知，确保沟通及时、渠道畅通。各管委会、各街镇要建立工作台账、组织推动、信息报送、定期报告等制度。通过建立制度、完善机制，做到事事有人盯、层层抓落实，形成整体合力，保证各项工作持续有力推进、有条不紊进行。

（三）搞好服务

领导小组办公室、各管委会、各街镇要结合“促惠上”活动，向社会公布服务专线电话、传真、电子邮箱等联系方式，受理企业问题，推动协调办理，明确办结时限，反馈办理结果。要上下联动、协同配合、主动作为、上门服务，共同推动企业装备更新改造升级。要严守纪律、公正廉洁，不给企业添麻烦、增负担，不干涉企业生产经营，不影响企业正常发展。

（四）加强监督

区工业和信息化委、区科委负责对项目实施情况进行监督，区商务委负责对合作融资租赁机构进行信用评价和指导项目对接，区财政局（区金融服务局）负责对资金的申报、拨付、使用等进行监督检查。区审计部门要及时开展相关审计。区督查部门要加强督办督查。项目单位要定期将相关情况报送区领导小组办公室。

（五）强化考核

将支持企业通过融资租赁加快装备改造升级工作纳入全年绩效考核，对考核成绩突出、工作业绩突出和具体实效突出的单位和个人给予表扬，对考核成绩较差、工作成效较差的单位和相关领导给予通报批评。

B.15

附录四　天津国家自主创新示范区支持投贷联动试点的六条政策（试行）

为进一步落实《关于支持银行业金融机构加大创新力度开展科创企业投贷联动试点的指导意见》（银监发〔2016〕14 号），加快推进供给侧结构性改革，引导试点银行建立适应科创企业发展规律和金融需求的体制机制，大力推动天津国家自主创新示范区科创企业投贷联动试点工作，特制定本政策。

第一条　建设投贷联动服务中心，形成各级政府、试点银行业金融机构及其集团投资子公司信息交流机制、融资项目推荐机制、专家服务机制和联合工作机制。以服务中心为平台，建立科创企业大数据库，聚集各类金融资源、投融资信息和优质科创企业信息，构建多元化沟通联动机制。

第二条　支持投贷联动试点金融机构落户天津高新区。对于试点银行业金融机构在天津高新区新注册的投资功能子公司，按照实缴注册资本的 2% 给予一次性奖励，最高不超过 500 万元；租用办公场地的，给予连续 3 年 100% 的房屋租金补贴，每年最高不超过 50 万元；视其对天津高新区科创企业的支持发展情况给予相应奖励。

第三条　支持试点银行业金融机构本集团投资子公司在天津高新区开展天使投资和创业投资业务。投资天津高新区科技型中小企业（项目）数量不低于 5 个或总投资额不低于 1000 万元的，可按实际投资额的 3% 给予投资奖励，每年每家机构最高不超过 1000 万元。

第四条　设立“投贷联动风险缓释资金池”，鼓励银行扩大科创企业信贷规模。由高新区管委会出资设立“投贷联动风险缓释资金池”，试点银行按照不超过资金池 10 倍的规模对科创企业发放贷款，对单个企业或单个实际控制人名下企业的贷款总额不超过500万元。当投贷联动业务出现贷款逾期时，试点银行将从“投贷联动风险缓释资金池”获得50%的逾期贷款本金代偿；同时，由试点银行启动天津市中小微企业贷款风险补偿金申请及债权追偿等工作，风险补偿金和追偿所得总额的50%回补“投贷联动风险缓释资金池”。为持续发挥资金池的风险缓释功能，鼓励试点机构建立资金池资金补充机制。借助第三方专业机构建立共管账户管理监测平台确保其规范运营。

第五条　鼓励试点银行业金融机构在提高贷款风险的容忍度等信贷机制体制上突破创新。对于试点银行业金融机构将投贷联动贷款的不良率上限设定在天津市平均不良贷款率2倍以上的，按照当年该试点银行在天津高新区投贷联动贷款总额的5‰给予奖励，最高不超过500万元。

第六条　支持天津高新区科创企业以投贷联动的方式进行融资，迅速发展壮大。对于同时获得试点银行业金融机构及其集团投资子公司融资服务且当年经济贡献突出的科创企业，按当年贷款总额给予利息补贴，补贴标准为同期贷款基准利率的50%，最高不超过100万元。

本政策由天津高新区管委会解释，自发布之日起实施，政策有效期至天津国家自主创新示范区科创企业投贷联动试点期结束。

B.16
参考文献

步国旬、陈君君：《金融支持科技创新的路径及策略研究——以资本市场为例》，《金融纵横》2013 年第 4 期。

陈春明、吴会玲、吴昕运：《我国大中型工业企业自主创新能力影响因素研究》，《经济纵横》2013 年第 4 期。

蔡神元、杨开发：《产业投资基金退出时机选择研究》，《求索》2011 年第 1 期。

曹文炼：《发展产业基金条件基本成熟》，《江苏经济报》2007 年 6 月 9 日，第 1 版。

曾洁：《PPP 融资模式在我国轨道交通建设中的运用研究》，《交通企业管理》2009 年第 9 期。

杜琰琰、束兰根：《从科技支行到科技银行——基于文献研究和实地调研》，《科技进步与对策》2014 年第 9 期。

封北麟：《完善多层次资本市场体系建设，助力科技金融发展》，《经济研究参考》2014 年第 25 期。

高礼彦：《PPP 模式下的产业基金运作模式探析》，《经济论坛》2015 年第 8 期。

高涛：《产业基金风控详辨》，《新理财》2017 年第 3 期。

龚晓菊：《刍议中小企业自主创新的财政金融支持系统之构建》，《现代财经》2009 年第 3 期。

赫荣亮：《善用产业投资基金加快制造业转型升级》，《中国证券报》2017 年 3 月 6 日，第 10 版。

洪银兴：《科技金融及其培育》，《经济学家》2011 年第 6 期。

胡曼菲：《金融支持与海洋产业结构优化升级的关联机制分析——基于辽宁省的实证研究》，《海洋开发与管理》2010 年第 9 期。

黄国平、孔欣欣：《金融促进科技创新政策和制度分析》，《中国软科学》2009 年第 2 期。

黄腾、柯永建、李湛湛、王守清：《中外 PPP 融资模式的政府管理比较分析》，《项目管理技术》2009 年第 1 期。

黄亚玲、赖建平、赵忠义：《我国私募股权基金监管刍议》，《证券市场导报》2010 年第 4 期。

金春花：《海南省海洋金融服务的路径探索》，《海南金融》2015 年第 6 期。

井璐、黄德春：《金融对海洋经济发展的影响》，《水利经济》2015 年第 5 期。

李波、宋旸、陈光新、宗军：《2016 年资产证券化发展报告》，《债券》2017 年第 1 期。

李德智：《关于发展地方产业投资基金的建议》，《企业改理》2017 年第 2 期。

李金海、戚安邦：《基于大型工程项目的风险识别与应对模式研究》，《科技管理研究》2005 年第 4 期。

李静华、李启明：《PPP 模式在我国城市轨道交通中的经济风险因素分析——以北京地铁四号线为例》，《建筑经济》2007 年第 10 期。

李蔚：《我国铁路建设项目 PPP 融资模式下的风险分担机制研究》，硕士学位论文，西南交通大学，2010。

李喜梅：《广东海洋金融发展的一些思考》，《新经济》2013 年第 1 期。

梁立明：《产业基金机理探析》，《新理财》2017 年第 1 期。

林华等：《交易所资产证券化发展探析》，《中国金融》2017 年第 4 期。

刘东民、何帆、张春宇、伍桂、冯维江：《海洋金融发展与中国的海洋经济战略》，《国际经济评论》2015 年第 3 期。

刘降斌、李艳梅：《区域科技型中小企业自主创新金融支持体系研究——基于面板数据单位根和协整的分析》,《金融研究》2008 年第 12 期。

刘霖涌:《我国商业银行发展海洋金融业务的对策研究——以中国建设银行宁波分行为例》,《特区经济》2014 年第 6 期。

刘明:《中国海洋经济发展潜力分析》,《中国人口、资源与环境》2010 年第 6 期。

刘稚亚:《2016 年天使投资行业:离不开政策支持》,《经济》2016 年第 1 期。

卢慧芳:《美国天使投资发展对广东省的启示》,《中国集体经济》2016 年第 3 期。

芦锋、韩尚容:《我国科技金融对科技创新的影响研究——基于面板模型的分析》,《中国软科学》2015 年第 6 期。

欧阳良宜:《中国产业投资基金组织形式探讨》,《南方金融》2008 年第 9 期;

庞跃华、曾令华:《私募股权基金监管模式的国际比较及中国选择》,《财经理论与实践》2010 年第 5 期。

覃家琦、曹渝:《我国产业投资基金运行机制的现状分析》,《经济与管理研究》2008 年第 7 期。

童杰、李郡:《产业投资基金:夹缝中的生存方式》,《上海国资》2016 年第 5 期。

万冬君、王要武、姚兵:《基础设施 PPP 融资模式及其在小城镇的应用研究》,《土木工程学报》2010 年第 6 期。

汪杰、王华艺:《产业投资基金促进混改创新》,《中国经济周刊》2017 年第 14 期。

王爱俭、孔德昌:《天津金融发展报告(2015)》,社会科学文献出版社,2015。

王爱俭:《经济转型、创新发展与中国的私募股权基金》,《经济界》2011 年第 1 期。

王宏起、徐玉莲:《科技创新与科技金融协同度模型及其应用研究》,

《中国软科学》2012 年第 4 期。

王文、展腾:《海洋金融的发展》,《中国金融》2016 年第 19 期。

王洋天:《我发展产业投资基金存在的问题及对策》,《特区经济》2010 年第 8 期。

肖立晟、王永中、张春宇:《欧亚海洋金融发展的特征、经验与启示》,《国际经济评论》2015 年第 5 期。

邢可霞:《农村养殖户畜禽粪污综合利用的公共私营合作制(PPP)模式分析》,《生态与农村环境学报》2017 年第 1 期。

杨涛:《金融支持海洋经济发展的政策与实践分析》,《金融与经济》2012 年第 9 期。

杨子强:《海洋经济发展与陆地金融体系的融合:建设蓝色经济区的核心》,《金融发展研究》2010 年第 1 期。

叶子荣、贾宪洲:《金融支持促进了中国的自主创新吗》,《财经科学》2011 年第 3 期。

伊夫·默施:《金融市场开放与人民币国际化》,《中国金融》2014 年第 8 期。

余路:《产业投资基金的流程与风险管理》,《人力资源管理》2016 年第 3 期。

俞立平:《我国金融与海洋经济互动关系的实证研究》,《统计与决策》2013 年第 10 期。

张冰丹、熊德平:《海洋经济区域差异的泰尔指数及形成因素分析——基于 1996 ~2011 年沿海各省面板数据》,《科技与管理》2013 年第 1 期。

张博:《天使投资与中小企业发展作用分析》,《财经界(学术版)》2016 年第 20 期。

张海波,刘霖涌:《我国商业银行发展海洋金融业务的对策研究——以中国建设银行宁波分行为例》,《特区经济》2015 年第 1 期。

张萍、刘月:《城市基础设施 PPP 模式下融资风险水平度量研究》,《工程管理学报》2015 年第 2 期。

张颖：《PPP 融资模式在我国铁路融资中的应用》，《经济研究》2006 年第 11 期。

张勇、杨招军、罗鹏飞：《信贷资产证券化模式选择与产品设计》，《中国管理科学》2016 年第 12 期。

章连标、张黎、沈博：《天津滨海新区高新技术企业发展天使投资的可行性研究》，《环渤海经济瞭望》2010 年第 4 期。

章连标、张黎、沈博：《"天使投资"与高新技术企业：以天津滨海新区为例》，《上海企业》2010 年第 2 期。

郑玉航、李正辉：《中国金融服务科技创新的有效性研究》，《中国软科学》2015 年第 7 期。

周雪峰：《保障性住房 PPP 融资模式研究——以河南为例》，《建筑经济》2015 年第 1 期。

朱健齐、胡少东、陈笑莉、覃薇：《广东省发展海洋金融的机遇与挑战》，《汕头大学学报（人文社会科学版）》2016 年第 1 期。

邹晓梅、张明、高蓓：《美国资产证券化的实践：起因、类型、问题与启示》，《国际金融研究》2016 年第 12 期。

邹晓梅、张明、高蓓：《资产证券化的供给和需求》，《金融评论》2014 年第 6 期。

Anand K. Bhattacharya, Frank J. Fabozzi, *Asset-Backed Securities*, 1996.

Bergin Paul, Ling Feng, Ching-Yi Lin, Financial Frictions and Firm Dynamics, NBER Working Paper No. 20099, 2014.

Christian Bauer, Bernhard Herz, Stefan Hoops, "A Cheap Lunch for Emerging Markets: Removing International Financial Market Imperfections with Modern Financial Instuments," *Word Development*, Vol36 (9): 1514 - 1530, 2008.

Frank J. Fabozzi, Anand K. Bhattacharya, William S. Berliner, *Mortgage-Backed Securities: Products, Structuring, and Analytical Techniques*, 2011.

Gil Avnimelech, Morris Teubal, "Creating Venture Capital Industries that

Co-evolve with High Tech: Insights from an Extended Industry Life Cycle Perspective of the Israeli Experience," *Research Policy*, Vol 35 (10): 1477 - 1498, 2006.

Goodliffe, M., "The New UK Model for Air Traffic Services-a Public Private Partnership Under Economic Regulation," *Journal of Air Transport Management*, Vol 8 (1): 13 - 18, 2002.

Joseph C. Hu, *Asset Securitization: Theory and Practice*, 2011.

LinaSonne, "Innovative Initiatives Supporting Inclusive Innovation in India: Socialbusiness Incubation and Micro Venture Capital," *Technological Forecasting and Social Change*, Vol 79 (4) : 638 - 647, 2012.

Marian Moszoro, "Overcoming Opportunism in Public-Private ProjectFinance, 2013," *Journal of Applied Corporate Finance*, Vol 25 (1): 89 - 96, 2013.

Martinez-Solano, Pedro Yague-Guirao, Jose Lopez-Martinez, Fulgencio, "Asset Securitization: Effects on Value of Banking Institutions," *European Journal of Finance*, Vol 15 (2): 119 - 136, 2009.

Moyen N., "Investment-cash Flow Sensitivities: Constrained Versus Unconstrained Firms," *The Journal of Finance*, Vol 59 (5) : 2061 - 2092, 2004.

Paulo MacasNunes, ZeliaSerrasqueiro, Joao Leitao, "Is there a Linear Relationship between R&D Intensity and Growth? Empirical Evidence of Non-high-tech vs High-tech SMEs," *Research Policy*, Vol 41 (1): 36 - 53, 2012.

Pere Arque-Castells, "How Venture Capitalists Spur Invention in Spain: Evidence from Patent Trajectories," *Research Policy*, Vol 41 (5): 897 - 912, 2012.

Ronel Elul, "The Economics of Asset Securitization," *Business Review*. Q3: 16 - 25, 2005.

Spergel B., Moye, M., *Financing Marine Conservation: A Menu of Options*, 2004.

Syriopoulos T. C., "Chapter 6 Financing Greek Shipping: Modern

Instruments, Methods and Markets," *Research in Transportation Economics*, 21 (1): 171 –219, 2007.

Winskel, M. , "Policymaking for the Niche: Successes and Fail- ures in Recent UK Marine Energy Policy", *7th International Summer Academy on Technology Studies Transforming the Energy System: The Role of Institutions, Interests & Ideas*, 2007.

B.17
后　记

《滨海新区金融发展报告（2017）》是在中国滨海金融协同创新中心领导专家的指导下完成的。本报告在撰写过程中得到了天津财经大学、南开大学、中央财经大学、中国人民银行金融研究所、中国社会科学院金融研究所、中国银行国际金融研究所、天津市金融工作局、天津市滨海新区人民政府和环渤海区域合作市长联席会等协同单位的鼎立帮助。本报告的出版得到了社会科学文献出版社经济与管理分社恽薇社长和陈欣编辑的大力支持，在此表示真诚感谢。本报告由王爱俭、李向前担任主编，负责组织编写和审定；郭强、陈志强、安志勇、王文刚担任副主编，负责撰写和统编。各部分执笔人分别为：总报告 B1，陈志强、夏江山；分报告 B2，王文刚、郭强；分报告 B3，郭强；分报告 B4，安志勇、李向前；分报告 B5，郭强、李炳念；分报告 B6，郭强、周胜强；专题报告 B7，李天歌、张琦琦；专题报告 B8，李向前、杨旸；专题报告 B9，贺瑞瑞、苑小静；专题报告 B10，武石桥、袁艺家；专题报告 B11，杨帆、孟娅乔。作为一个前景广阔、令人兴奋的研究领域，滨海金融发展系列年度报告倾注了参编同志的热情与心血，我们期待持续开展这项研究，以此促进学术界更为重视滨海金融创新和发展。让我们与社会各界一起展望中国区域金融的未来！

✤ 皮书起源 ✤

“皮书”起源于十七、十八世纪的英国，主要指官方或社会组织正式发表的重要文件或报告，多以“白皮书”命名。在中国，“皮书”这一概念被社会广泛接受，并被成功运作、发展成为一种全新的出版形态，则源于中国社会科学院社会科学文献出版社。

✤ 皮书定义 ✤

皮书是对中国与世界发展状况和热点问题进行年度监测，以专业的角度、专家的视野和实证研究方法，针对某一领域或区域现状与发展态势展开分析和预测，具备原创性、实证性、专业性、连续性、前沿性、时效性等特点的公开出版物，由一系列权威研究报告组成。

✤ 皮书作者 ✤

皮书系列的作者以中国社会科学院、著名高校、地方社会科学院的研究人员为主，多为国内一流研究机构的权威专家学者，他们的看法和观点代表了学界对中国与世界的现实和未来最高水平的解读与分析。

✤ 皮书荣誉 ✤

皮书系列已成为社会科学文献出版社的著名图书品牌和中国社会科学院的知名学术品牌。2016 年，皮书系列正式列入“十三五”国家重点出版规划项目；2012~2016 年，重点皮书列入中国社会科学院承担的国家哲学社会科学创新工程项目；2017 年，55 种院外皮书使用“中国社会科学院创新工程学术出版项目”标识。

中国皮书网

发布皮书研创资讯，传播皮书精彩内容
引领皮书出版潮流，打造皮书服务平台

栏目设置

关于皮书：何谓皮书、皮书分类、皮书大事记、皮书荣誉、
皮书出版第一人、皮书编辑部

最新资讯：通知公告、新闻动态、媒体聚焦、网站专题、视频直播、下载专区

皮书研创：皮书规范、皮书选题、皮书出版、皮书研究、研创团队

皮书评奖评价：指标体系、皮书评价、皮书评奖

互动专区：皮书说、皮书智库、皮书微博、数据库微博

所获荣誉

2008 年、2011 年，中国皮书网均在全国新闻出版业网站荣誉评选中获得“最具商业价值网站”称号；

2012 年，获得“出版业网站百强”称号。

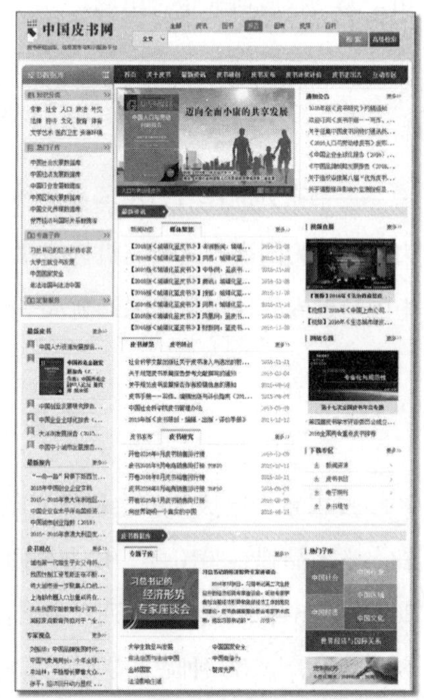

网库合一

2014 年，中国皮书网与皮书数据库端口合一，实现资源共享。更多详情请登录 www.pishu.cn。

权威报告·热点资讯·特色资源

皮书数据库

ANNUAL REPORT(YEARBOOK) DATABASE

当代中国与世界发展高端智库平台

所获荣誉

- 2016年，入选“国家‘十三五’电子出版物出版规划骨干工程”
- 2015年，荣获“搜索中国正能量 点赞2015”“创新中国科技创新奖”
- 2013年，荣获“中国出版政府奖·网络出版物奖”提名奖
- 连续多年荣获中国数字出版博览会“数字出版·优秀品牌”奖

WWW.PISHU.COM.CN

成为会员

通过网址www.pishu.com.cn或使用手机扫描二维码进入皮书数据库网站，进行手机号码验证或邮箱验证即可成为皮书数据库会员（建议通过手机号码快速验证注册）。

会员福利

- 使用手机号码首次注册会员可直接获得100元体验金，不需充值即可购买和查看数据库内容（仅限使用手机号码快速注册）。
- 已注册用户购书后可免费获赠100元皮书数据库充值卡。刮开充值卡涂层获取充值密码，登录并进入“会员中心”—“在线充值”—“充值卡充值”，充值成功后即可购买和查看数据库内容。

数据库服务热线：400-008-6695
数据库服务QQ：2475522410
数据库服务邮箱：database@ssap.cn
图书销售热线：010-59367070/7028
图书服务QQ：1265056568
图书服务邮箱：duzhe@ssap.cn

社会科学文献出版社 SOCIAL SCIENCES ACADEMIC PRESS (CHINA) 皮书系列
卡号：810992569267
密码：

S 子库介绍
Sub-Database Introduction

中国经济发展数据库

涵盖宏观经济、农业经济、工业经济、产业经济、财政金融、交通旅游、商业贸易、劳动经济、企业经济、房地产经济、城市经济、区域经济等领域，为用户实时了解经济运行态势、把握经济发展规律、洞察经济形势、做出经济决策提供参考和依据。

中国社会发展数据库

全面整合国内外有关中国社会发展的统计数据、深度分析报告、专家解读和热点资讯构建而成的专业学术数据库。涉及宗教、社会、人口、政治、外交、法律、文化、教育、体育、文学艺术、医药卫生、资源环境等多个领域。

中国行业发展数据库

以中国国民经济行业分类为依据，跟踪分析国民经济各行业市场运行状况和政策导向，提供行业发展最前沿的资讯，为用户投资、从业及各种经济决策提供理论基础和实践指导。内容涵盖农业，能源与矿产业，交通运输业，制造业，金融业，房地产业，租赁和商务服务业，科学研究，环境和公共设施管理，居民服务业，教育，卫生和社会保障，文化、体育和娱乐业等 100 余个行业。

中国区域发展数据库

对特定区域内的经济、社会、文化、法治、资源环境等领域的现状与发展情况进行分析和预测。涵盖中部、西部、东北、西北等地区，长三角、珠三角、黄三角、京津冀、环渤海、合肥经济圈、长株潭城市群、关中—天水经济区、海峡经济区等区域经济体和城市圈，北京、上海、浙江、河南、陕西等 34 个省份及中国台湾地区 。

中国文化传媒数据库

包括文化事业、文化产业、宗教、群众文化、图书馆事业、博物馆事业、档案事业、语言文字、文学、历史地理、新闻传播、广播电视、出版事业、艺术、电影、娱乐等多个子库。

世界经济与国际关系数据库

以皮书系列中涉及世界经济与国际关系的研究成果为基础，全面整合国内外有关世界经济与国际关系的统计数据、深度分析报告、专家解读和热点资讯构建而成的专业学术数据库。包括世界经济、国际政治、世界文化与科技、全球性问题、国际组织与国际法、区域研究等多个子库。

法律声明

“皮书系列”（含蓝皮书、绿皮书、黄皮书）之品牌由社会科学文献出版社最早使用并持续至今，现已被中国图书市场所熟知。“皮书系列”的LOGO（）与“经济蓝皮书”“社会蓝皮书”均已在中华人民共和国国家工商行政管理总局商标局登记注册。“皮书系列”图书的注册商标专用权及封面设计、版式设计的著作权均为社会科学文献出版社所有。未经社会科学文献出版社书面授权许可，任何使用与“皮书系列”图书注册商标、封面设计、版式设计相同或者近似的文字、图形或其组合的行为均系侵权行为。

经作者授权，本书的专有出版权及信息网络传播权为社会科学文献出版社享有。未经社会科学文献出版社书面授权许可，任何就本书内容的复制、发行或以数字形式进行网络传播的行为均系侵权行为。

社会科学文献出版社将通过法律途径追究上述侵权行为的法律责任，维护自身合法权益。

欢迎社会各界人士对侵犯社会科学文献出版社上述权利的侵权行为进行举报。电话：010－59367121，电子邮箱：fawubu@ ssap. cn。

社会科学文献出版社